제2판

제작과정 중심의 교과교재연구 및 지도법

정연희

창지사

머리말

유아들은 놀이를 통해 조화롭고 균형 있는 발달을 이루어 나간다. 따라서 유아들의 놀이활동을 의미 있게 이끌어 주는 자료가 필요한데 이를 교재·교구라 할 수 있다.

유아들은 다양한 교재·교구를 가지고 탐색·조작·놀이를 하는 동안 자신이 경험하고 느낀 것을 내면화하게 되며 다양한 개념을 형성해 나가게 된다.

교재·교구는 교사와 유아, 유아와 유아 간의 원활한 상호작용을 촉진하는 매개체 역할을 함으로써 교육내용의 이해와 질적 향상을 돕는 중요한 역할을 한다.

또한 교재·교구는 유아들의 흥미를 자극하여 다양한 놀이활동에 자발적으로 참여할 수 있도록 이끌어 교육효과를 높이는 데 매우 중요하다.

이렇듯 교재·교구를 제작하여 유아들이 활동할 수 있도록 제공하는 일은 교사와 예비교사가 해야 할 중요한 과업 중 하나이다. 특히 유아교육 현장에 나아가기 전 예비교사는 제작재료의 탐색과 활용, 제작 방법과 제작 과정의 이해가 필수적이다.

이에 본 저자는 예비교사와 교사가 현장에서 쉽게 제작하고 적용이 가능하도록 각 활동영역별 교재·교구를 중심으로 제작과정과 방법을 상세히 서술하고자 하였다. 본 책의 내용은 제1부 교과교재연구 및 지도법 이론편과 제2부 교과교재연구 및 지도법 실제편으로 나누었다. 제1부 교과교재연구 및 지도법 이론편에서는 제1장 교재 · 교구의 정의 및 중요성, 제2장 교재 · 교구 기초이론, 제3장 교재 · 교구 재료의 특징과 활용법, 제4장 교재 · 교구의 제작, 제5장 활동영역별 교재 · 교구 및 제작방법 등의 내용을 포함하였다. 특히 제4장 교재 · 교구의 제작에 '놀이자료로서의 교재 · 교구와 교사의 역할'을 추가하여 2019 개정누리과정의 놀이중심 교육과정 내용을 반영하고자 하였다.

제2부 교과교재연구 및 지도법 실제편에서는 제1장 수 · 조작영역, 제2장 언어영역, 제3장 과학영역, 제4장 음악영역 · 미술영역 · 역할놀이영역 · 쌓기놀이영역 등 활동영역별 교재 · 교구들의 제작방법과 활동방법 내용을 포함한다.

이 책에 제시된 교재 · 교구들은 교재 · 교구 초안 작성부터 제작 및 활동계획안 작성 제작재료 및 제작방법에 대해 본 저자와 학생들 간 피드백을 거치고 제작과정 시 수정 · 보완을 지속하면서 완성된 서정대학교 유아교육과 학생들의 다년간 땀과 노력의 결과물들이다.

개정판이 다시 나오기까지 기다려 주시고, 도움을 주신 창지사 김기섭대표님, 양승수 상무님을 비롯한 편집자 여러분께 감사드린다.

2023년 여름

저자 정연희

목차

머리말 • 2

교과교재연구 및 지도법 제1부 이론편 • 7

제1장 교재·교구의 정의 및 중요성 • 9

1. 교재·교구의 정의 • 10
2. 교재·교구의 중요성 • 10

제2장 교재·교구 기초이론 • 15

1. 의사소통 이론 • 16
2. 지각-선택적 주의 • 17
3. 데일의 경험원추 • 18

제3장 교재·교구 재료의 특징 및 활용법 • 25

1. 종이류 • 26
2. 보드류 • 30
3. 천류 • 31
4. 철제류 • 32
5. 점토류 • 34
6. 비닐류 • 36
7. 끈 및 줄 • 38
8. 스티로폼류 • 40
9. 자석류 • 40
10. 물감류 • 41
11. 가루류 • 43
12. 소품류 • 44
13. 접착재료 • 47
14. 작업도구 • 50
15. 재활용품 • 52

제4장 교재·교구의 제작 • 55

1. 교재·교구 제작 시 고려사항 • 56
2. 교재·교구의 제작 • 59
3. 평가 • 80
4. 놀이자료로서의 교재·교구와 교사의 역할 • 82

제5장 활동영역별 교재·교구 및 제작방법 • 87

1. 대·소집단 활동 • 88
2. 실내자유놀이활동 교재·교구 • 128

교과교재연구 및 지도법 제2부 실제편 • 179

제1장 수·조작영역 • 181
1. 외계인은 팬티를 좋아해 • 182
2. 꽃을 심어요 • 190
3. 동물이 좋아하는 먹이를 찾아 주세요 • 198
4. 무와 당근을 뽑아요 • 203
5. 도형물고기를 잡아요 • 208
6. 숲속에서 당근을 찾아요 • 213
7. 에드몽과 크리스마스 • 219
8. 고구마 연료 퍼즐 • 225
9. 세계여행을 떠나 보아요 • 230
10. 어느 기관에서 입는 옷일까? • 236

제2장 언어영역 • 245
1. 겨울잠을 쿨쿨 • 246
2. 눈물바다 대소동 • 252
3. 여우와 사과나무 • 260
4. 어떤 교통기관일까요? • 268
5. 감귤나무의 귤을 따요 • 273

제3장 과학영역 • 279
1. 무엇이 빛날까 • 280
2. 물방울을 모아요 • 286
3. 수박씨의 여행 • 293
4. 빨래를 널어요 • 301

제4장 음악·미술·역할놀이·쌓기놀이영역 • 309
1. 닭장속 연주회 • 310
2. 도형으로 연상그림을 그려요 • 317
3. 소풍도시락을 만들어요 • 321
4. 코알라의 집을 쌓아요 • 329

참고문헌 • 337

교과교재연구 및 지도법

제1부 이론편

제1장

교재·교구의 정의 및 중요성

1. 교재·교구의 정의

놀이는 유아의 생활이자 학습 그 자체라고 할 수 있다. 놀이를 하면서 유아는 다른 사람들과 관계를 맺고, 주변에 대한 지적 호기심을 충족시키며 삶에 필요한 지식, 기능, 태도를 익히고 사고를 확장해 간다. 따라서 놀이를 통해 가르치고 배우는 것은 유아기에 가장 적합한 교수·학습 방법이라고 할 수 있다(교육과학기술부·보건복지부, 2013). 따라서 유아들의 놀이활동을 의미 있게 이끌어 주는 자료가 필요한데 이것을 교재·교구라 할 수 있다(정연희, 2011).

교재·교구의 사전적 의미를 살펴보면 "교육의 목표를 효과적으로 달성하기 위해 선택된 언어적 또는 비언어적 도구"라고 정의할 수 있다(네이버백과사전, 2018). 또 다른 사전적 의미로 교재는 학문을 가르치거나 배우는 데 필요한 여러 가지 재료이고 교구는 학습을 구체화하고 효과적으로 지도하기 위하여 사용하는 도구로 칠판, 괘도, 표본, 모형 등으로 정의할 수 있다(국립국어원 표준국어대사전, 2018).

유아교육현장에서의 교재·교구는 유아의 심신발달을 촉진하기 위해 사용되는 모든 자료로서 대·소집단활동, 개별활동, 실외활동 등에서 사용되는 것으로 정의할 수 있다(이대균·송정원, 2000). 결론적으로 유아교육에서의 교재·교구는 유아가 유아교육기관에 등원해서 하원할 때까지 유아들의 성장발달을 도모하기 위해 활용되는 놀잇감, 실물, 자연물, 환경구성자료, 그림 및 사진자료 등 모든 학습자료를 의미한다고 볼 수 있다.

2. 교재·교구의 중요성

교재·교구는 유아들에게 구체적 경험을 제공하고 유아의 놀이활동을 학습으로 연결시키고 유아들이 배운 내용을 통합하도록 돕는 역할을 한다. 따라서 유아들의 개별적 특성, 발달 수준, 연령, 생활주제 등에 따라 다양한 교재·교구를 제공해 주어야 한다(오연주·이지영·손진실, 2015). 유아들은 다양한 교재·교구를 가지고 탐색하고 조작하고 놀이하면서 자신이 경험한 것을 내면화하고 다양한 개념을 형성해 나가게 된다. 유아의 성장발달을 촉진하고 교육효과를 높이기 위해 필요한 교재·교구의 중요성을 구체적으로 살펴보면 다음과 같다(이대균·송정원, 2000; 김정원·김유정·박현미, 2005; 한성희·임연진, 2005; 정연희, 2011).

첫째, 교재·교구는 교사와 유아, 유아와 유아 간 상호작용을 촉진하는 매개체 역할을 하여 교육내용의 이해를 돕고 활발한 의사소통이 이루어지도록 돕는 중요한 역할을 한다.

예를 들어 유아들의 이 닦기 순서에 대한 이해를 돕기 위해 아래의 교구처럼 악어의 이를 닦이는 교구와 이 닦기 순서카드를 제공한다거나 분식점이나 시장놀이와 같은 역할놀이에 다양한 식품모형을 제작하여 유아 간 상호작용이 활발히 일어날 수 있도록 도울 수 있다.

둘째, 교재·교구는 유아의 흥미를 자극하여 다양한 놀이활동에 자발적으로 참여할 수 있도록 하여 교육효과를 높이는 데 중요한 역할을 한다. 예를 들어 자석 글자카드를 철가루상자에 넣고 흔들어 보이지 않던 글자가 나타나게 하는 교구는 유아의 흥미를 자극함으로써 쉽게 단어를 습득하도록 하는 데 도움을 줄 수 있다.

셋째, 교재 · 교구는 유아가 퍼즐, 미로, 보드게임, 분류, 기억력게임 등 다양한 교구를 조작하면서 공간, 도형, 수 세기, 수 연산, 분류, 기억력 등 인지 능력을 발달시키는 데 중요한 역할을 한다.

넷째, 교재 · 교구는 유아들이 교구를 가지고 만지고, 탐색하고, 조작하고, 놀이하면서 신체운동 및 감각 능력을 발달시키는 데 중요한 역할을 한다. 예를 들어 감각책, 퍼즐 및 조작 교구, 신체운동교구 등을 통해 대소근육 및 감각발달을 도울 수 있다.

다섯째, 교재·교구는 유아들이 놀이하는 과정에서 규칙을 지키고, 행동을 절제하며 협동하는 방법을 습득하는 데 중요한 역할을 한다. 예를 들어 교재·교구에 놀이방법 및 정리방법 등의 교구사용안내서를 함께 배치하여 유아가 놀이규칙을 지키고 협동하는 데 도움을 줄 수 있다.

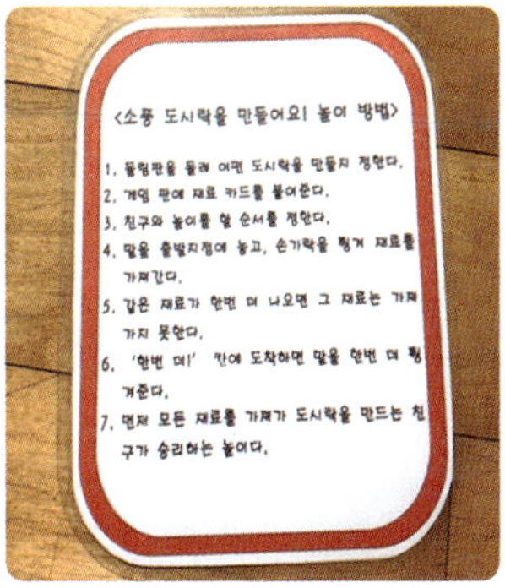

여섯째, 교재·교구는 유아들이 다양한 교재·교구를 가지고 자유롭게 표현할 기회를 제공함으로써 풍부한 표현력과 창의성, 예술성을 기를 수 있도록 돕는 중요한 역할을 한다. 예를 들어 여러 가지 리듬악기 교구를 가지고 다양한 연주를 해 보는 것, 모양이나 도형 찍기교구를 가지고 연상되는 것을 그림으로 그려 보는 것, 여러 가지 역할놀이교구를 사용해 다양한 놀이 에피소드를 만들어 보는 것 등의 자발적 놀이활동을 통해 표현력, 창의성, 예술성 등을 향상시킬 수 있다.

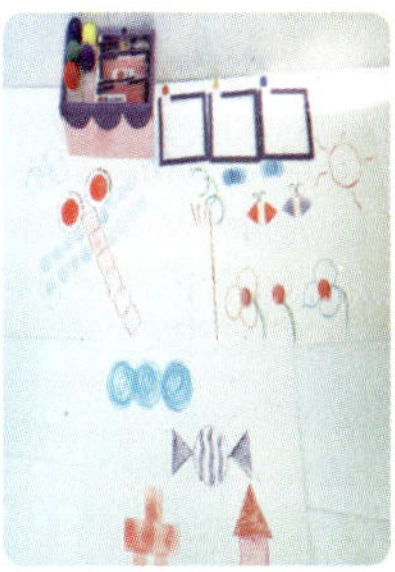

제2장

교재 · 교구 기초이론

1. 의사소통 이론

의사소통은 사람들이 지식, 의견, 감정 등을 전달하거나 교환하는 것을 의미한다. 의사소통을 통해 사람들은 새로운 지식을 습득하고 자신의 생각이나 행동을 변화시키게 된다. 의사소통의 체계는 송신자, 메시지, 채널, 수신자 그리고 피드백으로 구성된다. 의사소통의 과정은 다음과 같이 진행된다. 송신자가 정보를 가진 메시지를 그림, 사진, 녹화나 녹음자료 등과 같은 형태로 그림책, 컴퓨터, TV, 녹음기 등의 채널을 통해 수신자에게 전달하면 그 메시지는 수신자의 눈, 코, 귀, 손과 발의 감각에 도달하게 되고 뇌 속의 수신장치는 이를 해독하게 된다. 해독된 메시지는 수신자의 언어, 웃음, 몸짓 등의 반응으로 나타나게 된다. 이러한 과정이 반복되면서 의사소통이 이루어진다. 의사소통의 구성요소를 살펴보면 다음과 같다(김정규 · 이광자 · 조정숙, 1997; 차춘희 외 4인, 2003; 정연희, 2011).

1) 송신자

송신자는 메시지를 만들어 수신자에게 보내는 사람으로 주로 교사가 여기에 해당된다. 송신자는 메시지를 받는 수신자의 연령, 발달수준, 흥미, 개별적 특성을 고려하여 메시지를 구성하고 이에 맞는 매체를 선택한다.

2) 메시지

메시지는 송신자에 의해 만들어진 정보로 수신자에게 전달되는 학습내용이나 자극을 의미한다.

3) 채널

채널은 송신자에 의해 만들어진 메시지를 수신자에게 전달해 주는 일종의 통로로 시청각 매체나 교재 · 교구 등이 이에 속한다.

4) 수신자

수신자는 메시지를 받아 해독하는 역할을 하는데 유아가 여기에 해당된다. 수신자는 눈, 코, 귀 그리고 손과 발의 감각에 의해 메시지를 전달받은 후 이를 해독하고 송신자에게 반응한다. 수신자는 송신자에게 반응을 함으로써 수신자인 동시에 송신자의 역할을 하게 된다.

5) 피드백

피드백은 송신과 수신이 반복되는 과정을 통해 문제점을 발견하고 이를 수정하거나 보완하여 의사소통이 지속적이고 원활하게 이루어지도록 하는 역할을 한다. 피드백은 수신자가 메시지를 받고 나타낸 반응을 송신자가 정확히 파악하여 대응하는 것으로 모든 학습활동이 효과적으로 이루어지기 위한 필수적인 요소이다.

2. 지각-선택적 주의

인간은 감각기관을 통해 외부의 정보를 수용하고 이를 지각함으로써 학습을 하게 된다(김정규·이광자·조정숙, 1997; 김정원·김유정·박현미, 2005). 지각이란 감각기관이 수용한 자료에서 의미 있는 정보를 추출하는 과정이다. 인간은 감각기관을 통해 들어오는 모든 정보를 다 처리할 수 없기 때문에 선택적으로 주의집중을 하게 된다. 즉 보다 중요하다고 판단되는 정보에 집중하고 상대적으로 덜 중요하다고 판단되는 정보는 무시하게 되는 것이다.

주의집중의 과정에 영향을 주는 요인은 외적인 요인과 내적인 요인이 있다. 외적인 요인으로는 자극의 물리적 특성, 자극의 강도, 자극의 반복이 있고 내적인 요인으로는 자극에 대한 흥미, 동기, 이전 경험이 있다.

주의집중과 관련된 유아의 발달적 성향을 살펴보면 다음과 같다(김정규·이광자 · 조정숙, 1997; 김정원 · 김유정 · 박현미, 2005; 2011, 정연희).

첫째, 단순포착에서 적극적 탐색으로 변화한다. 신생아의 경우 단순히 사물의 움직임을 따라가거나 물체의 모서리를 보고 그 물체가 어디 있는지 판단하는 수준에서 2개월 정도가 되면 점차 자신의 의도에 따라 자신이 보고자 하는 사물에 집중하게 된다.

둘째, 무관한 자극은 무시하고 선택적으로 정보를 수집하게 된다. 연령이 증가할수록 필요한 자극에 주의를 집중하고 상관없는 자극은 무시하게 된다.

유아에게 교재 · 교구를 제공하여 유아의 흥미를 자극하고 교육내용에 주의를 집중하도록 함으로써 학습효과를 극대화시킬 수 있다. 유아가 주의집중을 하도록 하기 위해 교재 · 교구를 제작하거나 제공할 때 다음과 같은 요인을 고려하도록 한다(김정규 · 이광자 · 조정숙, 1997; 김정원 · 김유정 · 박현미, 2005; 2011, 정연희).

첫째, 교재 · 교구의 내용이 잘 조직되고 체계화될 때 보다 효과적이다.

둘째, 교재 · 교구가 유아에게 친숙하고 의미 있는 것일 때 보다 효과적이다.

셋째, 교재 · 교구의 내용을 유아의 발달수준에 적합하게 제공한다.

넷째, 교재 · 교구 제작 시 유아들이 다양한 감각을 활용할 수 있도록 제작한다.

3. 데일의 경험원추

데일은 교재 · 교구를 활용한 학습경험의 종류를 구체성과 추상성의 정도에 따라 분류하여 경험의 원추라는 형태로 제시하였다. 경험의 원추는 행동적 경험, 시청각적 경험, 상징적 경험의 세 가지 영역으로 나뉘고 각 영역과 관련된 하위 경험들로 구성된다(이대균 · 송정원, 2000; 김정규 · 이광자 · 조정숙, 1997; 김정원 · 김유정 · 박현미, 2005; 정연희, 2011)

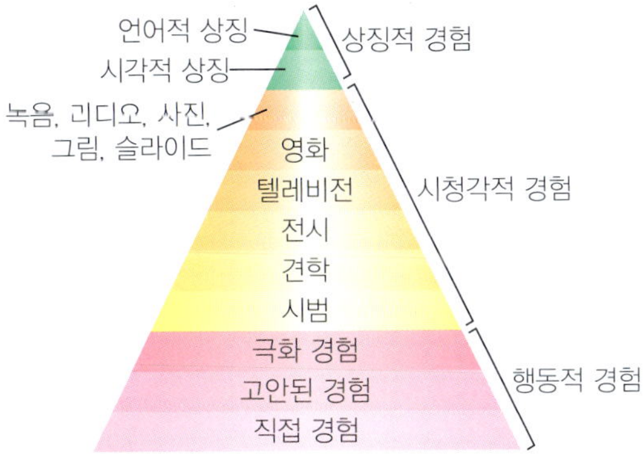

[그림 2-1] 데일의 경험의 원추

1) 행동적 경험

유아가 직접적인 조작과 탐색 등 직접적 행동을 통해 얻게 되는 구체적 경험이다.

(1) 직접 경험

모든 경험의 기초로 구체적 사물을 가지고 탐색해 보는 실제적인 경험이다.

예를 들어 꽃잎과 나뭇잎의 냄새를 맡고 촉감을 느끼고 색깔, 크기, 모양대로 분류를 해 본다거나 여러 가지 과일을 잘라 겉과 속의 모양이나 색깔을 비교해 보거나 과일의 맛을 비교해 보는 등 다양한 감각을 사용해 사물의 특성을 알아보고 비교, 분류해 보는 경험이 이에 속한다.

(2) 고안된 경험

실제 사물과 비슷한 모형을 가지고 탐색해 보는 경험이다. 사물의 특성상 접근이 불가능하고 직접 탐색하기 어려울 때, 사물의 크기가 너무 클 때, 사물이 현존하지 않을 때 유용하게 사용된다. 예를 들어 사자나 상어 등 위험하고 접근이 불가능한 동물에 대해 알아볼 때, 인체 내부와 같이 직접 탐색이 어려울 때, 공룡처럼 현존하지 않으면서 사물의 크기가 너무 큰 동물에 대해 알아볼 때 모형 등을 사용하여 탐색해 보는 경험이 이에 속한다.

(3) 극화경험

실제 상황에서 직접적인 경험이 불가능할 때 어떤 상황을 극화하여 경험하게 하는 것이다. 예를 들어 횡단보도를 건너는 방법에 대해 알아보고자 할 때 여러 명의 유아가 실제적 도로나 교통상황에서는 실행에 위험이 따르므로 강당이나 운동장에 도로, 횡단보도 등을 실제처럼 꾸며 놓고 탈 수 있는 모형자동차, 경찰관 복장, 신호등 등을 준비하여 경찰관, 행인, 운전자가 되어 보는 경험이 이에 속한다.

2) 시청각적 경험

직접 실물을 조작하거나 탐색하는 행동적 경험은 아니지만 시범, 견학, 전시, TV, 영화, 그림, 사진, 녹음 등의 시청각적 매체를 통해 유아가 얻도록 하는 경험이다.

(1) 시범

사물, 현상, 활동과정에 대해 교사가 직접 행동을 수반하여 설명하는 것이다. 이때 그림, 사진, 모형 등 다른 교수매체와 함께 활용할 수 있다.

예를 들어 교구를 소개하고 교구사용방법을 직접 보여 주는 것, 치아모형과 칫솔을 사용하여 이를 닦는 방법과 순서에 대해 시범을 보이는 것, 낮과 밤이 생기는 이유를 손전등과 지구본을 사용하여 설명하는 것, 요리재료와 도구를 소개하고 요리순서도에 따라 요리과정을 시범해 보이는 것이 이에 속한다.

(2) 견학

현장에 가서 실제적인 상황을 직접 보고 경험하는 것이다. 주변에서 실제 일어나는 것을 그대로 보여 주기 때문에 주어진 학습목표의 성취 외에 색다른 경험과 지식을 얻을 수 있다. 예를 들어 소방서를 방문하여 소방차와 소방도구 등에 대해 알아보고 소방관이 하는 일을 직접 인터뷰를 통해 알아보는 것이 이에 속한다.

(3) 전시

벽면, 테이블, 게시판, 바닥 등에 실물, 모형, 표본, 사진, 그림, 책, 포스터 등의 전시물을 설치해 놓고 보여 주는 것이다. 유아는 전시물을 보면서 자신의 느낌이나 생각을 표현하고 비교하거나 평가할 수 있다. 예를 들어 미술관에서 미술작품을 감상하거나 박물관에서 전통의복, 서적, 장신구, 일상용품 등을 관람하는 것이 이에 속한다.

(4) TV

현재 일어나고 있는 사건이나 현상을 생동감 있게 전달할 수 있는 매체이다. TV는 학습경험의 기록·편집·재생이 가능하고 동적이고 감각적인 요소를 지니고 있어 유아의 흥미를 유발하는 데 효과적이다. 예를 들어 다른 나라에서 열리는 올림픽경기를 실시간으로 시청할 수 있으며 유아들의 유치원 하루일과, 견학, 부모참여수업 등을 찍어 재생하여 보여 주는 것이 이에 속한다.

(5) 영화

현재 일어나는 일을 생동감 있게 전달할 수는 없으나 사건의 전개를 재구성하여 제작할 수 있고 TV처럼 동적이고 감각적인 요소를 지니고 있는 매체이다. 예를 들어 교육주제와 목적에 따라 바닷속 생물을 다룬 영화나 역사적 사건이나 인물을 다룬 영화를 유아들에게 보여 주는 것이 이에 속한다.

(6) 사진, 그림, 녹음, 라디오, 슬라이드, PPT

슬라이드, 사진, 그림은 시각적인 요소만 경험할 수 있고 녹음, 라디오는 청각적인 요소만을 경험할 수 있다. PPT의 경우 시각적 요소, 청각적 요소, 동영상 등의 동적인 요소까지 가미하여 유아들의 학습자료로 사용하기 좋은 매체이다.

시각적 요소와 청각적 요소를 함께 사용하면 교육효과를 극대화할 수 있다. 예를 들어 동물의 울음소리 녹음자료를 유아들에게 들려주고 무슨 동물의 소리인지 예측해 보게 한 후 동물의 사진이나 그림자료를 제시하여 알아맞혀 보도록 하면 동물의 울음소리와 동물의 이미지를 결합하여 효과적인 학습이 일어나도록 할 수 있다.

3) 상징적 경험

실제적인 행동, 실물, 그림, 시청각적 매체를 통한 경험이 아닌 추상적 상징에 의한 경험을 의미한다.

(1) 시각적 상징

복잡한 내용을 간단히 표시하거나 많은 내용을 함축적으로 표현하는 것으로 기호, 도표 등이 있다. 시각적 상징는 모든 사람들이 동일한 의미로 해석할 수 있다는 장점이 있으나 학습자가 그 의미를 이해하지 못할 때 상징으로서의 역할을 하지 못한다는 단점이 있다.

예를 들어 방향을 가리키는 화살표(→, ←, ↑, ↓)나 수 연산에서 사용하는 부호(+, −, =) 등이 기호에 속하고 벤다이어그램, 그래프 등이 도표에 속한다.

(2) 언어적 상징

언어는 상징적이고 추상적이면서 생각과 감정을 표현할 수 있는 가장 보편적인 의사소통매체로 청각적 언어상징인 말과 시각적 언어상징인 글이 있다. 어떤 학습경험도 언어를 완전히 배제하고 이루어지기 어려우며 구체적인 다른 매체와 사용할 때 학습효과가 커진다. 예를 들어 그림책은 그림과 글이 함께 있어 유아들이 맥락을 이해하면서 글자를 읽고 어휘를 습득할 수 있다.

데일은 구체적인 경험에서 추상적 경험까지 다양한 학습경험의 종류를 제시하였다. 데일의 경험원추를 활용할 때는 다음을 고려하여 활용하도록 한다(이대균·송정원, 2000; 김정원·김유정·박현미, 2005; 정연희, 2011).

첫째, 데일의 경험원추는 가장 구체적 경험에서 가장 추상적 경험까지 순서대로 나열하고 있다. 그러나 이러한 나열이 실제 수업에서 진행하는 순서를 나타내는 것은 아니다. 예를 들어 요리활동을 할 때 교사는 유아들이 요리활동을 직접 경험하기 전에 요리순서도를 보여 주며 시범을 보인 후 유아들이 요리활동을 진행할 수 있도록 수업을 진행한다. 이때 교사의 시범은 시청각적 경험에 속하고 유아들의 직접 경험은 행동적 경험에 속하는데 행동적 경험보다 시청각적 경험이 상위단계이므로 실제 수업에서는 경험원추의 순서대로 진행되지 않음을 알 수 있다.

둘째, 데일의 경험원추는 특정경험이 다른 경험보다 교육적으로 더 효과가 있다는 것을 의미하지 않는다. 학습활동의 유형에 따라 효과적인 경험의 매체도 달라질 수 있다. 예를 들어 과일과 같은 자연물에 대한 정보는 색깔, 모양, 냄새, 맛 등을 직접 경험하며 얻는 것이 효과적이지만 역사적 사실에 대한 정보는 박물관 견학이나 영화 등과 같은 시청각적 경험을 통해 얻는 것이 효과적일 수 있다.

셋째, 데일의 경험원추는 학습에 어떤 특정 매체만을 활용하는 것을 암시하는 것은 아니다. 여러 가지 매체를 함께 사용할 때 학습효과가 극대화될 수 있다. 예를 들어 씨가 자라 열매를 맺기까지의 과정을 과학영역에 사진이나 그림으로 게시판에 전시해 놓아 유아들이 볼 수 있도록 하는 시청각적 경험과 씨를 직접 심고 길러 열매를 맺기까지의 과정을 볼 수 있도록 하는 행동적 경험을 함께 제공함으로써 씨가 자라 열매 맺기까지의 과정에 대한 지식과 이해를 심화시킬 수 있다.

제3장

교재·교구 재료의 특징 및 활용법

교재·교구의 제작계획을 세우게 되면 교재·교구에 적합한 재료와 활용법을 선택해야 한다. 재료와 활용법에 따라 교재·교구의 심미적 요소, 견고성, 활용도에 차이가 생긴다. 교재·교구 제작을 위한 재료들과 활용법을 살펴보면 다음과 같다(정연희, 2011).

1. 종이류

재료사진	재료명	특징 및 활용법
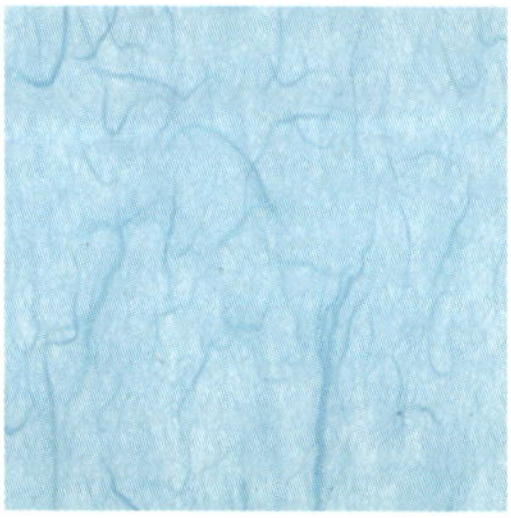	한지	**특징:** 색상이 은은하고 부드러운 느낌과 독특한 질감으로 자연스럽고 다양한 표현을 하기에 좋다. **활용법:** 물풀이나 딱풀을 사용하여 붙이는데 한지가 울거나 찢어질 수 있으므로 유의한다. 교구 보관상자 등을 만들 때 한지를 붙이고 그 위에 한지 마감재나 목공풀을 덧칠하면 상자가 더 단단해지고 윤이 난다.
	머메이드지	**특징:** 가장 많이 사용되는 종이류로서 색지에 비해 비교적 두꺼운 편이고 곰보 무늬 양면 엠보싱 수채화지로 색이 선명하다. **활용법:** 카드 제작 시에 많이 쓰이고 환경판 제작 시 글자나 모양을 오려서 꾸민다.
	색상지	**특징:** A4용지보다 두껍고 머메이드지보다 얇은, 색이 있는 도화지이다. 다양한 색상으로 오리고 붙이기 쉽고 가격이 저렴하여 널리 사용된다. **활용법:** 그림 그리기, 종이접기, 만들기, 환경구성 등에 사용될 수 있다.

재료사진	재료명	특징 및 활용법
	구김지	**특징:** 다양한 종류와 색상이 있으며 표면에 구겨진 듯한 질감을 지닌다. **활용법:** 포장이나 장미나 케이크 등의 입체적인 종이 접기, 환경구성 등에 활용한다.
	주름지	**특징:** 종이에 주름을 넣어 독특한 느낌을 가진다. **활용법:** 장식이나 환경 구성에 주로 사용한다(커튼, 인형, 치마, 꽃 등).
	골판지	**특징:** 골이 파여 있는 종이로 직선 모양과 물결무늬 모양이 있다. 골이 있기 때문에 안으로 말리는 특성이 있다. **활용법:** 상자 만들기에 주로 쓰이고 풀이 붙지 않으므로 글루건이나 목공용 풀을 이용해서 붙인다.
	골지감기	**특징:** 골판지를 얇게 세로로 잘라낸 종이이다. 감기공예를 하는 데 쓰인다. **활용법:** 동그랗게 또는 물방울 모양으로 감아 동물, 식물, 사람 등 여러 가지 모양으로 꾸밀 수 있다.

재료사진	재료명	특징 및 활용법
	타공지	**특징:** 구멍이 뚫려 있는 색지이다. **활용법:** 북아트 재료, 카드봉투, 포장, 바느질 연습을 위한 바탕지로 사용된다.
	파인애플지	**특징:** 올록볼록한 질감을 가지며 다양한 색상을 가진 종이이다. **활용법:** 멋을 내거나 포인트로 사용한다. 양면테이프를 사용해서 붙이고, 본래의 질감을 살리기 위해 시트지로 싸지 않는 것이 좋다.
	마분지 (두꺼운 도화지)	**특징:** 흔히 두꺼운 도화지라고 하며 하드보드지보다 얇고 다른 색지보다 두껍다. **활용법:** 색지가 얇아서 고정하기 힘들 때 보조적으로 사용할 수 있다. 색지와 붙일 때는 양면테이프를 사용한다. 가면, 머리띠를 만들 때 주로 쓰인다.
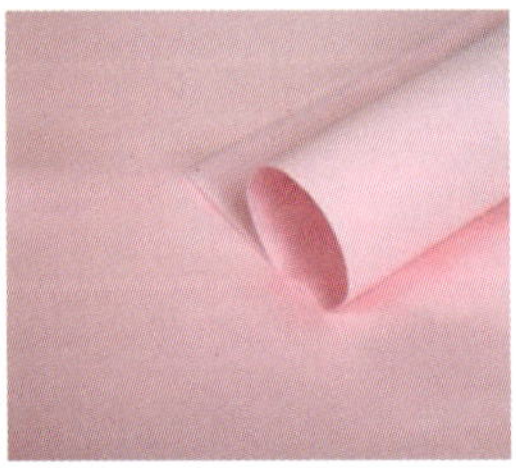	습자지	**특징:** 흔히 꽃지라고 하며 안이 다 비치는 아주 얇은 종이이다. **활용법:** 카네이션 만들기의 재료로 많이 활용하고 다른 곳에 붙일 때 풀을 이용한다(테이프는 사용하지 않는다). 분무기로 물을 뿌려 주면 색이 배어 나와 번지는 듯한 효과를 줄 수 있다.
	색종이	**특징:** 유아들이 가장 많이 쓰는 종이로 양면에 색이 있는 색종이, 단면색종이, 접착색종이 등이 있다. **활용법:** 종이접기에 이용한다(선이 바르게 접혀야 하므로 앞뒤로 두 번 접어 주면 좋다). 오려 붙이기에도 활용한다.

재료사진	재료명	특징 및 활용법
	하드보드지	**특징:** 매우 단단하며 여러 겹의 종이를 압축한 종이이다. 자와 길을 사용하여 지르고 하드보드지를 접을 때는 칼집을 살짝 내면 깨끗하게 접힌다. **활용법:** 교구기본판, 상자 만들기(색 하드보드지로 상자를 만들 경우 투명 시트지로 감싸 주고 모서리는 마스킹테이프로 마무리한다), 책의 겉표지 등으로 활용한다.
	애니멀 페이퍼	**특징:** 6가지 동물무늬 패턴(달마시안, 표범, 호랑이, 얼룩말, 뱀, 소)이 그려진 양면종이류이다. **활용법:** 동물 가면 만들기, 액자, 박스 만들기
	모래종이	**특징:** 샌드페이퍼라고 하며 표면이 모래로 덮인 거친 촉감의 종이이다. **활용법:** 거친 것을 다듬을 때, 모래 종이 위에 크레파스나 파스텔로 그림을 그릴 때, 촉감 글자 카드와 같이 감각 교구를 만들 때 사용한다.
	색 종이컵	**특징:** 보통 종이컵과 같은 모양으로 원색으로 색이 입혀진 종이컵이다. **활용법:** 펀치로 양옆에 구멍을 뚫고 모루나 빵끈으로 연결하여 가방을 만들 수 있고, 종이꽃을 만들어 색 종이컵 안에 넣고 화분으로 사용할 수 있다. 이밖에 인형 만들기, 꽃 만들기 등 공작재료나 환경구성에 사용한다.
	색 접시	**특징:** 색이 있는 종이접시로 비교적 단단하며 다양한 연출을 할 수 있다. **활용법:** 가면, 물고기, 모빌, 액자 만들기 등에 사용하며 그림을 그려 넣거나 다른 재료를 붙여 작품을 완성할 수 있다. 다른 재료를 붙여 넣을 때는 목공용풀이나 글루건을 이용한다.

2. 보드류

재료사진	재료명	특징 및 활용법
	**스티로폼판**	**특징:** 쿠션감 있는 보드로 작은 구 모양의 스티로폼을 압축하여 만든 반영구적이고 가벼운 보드이나 약해서 부러지기 쉽다. **활용법:** 열선을 이용해서 모양을 낼 수 있으며 우드락 물감으로 칠해 꾸밀 수 있다. 칼로 자르면 잘린 표면이 매끄럽지 못하므로 사포를 이용하여 다듬어야 한다.
	**우드락**	**특징:** 스티로폼을 압축하여 만든 것으로 표면이 매끄럽고 가볍다. 스티로폼과 마찬가지로 부러지기 쉬우므로 유의한다. 다양한 두께와 크기가 있으며 두께의 단위는 'T' 이다. **활용법:** 환경구성 시에 기본판으로 이용한다. 열선이나 칼을 이용해서 모양을 잘라 이용할 수 있으며 우드락 물감으로 칠해 꾸밀 수 있다.
	**폼보드**	**특징:** 우드락에 비해 압축 강도가 세서 단단하고 쉽게 부러지지 않는다. 양면에 종이가 부착되어 있다. **활용법:** 모양을 내서 자르기 어려우므로 본래판을 그대로 사용하거나 직선으로 잘라서 사용한다. 양면이 종이로 덮여 있어 열선으로 하면 종이가 타 잘리지 않으므로 칼을 이용하여 자른다. 주로 교재·교구의 기본판으로 활용한다.
	**포맥스**	**특징 및 활용법:** 단단하게 이루어져 있으나 절단, 절곡, 성형, 합지 등 가공이 용이하다. 단단한 아크릴 칼이나 커다란 커터칼로 조금씩 여러 번 칼질하여 재단하여야 한다.
	**코르크 우드락판**	**특징:** 우드락판에 코르크 시트를 붙인 재료이다. **활용법:** 물감으로 그림을 그리면 색다른 느낌을 얻을 수 있다. 알림판이나 메모판으로 이용한다.

재료사진	재료명	특징 및 활용법
	EVA 컬러판	**특징:** 말랑말랑한 고무수지판으로 여러 가지 색이 있고 잘라서 사용하기 쉽고 가볍다. **활용법:** 퍼즐 만들기에 활용할 수 있고 유아용 교재·교구 제작에 이용한다. 여러 종류의 두께가 있고, 글루건 이용 시에 녹을 수 있으므로 유의한다.

3. 천류

재료사진	재료명	특징 및 활용법
	부직포	**특징:** 펠트지에 비해 구성이 촘촘하지 않고 두꺼운 천이다. **활용법:** 환경구성, 교재·교구 제작, 역할 놀이에 활용할 수 있다. 안에 솜을 넣고 바느질로 꿰매어 소품을 제작할 수 있다. 벨크로(보들이, 까슬이)를 붙여 탈·부착이 가능하고 교재·교구 기본판이나 동화의 배경판, 동극의 옷 등 다양한 활용이 가능한다.
	펠트지	**특징:** 부직포보다 부드럽고 구성이 촘촘하며 얇은 천이다. **활용법:** 부직포와 마찬가지로 환경구성, 교재·교구 제작, 역할 놀이에 활용할 수 있다. 부직포에 비해 얇고 부드러워 교재·교구소품, 촉감책 등의 기본배경 등으로 주로 사용한다. 안에 솜을 넣고 바느질로 꿰매어 소품을 제작할 수 있으며 벨크로(보들이, 까슬이)를 붙여 탈·부착이 가능하다. A4용지 크기의 펠트지에 원하는 모양을 컬러로 출력하여 오려 솜을 약간 넣고 바느질한 후 소품으로 사용할 수 있다. 바느질할 때 펠트지 2장을 겹쳐 바느질을 하는데 어느 정도 바느질한 후 솜을 얇은 막대를 이용해 넣은 후 다시 바느질하도록 하고 약간의 입체적 느낌만 나도록 할 때는 솜의 양을 적게 넣는다. 바느질법은 주로 버튼홀 스티치를 사용하는 것이 견고하다.

재료사진	재료명	특징 및 활용법
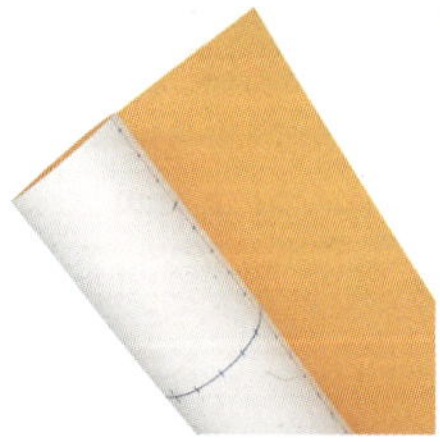	접착 펠트지	**특징**: 한 면에는 펠트지가 붙어 있고 뒷면은 접착이 가능하다. **활용법**: 주로 교재·교구 기본판이나 동화의 배경판으로 사용할 수 있다. 펠트지로 소품을 만들 때 너무 작아 붙이기 어렵거나 쉽게 접착되도록 하고 싶을 때 사용한다. 가위로 자를 때 접착제가 쉽게 묻어나므로 세정에 신경 써야 한다.
	눈망사	**특징**: 흰색을 포함한 여러 색상의 망사에 발포 스티로폼 알갱이가 부착되어 있다. **활용법**: 환경구성 시 배경판으로 사용하거나 꽃바구니를 만들 때 커튼이나 포장용으로 사용한다.
	융	**특징**: 한 면에는 융이 붙어 있고 뒷면은 접착이 가능하다. **활용법**: 벨크로(까슬이)가 잘 붙어서 주로 교재·교구 기본판이나 동화의 배경판으로 사용할 수 있다. 접착제가 쉽게 가위에 묻어나므로 세정에 신경 써야 한다.

4. 철제류

재료사진	재료명	특징 및 활용법
	일반 철사	**특징**: 아연도금으로 된 은색의 철사로 여러 가지 두께가 있다. 얇은 철사는 잘 구부러지고 가위로 잘리기 때문에 활용도가 높다. **활용법**: 겉으로 드러나지 않는 부분에 사용하여 고정시키는 것으로 주로 사용한다.

재료사진	재료명	특징 및 활용법
	**공예 철사**	**특징:** 알루미늄으로 되어 있고 다양한 색이 있다. 다른 철사보다는 가격이 비싸고 가위로 자르지 않고 와이어 니퍼로 절단하여 사용한다. **활용법:** 다양한 색의 철사로 여러 가지 작품(모빌, 꽃, 꽃대, 동물)을 만든다.
	**모루**	**특징:** 철사에 색이 있는 털 장식이 되어 있다. 아트모루, 굵은 줄 모루, 투톤 모루, 보글이 모루 등이 있다. **활용법:** 동물의 더듬이나 꼬리, 나무줄기 등의 교재·교구 제작, 크리스마스트리 장식, 액세서리, 가방끈 등에 사용할 수 있다.
	**컬러타이 (빵끈)**	**특징:** 모루와 같은 종류의 철사로, 철사 위에 화려한 색의 비닐이 덮여 있다. **활용법:** 봉투나 비닐 등을 묶을 때 사용할 수 있고 교재·교구 제작과 환경판 꾸미기에 이용할 수 있다.
	**꽃철사**	**특징:** 초록색 종이로 싸여 있는 철사로 잘 구부러진다. **활용법:** 꽃을 만들 때 줄기로 주로 사용한다.
	**링/고리**	**특징:** 철로 만들어진 고리식 링이며, 여닫이가 가능하다. **활용법:** 펀치로 구멍을 뚫은 여러 장의 종이를 연결할 때 사용할 수 있다.

재료사진	재료명	특징 및 활용법
	함석판	**특징:** 단단하고 날카로워 조심히 다뤄야 하며, 가위로 잘라지지 않으므로 함석가위를 이용해 재단해야 한다. **활용법:** 양면테이프를 이용해서 접착해야 잘 붙고, 함석판을 감쌀 땐 모서리 부분을 신경 써서 감싸 주어야 한다. 자석동화를 만들 때는 함석판보다 더 큰 하드보드지 위에 붙여 주면 모서리 부분이 직접적으로 닿지 않아 비교적 안전하다.
	철지	**특징:** 고무와 철을 혼합해서 만든 제품이다. 함석판 대용으로 접착형도 있어 떼어쓰기 편하고 가위나 칼로 원하는 모양을 마음대로 잘라 사용하기가 용이하다. **활용법:** 클레이자석동화의 배경판으로 하드보드지에 붙여 사용할 수 있다.

5. 점토류

재료사진	재료명	특징 및 활용법
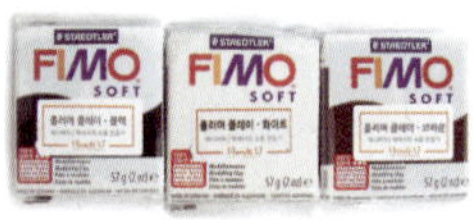	폴리머 클레이	**특징:** 도자기 점토로 모양을 만든 후 전자레인지나 끓는 물에 삶으면 도자기를 만들 수 있다. **활용법:** 도자기, 전구등, 열쇠고리, 액자, 팬시용품, 냉장고자석 등의 소품을 만들기에 좋다. 완성되면 완전히 식힌 후 사용한다.
	나무 찰흙	**특징:** 건조되면 나무처럼 되는 점토이다. 밀봉 보관해야 한다. **활용법:** 완전히 건조된 후 가공(자르기, 깎기, 구멍 뚫기, 착색 등)이 가능하다. 수건 위에 놓고 2~3일 정도 건조시킨다(종이 위에서 건조시키면 종이가 붙어서 좋지 않다).

재료사진	재료명	특징 및 활용법
	찰흙	**특징:** 입자가 거칠며 갈색을 띠고 있다. 반죽하여 조금씩 떼어 사용한다. **활용법:** 조각상에 많이 사용한다. 만들기 전에 많이 치대야 덜 갈라진다. 물을 묻혀 가면서 사용하면 굳는 시간이 늦춰져 더 세밀히 만들 수 있다.
	지점토	**특징:** 부드럽고 흰색을 띠는 찰흙으로 반죽하여 모양을 만드는 데 사용한다. **활용법:** 흰색이라서 채색이 가능하고, 물기를 묻혀 가면서 만들어야 만드는 동안 굳지 않는다.
	종이죽	**특징:** 한지와 같은 종이를 이용해서 만든 점토로 틀 위에 덧붙이고 말려서 작품을 만든다. **활용법:** 사용할 만큼만 조금씩 떼어 쓰고 남은 것은 비닐봉지 등에 밀봉하여 보관한다. 굳었을 때 물과 함께 반죽해서 다시 사용할 수 있다. 작품이 굳은 후 조각칼로 조각할 수 있고, 샌드페이퍼로 문질러서 매끄럽게 할 수 있다.
	아이 클레이	**특징:** 기존 점토에 비해 굉장히 가벼우며 손에 묻어나지 않는다. 또한 마르면 통통 튀는 성질도 있어 여러 가지 활용이 가능하다. **활용법:** 아기자기한 소품 제작에 이용하고, 말랐을 때 갈라지지 않아 크게 만들어도 좋다. 입체적인 만들기를 할 때 색이 섞일 수 있으므로 각각 만들어 다 마른 후에 글루건이나 접착제로 붙여 준다. 모형이나 게임말 등을 만들 수 있다.
	칼라요술점토	**특징:** 일반점토와 비슷하나, 작품을 만든 후 삶아서 지우개로 사용 가능하다. 색이 잘 혼합되므로 다양한 색을 만들 수 있다. **활용법:** 팬시용품, 냉장고 자석, 목걸이, 핸드폰 줄, 머리 핀, 열쇠고리 등을 만들 수 있다.
	폼 클레이	**특징:** 손에 묻어나지 않으며 스티로폼 알갱이가 들어 있어 서로 잘 붙고 접착력이 우수하다. **활용법:** 너무 두껍게 붙이면 잘 붙지 않거나 흘러내릴 수 있으므로 적당한 두께로 붙인다. 클레이와 혼합하여 사용할 수 있다.

6. 비닐류

재료사진	재료명	특징 및 활용법
	아스테이지	**특징:** 투명하고 두께감이 있는 비닐이다. **활용법:** 매직이나 아크릴 물감으로 그림을 그려서 사용할 수 있으며 책표지를 보호하거나 상품을 포장할 때 사용한다.
	접착 아스테이지	**특징:** 투명한 비닐로 한쪽 면은 접착이 가능하게 되어 있다. 작품이나 교재·교구의 겉면에 붙여 오랫동안 사용할 수 있도록 한다. **활용법:** 한 번에 붙이려 하기보다는 두 사람이 함께 한쪽 면에서부터 자로 밀어 가면서 붙여야 기포가 생기지 않고 울지 않는다.
	셀로판지	**특징:** 5가지 색(빨강, 노랑, 초록, 파랑, 투명)의 비닐로 되어 있다. **활용법:** 색안경 만들기를 할 때 사용하거나 반짝이는 느낌이 나는 바다나 호수 등을 표현하고 싶을 때 사용한다. 펠트교구를 만들 때 교구 안에 셀로판지를 넣어 '바스락' 소리를 표현할 수 있다.
	투명 시트지	**특징:** 투명한 접착지이다. **활용법:** 상자나 교구의 겉면을 감쌀 때 사용한다. 물이 흡수되지 않고 교재·교구가 상하지 않도록 보호해 주어 오랫동안 사용할 수 있는 장점이 있다.

재료사진	재료명	특징 및 활용법
	시트지	**특징:** 다양한 무늬(홀로그램, 꽃, 벽돌, 모자이크 타일, 부늬목, 단색, 패브릭라스, 대리석, 메탈 등)의 시트지가 있으며 접착하여 사용한다. **활용법:** 교재·교구판, 상자, 책표지, 퍼즐, 장식 등에 붙여 사용하기도 하고 은색 시트지는 거울과 같은 효과를 낼 수 있어 거울교구를 만들 때 사용한다.
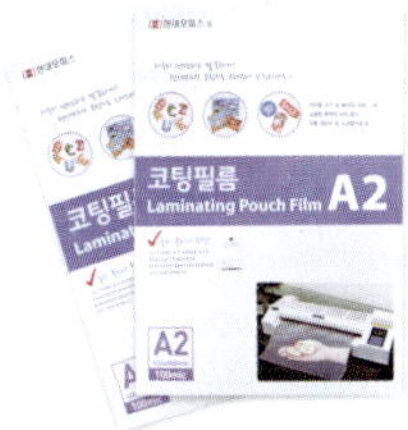	코팅지	**특징:** 두 겹의 투명한 비닐로 코팅기에 넣어 접착하여 사용한다. **활용법:** 명찰이나 책표지, 교재·교구나 환경판을 꾸밀 때 색지를 오려낸 모양이나 그림이 오래 유지되도록 코팅할 때 사용한다. 셀로판지를 넣어 코팅하면 수경이나 안경 등으로 사용할 수 있다. 코팅을 할 때 작은 모양들은 풀칠을 조금씩 해 주면 위치가 움직일 위험을 줄여줄 수 있다. 온도와 속도를 조절하여 코팅이 울지 않도록 유의한다.
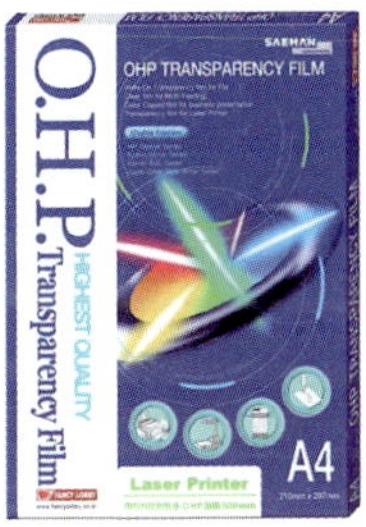	OHP 필름	**특징:** 투명한 필름지로서 잘 찢어지거나 변형되지 않아 활용도가 높다. **활용법:** OHP 필름지 위에 유성매직으로 그림을 그린 후 잘라 OHP 기기 위에 놓고 스크린에 비추면 화면에 그림이 나타나 빛과 그림자놀이나 색 그림자 동화에 사용할 수 있다.

7. 끈 및 줄

재료사진	재료명	특징 및 활용법
	면끈	**특징:** 면으로 구성되어 있고 부드러운 끈이다. **활용법:** 리본을 묶어서 목걸이 줄로도 이용할 수 있다. 인형을 만들 때 인형 머리카락으로 사용하기도 한다.
	롤라 비닐끈 (공심끈)	**특징:** 펄이 들어간 비닐 끈이다. **활용법:** 투명구슬 연결 시 사용하면 시원한 느낌을 준다. 사탕목걸이를 만들 때 사용할 수 있다.
	꽈배기 끈	**특징:** 끈이 꼬아져 있는 줄이다. **활용법:** 축하카드, 액자 등의 마무리로 깔끔하고 멋스럽게 연출할 수 있다.
	지끈	**특징:** 종이 느낌이 나는 끈으로 여러 가지 색이 있다. **활용법:** 환경구성 시 은은한 포인트를 줄 수 있다. 특별한 질감, 촉감을 필요로 하는 교재·교구에 이용할 수 있다. 펼치면 한지 느낌이 난다.
	종이 리본 끈	**특징:** 주로 포장, 조화, 모형 제작, 장식에 사용하는 종이리본이다. **활용법:** 구김을 주어 나무나 자연물을 표현하면 좋다.

재료사진	재료명	특징 및 활용법
	실리콘 줄	**특징:** 탄력성이 있는 부드러운 줄로 여러 가지 색이 있다. **활용법:** 팔찌나 목걸이 등을 만들 때 사용하면 좋다.
	컬러 피아노줄	**특징:** 탄력이 있고 줄이 잘 꺾이지 않는다. **활용법:** 목걸이 줄로 사용하면 좋다.
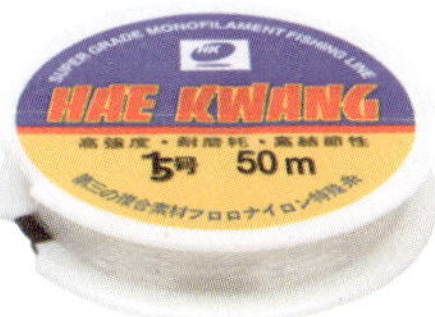	낚싯줄	**특징:** 투명하고 얇은 줄로 선이 보이면 좋지 않거나 숨겨야 할 때 이용한다. **활용법:** 낱장동화에 등장인물의 움직임을 표현하고 싶을 때, 유아의 작품을 모빌로 달 때, 자석낚시의 연결 끈으로 사용한다.
	컬러 고무줄	**특징:** 탄성력이 좋은 고무로 된 줄이다. **활용법:** 가면이나 왕관, 수경 등을 제작할 때 착용하기 쉽도록 활용할 수 있다. 게임판의 말을 연결하거나 자석낚시의 연결 끈으로 사용한다.

8. 스티로폼류

재료사진	재료명	특징 및 활용법
	**스티로폼 공**	**특징:** 스티로폼이 구 형태로 되어 있고 다양한 크기가 있다. **활용법:** 재단과 변형이 용이하고 색을 칠해서 다양한 창작물을 만들 수 있다. 색을 칠할 때 우드락 물감을 사용한다.
	**모양 스티로폼**	**특징:** 다양한 모양의 스티로폼(하트, 눈, 비행기, 별, 지팡이 등)이 있다. **활용법:** 장식 및 환경 구성 시 유용하게 사용할 수 있다.

9. 자석류

재료사진	재료명	특징 및 활용법
	**도넛 자석**	**특징:** 도넛 모양의 자석이다. **활용법:** 낚시 놀이 교구에 사용하면 좋다.
	**롤자석 테이프**	**특징:** 강력한 자력의 롤자석으로 자석 뒷면이 접착테이프로 처리되어 어느 곳에서 쉽게 잘라서 붙일 수 있다. **활용법:** 각종 디자인, 모형 제작 등 다용도로 사용할 수 있다.

재료사진	재료명	특징 및 활용법
	둥근 자석	**특징:** 둥근 모양의 납작한 자석이다. **활용법:** 냉장고 부착용, 힘석핀 부착용으로 사용한다. 2개의 둥근 자석끼리 붙여야 하는 교구를 제작할 때는 자석 앞면과 뒷면의 극이 서로 다르므로 각 자석을 같은 극끼리 마주 보게 교구에 붙일 경우 서로 밀어 붙지 않음을 유의해야 한다. 교구와 닿는 부분은 글루건을 사용하여 붙인다. 둥근 자석이나 작은 강력자석을 사용한 펠트교구의 경우 자석을 펠트지 안에 넣고 바느질하여 안전한 사용이 가능하도록 한다.
	고무 자석판	**특징:** A4용지 크기의 고무 자석판으로 15가지 색이 있다. 고무라서 원하는 모양으로 재단하기 쉽다. **활용법:** 자석동화를 만들 때 등장인물 모양으로 오려 코팅한 그 뒤에 붙여서 사용하면 좋다. 힘이 약해 무거운 물건은 잘 붙지 않는다.

10. 물감류

재료사진	재료명	특징 및 활용법
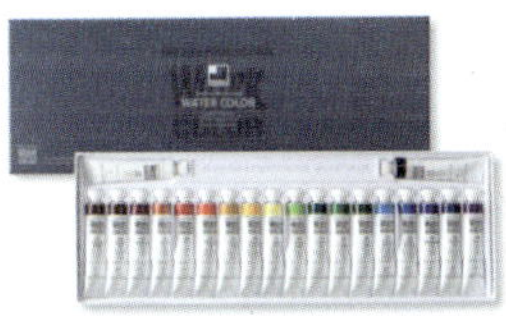	수채화 물감	**특징:** 입자가 고르고 물과 함께 사용하는 물감이다. 불투명, 무광택 그림물감이며 가장 흔하게 사용된다. **활용법:** 팔레트를 사용하여 미리 전날에 물감을 짜놓는 것이 사용하는 데 편리하다.
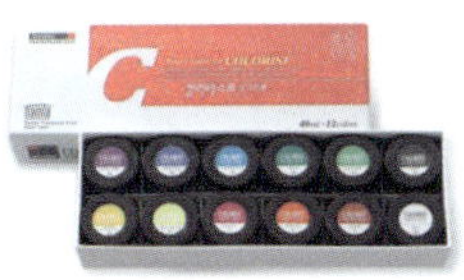	포스터 물감	**특징:** 색이 선명하고 입자가 고르며 불투명, 무광택 그림 물감이다. **활용법:** 포스터물감은 짜서 사용하지 않고 덜어서 사용하는데 쉽게 굳을 수 있다. 이때에는 뜨거운 물을 물감 높이만큼 붓고 뚜껑을 닫은 후 한 시간 후에 나이프와 같이 길쭉한 것으로 섞어 주면 된다. 사용한 붓은 굳을 수 있으므로 사용 후 바로 씻어 준다.

재료사진	재료명	특징 및 활용법
	우드락 물감	**특징:** 보통 스티로폼을 색칠하는 용도로 사용하는 물감이다. **활용법:** 쉽게 지워지지 않으므로 사용 시에는 앞치마를 착용한다. 물감을 묻히기 전에 물이 닿지 않도록 물에 적신 붓은 살짝 닦아 준다.
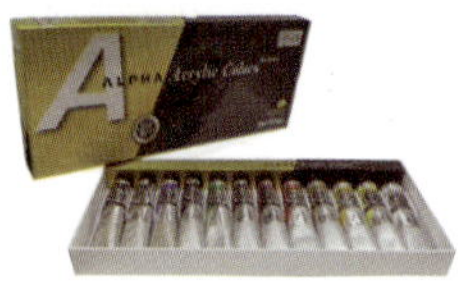	아크릴 물감	**특징:** 튜브식으로 되어 있는 물감으로 아크릴판이나 플라스틱 위에 그림을 그릴 때 사용한다. **활용법:** 사용 시에 물은 많이 쓰지 않는다. 옷에 묻으면 지워지지 않으므로 주의한다.
	펄 물감	**특징:** 진주조개껍질이 함유되어 있어 반짝이는 공예물감이다. **활용법:** 찰흙이나 지점토에 칠하면 멋진 공예품을 얻을 수 있다. 스테인드글라스 물감과 혼합하여 사용하면 좋다.
	크레파스	**특징:** 색연필보다 굵고 유성이며, 아이들이 쉽게 사용할 수 있다. **활용법:** 물에 번지지 않는 성질을 이용해 수채화 물감을 통한 그리기를 해 볼 수 있고, 스크래치, 양초에 녹여서 찍어 보기 등에 사용할 수 있다.
	파스텔	**특징:** 크레파스와 비슷한 재질이나 잘 번져서 휴지나 스펀지로 문질러 주면 번지는 효과를 볼 수 있다. **활용법:** 종이, 마분지, 나무, 돌 등 어느 곳에나 잘 그려지며 강약을 조절하여 그려 주면 더 멋진 작품이 될 수 있다. 사포로 갈아 낸 가루를 휴지로 살살 문질러 주면 은은한 효과를 낼 수 있다.

재료사진	재료명	특징 및 활용법
	색연필	**특징:** 크레파스 다음으로 아이들이 많이 사용하는 미술도구이며 이것도 역시 유성이어서 물에 잘 번지지 않는다. **활용법:** 유성이지만 수성 색연필도 있어서 다 그린 후에 붓에 물을 묻혀 칠해 주면 수채화물감의 느낌을 줄 수 있다.

11. 가루류

재료사진	재료명	특징 및 활용법
	천연색소 가루	**특징:** 천연재료로 만든 색소가루로 인체에 무해하여 영아들이 반죽놀이를 하기에 적합하다. **활용법:** 천연이므로 식품착색료로 사용할 수 있고 밀가루와 반죽해서 점토를 만들 수도 있다.
	야광가루	**특징:** 야광제품의 원료이며 불빛을 받아 축적한 에너지로 빛이 없는 상황에서 빛을 방출하는 가루이다. **활용법:** 별자리 지도를 만들 때 사용할 수 있고, 야광가루에 물을 섞어 만든 후 이쑤시개나 면봉으로 찍어서 종이에 묻혀서 사용한다.
	컬러톱밥	**특징:** 순수 자연의 톱밥을 인체에 무해한 식용색소로 물들여 만든 제품이다. **활용법:** 14가지 색을 이용하여 다양한 활용을 할 수 있다.

재료사진	재료명	특징 및 활용법
	색모래 가루	특징: 색이 있는 모래이며 16가지 색이 존재한다. 활용법: 풀이나 접착제 등을 이용하여 콜라주를 하거나 카드를 제작할 때 사용한다.
	반짝이 가루	특징: 반짝이는 효과를 낼 때 접착제를 바르고 그 위에 뿌리거나 붓으로 바른다. 활용법: 폼아트나 카드 제작 시에 많이 이용된다.

12. 소품류

재료사진	재료명	특징 및 활용법
	폼폼 (뽕뽕이)	특징: 누르면 쑥 들어갔다가 다시 모양을 찾는 구 모형의 솜뭉치로 촉감이 부드러우며 다양한 색이 존재한다. 활용법: 모빌, 애벌레 등의 교구나 여러 가지 작품을 만들 때 다용도로 사용할 수 있다.
	스팽글	특징: 펄이 가미되어 있는 작은 소품이다. 다양한 모양이 있고 글루건을 사용해 필요한 곳에 붙여준다. 활용법: 물고기의 비늘을 표현하거나 티셔츠나 천 등에 붙여 여러 가지 모양을 꾸밀 수 있다.

재료사진	재료명	특징 및 활용법
	눈알	**특징:** 흔들면 눈동자가 움직인다. 입체적이며 다양한 크기가 있다. **활용법:** 사람이나 동물 등을 만들 때 붙여 주면 생동감을 줄 수 있다.
	백업	**특징:** 긴 원기둥 모형으로 다양한 색과 굵기가 있다. 부드럽고 말랑거려 쉽게 구부러진다. **활용법:** 환경구성이나 배경판을 만들 때 주로 사용한다.
	컬러 나무집게	**특징:** 나무재질의 집게이다. 양쪽손잡이를 누르면 벌어졌다가 놓으면 다시 돌아온다. **활용법:** 교재·교구 제작 또는 환경구성 시 유아의 작품 전시에 유용하게 사용할 수 있다.
	방울	**특징:** 종과 같이 소리가 나는 철로 된 소품이다. **활용법:** 주사위나 상자를 만들 때 안에 넣어 주면 사용할 때 종소리가 나서 재미있는 교재·교구로 활용할 수 있다.
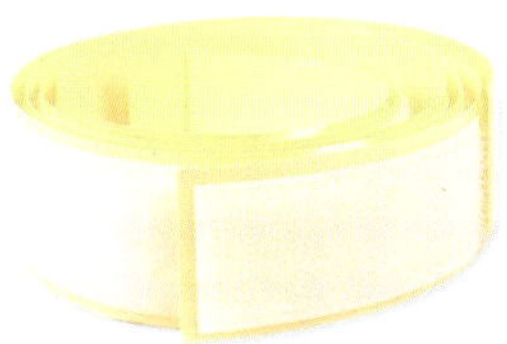	벨크로 (보들이, 까슬이)	**특징:** 보들이와 까슬이로 구분된다. **활용법:** 보통 융판동화나 교재·교구, 가사판, 동시판을 만들 때 사용하며, 자주 떼었다 붙였다 하는 교재·교구에는 양면테이프나 글루건을 이용하여 단단하게 접착시켜 주는 것이 좋다.

재료사진	재료명	특징 및 활용법
	슬림 벨크로	**특징:** 벨크로처럼 보들이와 까슬이로 구분된다. 벨크로와 차이점은 바느질이 가능하고 까슬이 부분이 훨씬 부드럽고 얇은 플라스틱의 느낌이 있다. **활용법:** 보통 융판동화나 교재·교구, 동시판을 만들 때 사용하며, 접착이 아니어서 바느질로 꿰매거나 글루건을 사용하여 붙인다.
	할핀	**특징 및 활용법:** 시계놀이 교구, 움직임이 있는 교구를 만들 때 고정하는 용도로 사용된다 가운데 다리가 2개이며 다리를 벌려 주고 접착 테이프로 붙여 고정한다.
	장식 리본	**특징:** 장식용 리본으로 체크무늬와 물방울 무늬가 있다. **활용법:** 카드나 인형을 만들 때, 교재·교구 장식용으로 주로 쓰인다.
	구슬	**특징:** 여러 가지 색깔의 플라스틱 구슬이다. **활용법:** 촉감 책에서 글자나 숫자 모양을 만들 때, 팔찌를 만들 때 사용된다.
	바운트	**특징 및 활용법:** 완성한 모빌을 낚싯줄 혹은 리본 끈을 사용해 천장이나 벽에 붙여 주는 부재료이다. 양면테이프를 떼고 사용한다.

재료사진	재료명	특징 및 활용법
	하드스틱	**특징:** 양끝이 둥근 나무스틱으로 다양한 색깔이 있다. **활용법:** 집, 울타리 등의 소품 제작이나 환경구성에 사용한다.

13. 접착재료

재료사진	재료명	특징 및 활용법
	마스킹 (종이) 테이프	**특징:** 종이재질로 된 테이프로 손으로도 찢어진다. **활용법:** 교재·교구나 작품을 깔끔하게 마무리 하기 위해서 테두리나 모서리 등의 마감용 재료로 쓴다.
	양면테이프	**특징:** 테이프의 양면에 접착성이 있는 테이프로, 접착력이 강하다. **활용법:** 보이지 않는 면에 붙여 주어 깔끔하게 접착할 수 있다.
	투명 테이프	**특징 및 활용법:** 투명한 테이프로 종이나 비닐 등에 잘 붙고 다양한 용도로 사용된다.
	컬러 테이프	**특징 및 활용법:** 교재·교구의 테두리를 감쌀 때, 종이의 테두리를 감쌀 때 등 여러 용도로 쓰인다.

재료사진	재료명	특징 및 활용법
	박스 테이프	**특징 및 활용법:** 큰 물건을 싸거나 포장할 때 쓰인다. 박스를 고정하기 위해서 쓰이기도 한다.
	면 테이프	**특징 및 활용법:** 박스 테이프처럼 큰 물건을 싸거나 포장할 때 쓰인다. 박스 테이프와 달리 면으로 되어 있어 손으로 찢어 사용할 수 있다. 박스집을 만들 때 고정하면 더 튼튼하게 만들 수 있다.
	반짝이 테이프	**특징 및 활용법:** 반짝이는 테이프로 주로 교구나 작품의 테두리를 마무리하는 데 많이 사용한다.
	딱풀	**특징 및 활용법:** 주로 종이를 붙일 때 사용하며 비교적 종이가 울지 않고 단단하게 붙여진다. 마르기 쉬우므로 뚜껑을 꼭 닫아 놓아야 한다.
	물풀	**특징 및 활용법:** 주로 종이를 붙일 때 사용하고 접착성이 우수하지만 수분이 많아 종이가 우는 단점이 있다. 한지를 붙일 때 사용하면 좋다.
	목공풀	**특징 및 활용법:** 나무, 헝겊, 종이 등 다양한 물건에 접착이 가능한 접착제이다. 마르는 데 시간이 걸리므로 얇게 펴 발라 주어야 좋다.

재료사진	재료명	특징 및 활용법
	본드	**특징 및 활용법:** 흔히 돼지 본드라고 하며 강한 접착력이 있는 접착제이지만 냄새가 강하고 노란 액체가 지저분하게 보일 수 있다.
	우드락 본드	**특징 및 활용법:** 우드락 전용 본드로 우드락을 녹이지 않고 깨끗하게 붙일 수 있다. 하지만 마르는 시간이 오래 걸리며 접착력이 떨어지는 단점이 있다.
	글루건과 글루건심	**특징 및 활용법:** 고체의 심을 글루건에 넣어 열로 녹여 가면서 붙이는 것으로 어떤 물건이든 단단하게 붙일 수 있다. 화상에 주의해야 한다.
	지점토 본드	**특징 및 활용법:** 찰흙이나 지점토 등 점토류에 접착할 때 사용한다.

14. 작업도구

재료사진	재료명	특징 및 활용법
	가위	**특징 및 활용법:** 헝겊이나 종이를 자르는 데 사용한다. 가위 날에 묻은 끈끈한 접착료는 아세톤이나 전용클리너를 이용하여 닦아 준다.
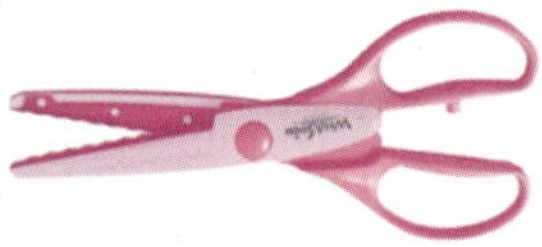	핑킹가위	**특징 및 활용법:** 날이 지그재그로 되어 있어 모양을 내어 자르는 데 사용한다. 포장지나 리본 끝을 잘라 주어 마무리하는 데 사용한다. 카네이션을 만들 때 사용하기도 한다.
	우드락 커터 (열선)	**특징 및 활용법:** 우드락 전용 커터기로 가는 열선의 열을 이용하여 우드락을 쉽고 깨끗하게 자를 수 있다. 열에 의한 화상을 입지 않도록 주의해야 하며 줄을 팽팽하게 감아야 잘 잘린다. 너무 힘을 주어 사용하면 줄이 끊어질 수 있으니 조심해야 한다.
	커터칼	**특징 및 활용법:** 종이나 보드류 등을 깔끔하게 직선으로 자를 때 쓴다. 자를 대고 자르는 것이 쉽게 자르기에 좋으며 칼날이 무뎌지면 교체해서 사용한다.
	컷팅매트	**특징 및 활용법:** 커터칼 사용 시 바닥에 깔고 사용한다.
	바늘	**특징 및 활용법:** 부직포나 펠트지 등의 헝겊류를 꿰맬 때 사용한다. 꿰맬 때는 너무 두껍지 않은 바늘을 사용하는 것이 좋다.

재료사진	재료명	특징 및 활용법
	자	**특징 및 활용법:** 종이나 헝겊을 눈금을 보고 정확하게 재단하도록 도와준다.
	쇠자	**특징 및 활용법:** 종이나 헝겊을 반듯하게 재단하도록 도와준다. 쇠로 되어 있어 자가 손상될 위험이 적어 오래 사용할 수 있다.
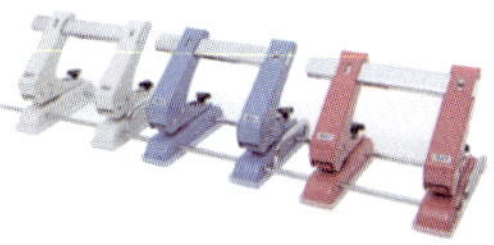	펀치	**특징 및 활용법:** 여러 장의 종이를 연결할 때 펀치를 이용하여 구멍을 내고 연결할 수 있다. 모양펀치의 경우 여러 가지 모양을 내어 꾸미는 데 이용할 수도 있다.
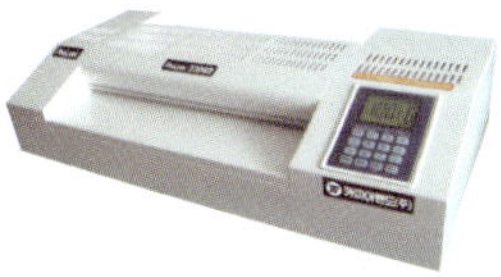	코팅기	**특징 및 활용법:** 코팅지를 이용하여 종이를 코팅할 때 사용한다. 열을 가해야 하기 때문에 바로 사용하지 않고 기다렸다가 사용한다.
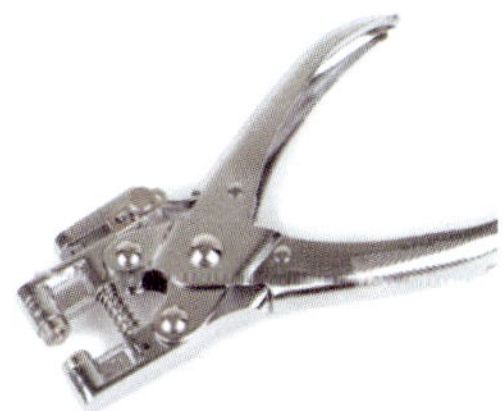	아일렛 펀치	**특징 및 활용법:** 펀치로 구멍을 낸 곳에 아일렛을 사용해서 마감을 해 주어 구멍이 찢어지지 않고 보존될 수 있도록 돕는다.
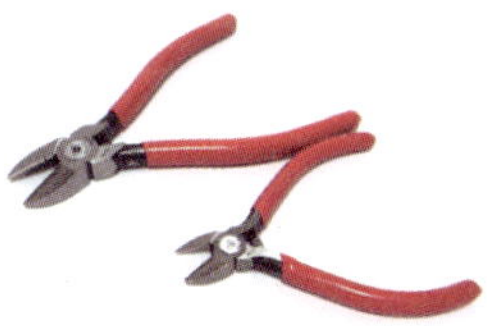	니퍼	**특징 및 활용법:** 철사를 구부리거나 자를 때 사용하는 도구이다 단단한 철을 구부리는 데 사용하면 유용하게 쓰일 수 있다.

재료사진	재료명	특징 및 활용법
	볼트, 너트	**특징 및 활용법:** 볼트와 너트를 서로 끼워서 조여서 사용하는 도구이다. 돌림판 가운데에 볼트와 너트를 사용하여 끼워 넣으면 할핀과 비슷한 역할을 할 수 있다. 마무리는 글루건을 사용한다.

15. 재활용품

재료사진	재료명	특징 및 활용법
	달걀판	**특징 및 활용법:** 단단한 종이류이고, 울퉁불퉁한 모양을 갖추었다. 달걀판을 잘라 여러 가지 모양으로 활용할 수도 있고 원래 모양을 살려 교재·교구를 만들 수 있다.
	우유갑	**특징 및 활용법:** 종이류로 우유갑을 연결하여 기차나, 보관함, 주사위 등을 만들 수 있고 우유갑을 사용하여 블록 교구를 만들어 제공해 줄 수 있다.
	박스	**특징 및 활용법:** 단단한 종이류로 하드보드지나 두꺼운 도화지를 대신하여 사용할 수 있다. 박스 본체를 그대로 사용할 수도 있고 도면을 그려 잘라 사용할 수 있다.

재료사진	재료명	특징 및 활용법
	분유통	**특징 및 활용법:** 철제로 만들어진 제품으로 본판 그대로를 활용하여 북과 같은 교재·교구를 만들 수 있다.
	페트병	**특징 및 활용법:** 플라스틱으로 만들어진 페트병으로 잘라서 화분으로 사용하거나, 물뿌리개나 물총으로 활용할 수 있다. 또 뽑기통 등의 교재·교구도 만들 수 있다.

제4장

교재·교구의 제작

1. 교재·교구 제작 시 고려사항

교재·교구를 제작할 때는 유아의 연령, 발달수준, 흥미를 고려하고 생활주제, 활동영역 및 활동유형, 제작재료, 제작형태, 보관 등을 고려하여 제작한다. 교재·교구의 제작 시 고려해야 할 사항을 구체적으로 살펴보면 다음과 같다(김정규·이광자·조정숙, 1997; 김정원·김유정·박현미, 2005; 이대균·박란규, 2005; 정연희, 2011; 김은심·유향선·최현정, 2016).

첫째, 유아의 연령 및 발달수준을 고려하여 제작한다. 대상유아의 연령 및 발달수준에 맞게 조작이 용이하고 활용이 가능하도록 제작한다.

둘째, 유아들의 다양한 감각을 자극하고 흥미를 유발하여 다양한 탐색과 자발적인 활동이 가능하도록 제작한다. 색깔, 모양, 크기, 촉감, 소리 등 유아들의 다양한 감각을 자극할 수 있고 유아들이 선호하는 색깔, 형태, 질감을 고려한 다양한 재료와 제작방법을 사용하여 제작한다.

셋째, 유아들의 전인적 발달을 도모할 수 있도록 제작한다. 유아들의 신체운동능력, 인지능력, 언어능력을 발달시키고 사회화를 촉진하며 유아들의 정서적 욕구를 표현하고 창의적 능력을 발휘할 수 있도록 제작한다.

넷째, 유아 스스로 활동결과를 확인하고 수정할 수 있는 피드백을 제공하도록 제작한다. 예를 들어 퍼즐교구의 경우 완성된 퍼즐그림을 퍼즐 밑판에 붙이거나 따로 붙여 퍼즐을 제대로 맞추어 가고 있는지 확인하도록 제작한다. 보드게임교구의 경우 게임말을 사용하여 자신의 위치를 확인할 수 있도록 제작한다.

다섯째, 활용목적이 분명하고 목적 달성이 쉽도록 제작한다. 유아가 교재·교구를 활용하였을 때 예상되는 교육효과를 달성할 수 있도록 제작한다. 예를 들어 만 5세 유아의 경우 한 가지 기준으로 분류한 자료를 다른 기준으로 재분류하는 활동을 한 후에 두 가지 이상의 공통된 기준으로 분류해 보는 활동을 할 수 있다. 여러 가지 색깔로 구성된 여러 가지 모양이 붙은 물고기를 낚싯대로 낚아 분류해 보는 게임을 하면서 색깔과 모양을 동시에 고려하는 '복합분류'의 개념을 쉽게 이해할 수 있도록 할 수 있다. 다음 예시는 복합분류개념을 습득할 수 있도록 돕기 위한 '도형물고기를 잡아요' 교구이다.

여섯째, 안전하고 견고하며 위생적으로 제작한다. 뾰족한 것이 튀어나오거나 모서리가 날카로운 부분이 없도록 한다. 또한 이음새 부분을 완벽하게 처리하고 반복적 사용에도 부착물이 떨어져 나가거나 망가지는 일이 없도록 견고하게 제작한다.

일곱째, 유아가 사용하기에 적당한 크기와 보관이 용이하도록 제작한다. 유아에게 너무 큰 교재·교구는 유아가 사용하기에 부담을 주고 교구장 크기보다 클 경우 보관하기 불편하므로 유아 스스로 이동이 용이하고 조작이 가능한 크기로 제작하도록 한다.

여덟째, 제작에 필요한 재료나 교구에 적합한 제작방법을 치밀히 계획하여 제작재료 비용 및 제작 시간이 낭비되지 않도록 제작한다. 재료를 구입할 수도 있지만 제작교구의 속에 들어가는 부분으로 재활용품을 사용하면 재료비를 절약하면서 양질의 교구로 변화시킬 수 있다. 다음은 재활용품을 사용하여 보관상자(박스)와 꽃(달걀판)을 제작한 예시이다.

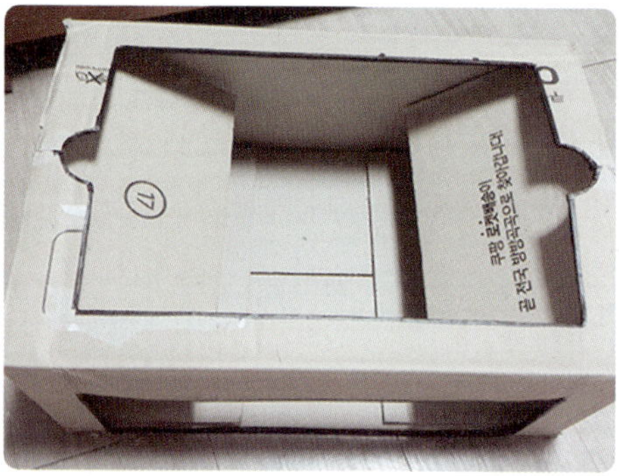

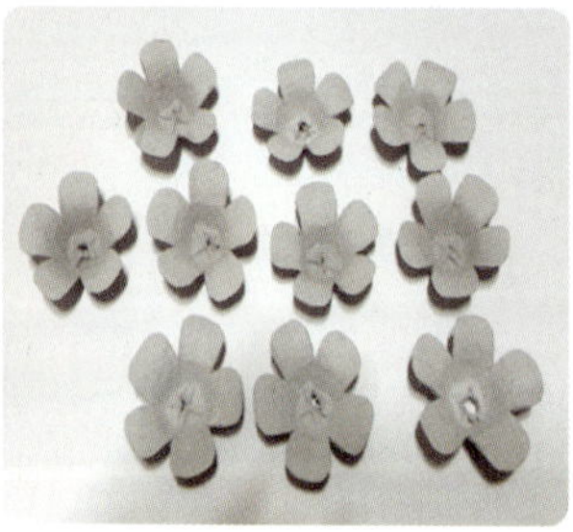

2. 교재·교구의 제작

교재·교구의 제작은 크게 자료수집단계, 구상 및 설계단계, 제작단계, 수정·보완단계로 나눌 수 있다(정연희, 2011).

자료수집단계

- ▶ 교재·교구 제작을 위한 기본사항 결정
  - 주제, 대상연령, 활동영역 선정
- ▶ 포털사이트 및 유아교육사이트검색
  - 네이버(www.naver.com)
  - 구글(www.google.co.kr)
  - 키드키즈(www.kidkids.net)
  - 꼬망세(www2.edupre.co.kr)
- ▶ 교재·교구 제작관련 교재 참고
- ▶ 유아교육과 교재·교구전시회, 국제유아교육박람회 등 관람
- ▶ 인스타그램 및 유튜브 검색

➡

구상 및 설계단계

- ▶ 교재·교구에 대한 아이디어 구상
  - 수집한 자료와 정보를 토대로 교재·교구에 대한 아이디어 구상
  - 전문가 및 동료와 의견교환을 통한 아이디어의 구체화
- ▶ 초안 작성
  - 교재·교구의 이미지를 구상하여 밑그림을 그리고 색칠을 하여 교재·교구의 기본틀, 소품, 보관상자 등 이미지 설계
  - 교재·교구에 적합한 재료 및 제작방법 작성
  - 활동방법 작성

➡

제작단계

- ▶ 교재·교구 제작계획안 작성
  - 초안을 토대로 제작재료결정, 제작방법, 활동방법 작성
- ▶ 제작재료 구입
  - 이전에 구입한 재료의 재사용, 재활용품 사용 가능 여부 확인 후 필요한 양만큼 재료 구입
- ▶ 교재·교구의 제작
  - 제작재료 및 제작방법 꼼꼼히 점검
  - 제작순서결정
  - 제작(도안, 본체, 소품)

➡

수정 및 보완단계

- ▶ 제작과정 중 시행착오의 수정·보완
  - 제작과정 중 실제 교재·교구 크기나 형태의 조합이 제작계획안과 맞지 않은 경우 교재·교구의 크기와 형태 수정
  - 제작과정 중 제작계획안의 제작방법 및 제작재료대로 제작하기 어려운 경우 재료 변경, 제작기법의 변경
- ▶ 재료의 재구입
  - 재료의 양을 잘못 계산했거나 교재·교구의 수정으로 인해 재료가 부족한 경우
  - 재료가 교재·교구의 제작에 적합하지 않은 경우 구입처에서 보다 효과적인 재료 선택

1) 자료수집

(1) 교재·교구 제작을 위한 기본사항 결정

교재·교구 제작을 위해 생활주제, 대상연령, 활동영역을 정하도록 한다.

(2) 인터넷 검색

네이버(www.naver.com), 구글(www.google.co.kr), 다음(www.daum.net) 등의 포털사이트와 키드키즈(www.kidkids.net), 꼬망세(www2.edupre.co.kr)와 같은 유아교육사이트에 교재·교구선정에 필요한 생활주제, 대상연령, 활동영역과 관련된 교구를 키워드로 검색어를 입력하여 이미지를 저장해 놓거나 스크랩을 해 둔다. 예를 들어 키드키즈, 꼬망세 등의 유아교육사이트에서 연간교육계획안을 보고 생활주제, 대상연령, 활동영역에 어울리는 교구들을 찾아볼 수도 있고 네이버, 구글, 다음 등의 포털사이트에 '만 5세 수·조작교구', '만 3세 여름 교구' 등과 같이 연령-활동영역, 연령-생활주제와 관련된 키워드로 검색하여 이미지를 저장하거나 스크랩할 수 있다.

(3) 교재·교구 제작 관련 교재 참고

교과교재연구 및 지도법, 교수공학, 교수매체, 교수-학습 방법 등 교재·교구 관련 교재를 참고하여 교재·교구 자료를 수집한다.

(4) 유아교육과 교재·교구전시회, 국제유아교육박람회 등 관람

유아교육과 교재·교구전시회, 국제유아교육박람회 등에 출품된 다양한 교재·교구를 보면서 교구사진을 저장하여 교재·교구 자료를 수집한다.

(5) 인스타그램 및 유튜브 검색

인스타그램 및 유튜브로 다양한 교구 검색어를 넣어서 교구의 제작방법과 과정을 수집할 수 있다.

2) 구상 및 설계

(1) 교재·교구에 대한 아이디어 구상

① 수집한 자료와 정보를 토대로 좋은 점은 사용하고 부족한 점은 보완하면서 아이디어를 구상한다.

② 전문가 및 동료와의 의견교환을 통해 아이디어를 구체화한다.

(2) 초안 작성

① 교재·교구의 이미지를 구상하여 밑그림을 그리고 색칠을 하여 교재·교구의 기본틀, 소품, 보관상자 등의 교재·교구의 이미지를 설계한다.

② 교재·교구에 적합한 재료, 제작방법, 활동방법을 작성한다.

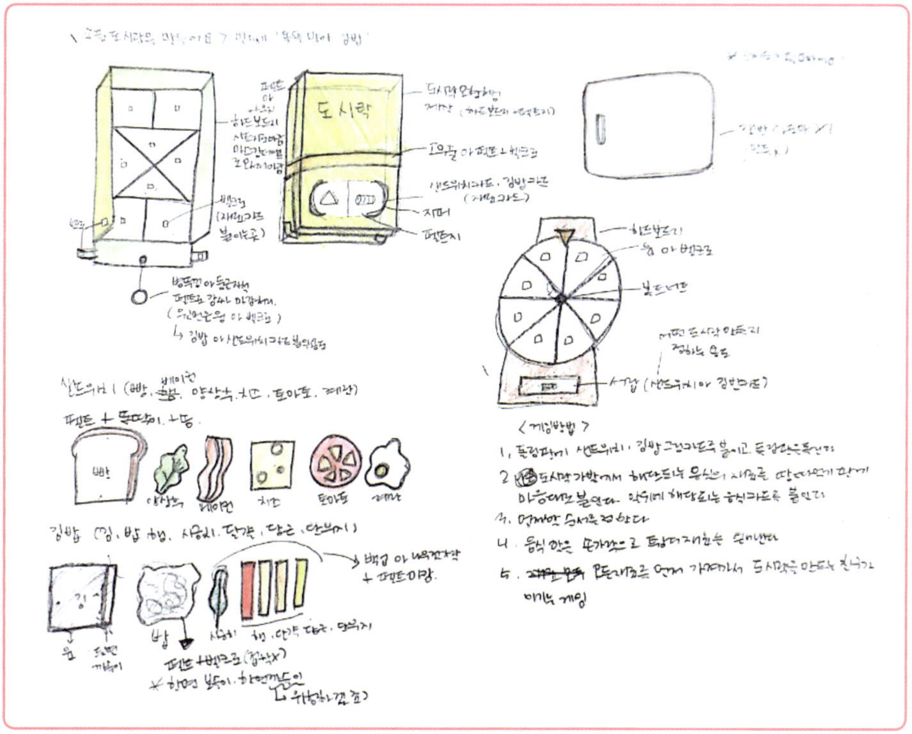

3) 제작

(1) 교재·교구 제작 및 활동계획안 작성

초안을 토대로 생활주제, 대상연령, 참여인원, 활동영역, 활동목표, 활동자료, 제작재료, 제작방법, 활동방법 등을 작성한다. 다음 최종 교재·교구 제작 및 활동계획안의 예시이다.

〈교재 · 교구 제작 및 활동계획안〉

<table>
<tr><th>주제</th><td>소풍</td><th>활동영역</th><td>수·조작/역할영역</td></tr>
<tr><th>대상연령</th><td>만 5세</td><th>참여인원</th><td>2명</td></tr>
<tr><th>교구명</th><td colspan="3">소풍도시락을 만들어요.
</td></tr>
<tr><th>활동목표</th><td colspan="3">• 소풍을 갈 때 먹고 싶은 음식에 대해 이야기 나눈다.
• 교구를 사용하여 김밥과 샌드위치를 만들어 본다.
• 만든 김밥과 샌드위치로 소풍놀이를 한다.</td></tr>
<tr><th>활동자료</th><td colspan="3">게임판, 돌림판, 재료 보관상자, 그림카드 보관상자
김밥재료(김, 밥, 시금치, 햄, 단무지, 달걀지단, 당근),
샌드위치재료(빵, 양상추, 베이컨, 치즈, 토마토, 달걀프라이)</td></tr>
<tr><th>제작재료</th><td colspan="3">*게임판
하드보드지, 펠트지, 실, 바늘, 벨크로, 송곳, 색 고무줄, 지퍼, 투명 아크릴판, 둥근 자석, 시트지
*돌림판
하드보드지, 볼트·너트, 김밥·샌드위치 카드, 시트지
*재료카드 및 놀이 설명판, 재료카드 통
코팅지, 시트지, 플라스틱 원통
*김밥·샌드위치재료, 포장끈
펠트지, 벨크로, 똑딱이, EVA, 단추</td></tr>
</table>

제작방법

*게임판

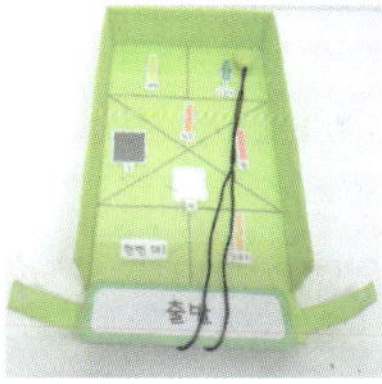

1. 하드보드지와 펠트지를 크기가 다른 직사각형으로 자른다.
2. 펠트지 안에 하드보드지를 넣어 바느질을 한다.
3. 바느질한 펠트지를 서로 바느질해 뚜껑이 없는 직육면체를 만든다.
4. 한쪽 면은 바느질로 엮지 않고 벨크로를 이용하여 붙였다 떼었다 할 수 있도록 한다.
5. 바느질로 엮지 않은 면에 송곳으로 구멍을 뚫는다.
6. 펠트지로 감싼 둥근 자석을 색 고무줄과 연결하고 구멍에 묶는다.
7. 펠트지판 위를 땅따먹기처럼 바느질하여 영역을 나눈다.
8. 영역 위에 벨크로를 붙여 준다.
9. 재료카드를 프린트하고 오린 뒤 코팅을 하고 벨크로(까슬이)를 붙인다.
10. 사포로 아크릴판 뾰족한 부분을 갈아 준다.
11. 출발선을 프린트하여 하드보드지에 붙이고 시트지와 마스킹테이프로 마무리를 한다.
12. 아크릴판과 출발선을 시트지로 연결한다.

*돌림판

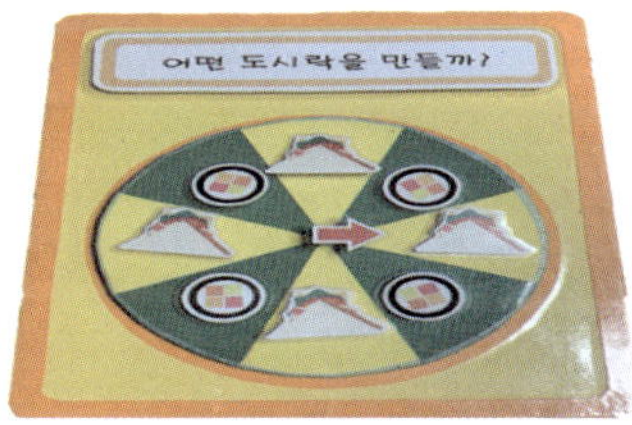

1. 하드보드지를 둥근 네모 모양과 동그라미 모양을 각각 하나씩 자른다.
2. 색지로 하드보드지를 덮어 주고 작고 둥근 네모 모양을 잘라 꾸며 준다.
3. 동그라미를 총 8개의 구역으로 나누어 색지를 오려 구역을 나누어 준다.
4. 시트지로 마감한다.
5. 판과 돌림판에 구멍을 내어 볼트·너트로 고정시킨다.
6. 코팅한 화살표를 돌림판 가운데에 붙인다.

제작방법

*재료카드 및 놀이 설명판, 재료카드 통

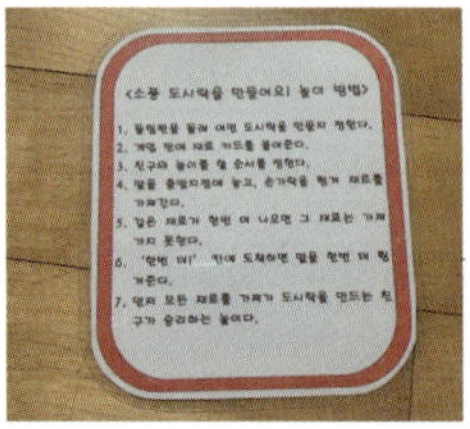

1. 재료카드를 프린트한다.
2. 프린트한 재료카드를 오리고, 코팅한다.
3. 코팅한 재료카드 뒤에 벨크로를 붙인다.
4. 놀이 설명과 정리방법이 쓰여 있는 놀이 설명판을 프린트한다.
5. 2장을 겹친 후 코팅한다.
6. 통에 맞추어 재료카드 통을 프린트한다.
7. 오려서 붙여 준 뒤 시트지와 마스킹테이프로 마감한다.

*김밥재료

1. 김: 펠트지를 잘라 두면을 합쳐 바느질한다.
   - 김 안쪽에 똑딱이를 달아 밥과 연결될 수 있도록 한다.
2. 밥: 펠트지를 잘라 두 면을 합쳐 바느질한다.
   - 펠트지 한쪽 양면에 까슬이를 달아 말았을 때 고정될 수 있도록 한다.
   - 밥 안쪽에 똑딱이를 달아 밥과 연결될 수 있도록 한다.

*샌드위치재료와 포장끈

- 여러 가지 색의 펠트지에 샌드위치재료 도안을 대고 그린 후 자른다.
- 자른 샌드위치재료들을 버튼홀 스티치로 토마토는 EVA, 나머지 다른 재료는 솜을 넣고 바느질하고 똑딱이를 단다.

<table>
<tr><td>제작방법</td><td>- 양상추의 잎맥은 홈질을 두 번(----) 하여 박음질처럼 바느질한다.
- 펠트지 2장을 길게 자른다.
- 자른 펠트지 한 면에 단추를 바느질한다.
- 펠트지 2장 사이에 EVA를 넣고 버튼홀 스티치로 바느질하여 포장끈을 완성한다.</td></tr>
<tr><td>활동방법</td><td>1. 지난 시간에 들은 『돌돌 말아 김밥』(글 · 그림 최지미)의 동화내용을 회상하고 소풍을 가면 무엇을 하고 싶은지 이야기 나눈다.
- 친구들 지난 시간에 들은 『돌돌 말아 김밥』에는 어떤 김밥재료 친구들이 나왔니?
- 김밥재료 친구들은 무엇을 했니?
- 친구들은 소풍을 가면 무엇을 하고 싶니?
2. 김밥과 샌드위치 사진자료를 보고 먹어 보거나 만들어 본 경험이 있는지 이야기나눈다.
- 친구들은 소풍을 가면 어떤 음식을 도시락에 넣어 가고 싶니?
- (김밥과 샌드위치 사진을 보여 주며) 여기 사진에 있는 음식은 무엇이니?
- 김밥이나 샌드위치을 먹어 본 적이 있니?
- 맛이 어땠니?
- 김밥이나 샌드위치를 만들어 본 적이 있니?
3. '소풍도시락을 만들어요' 교구를 소개한다.
- 여기에 어떤 것들이 있니?
- 이번 시간에 여기 있는 김밥재료들과 샌드위치재료들을 가지고 김밥을 만들고 소풍놀이를 해 보도록 하자.
4. 활동방법을 소개하고 교구를 조작해 본다.

활동방법
① 돌림판을 돌려 어떤 도시락을 만들지 정한다.
② 게임판에 재료카드를 붙인다.
③ 친구와 놀이할 순서를 정한다.
④ 말을 출발지점에 놓고 손가락으로 튕겨 맞춘 재료를 가져간다.
⑤ 같은 재료가 한 번 더 나오면 그 재료는 가져가지 못한다.
⑥ '한 번 더!' 칸에 도착하면 말을 한 번 더 튕긴다.
⑦ 먼저 모든 재료를 가져가 도시락을 만드는 친구가 이긴다.

5. 완성한 김밥과 샌드위치를 가지고 소풍놀이를 해 본다.
6. 활동을 한 후 활동에 대한 회상과 평가를 한다.
- 오늘 무엇을 했니?
- '소풍도시락을 만들어요' 교구를 가지고 놀아 보았는데 어땠니?
- 만든 김밥과 샌드위치를 가지고 소풍놀이를 해 보았니?
- 소풍놀이는 어땠니?
7. 교구를 놓아둘 영역을 소개하고 계속 가지고 놀 수 있도록 안내한다.</td></tr>
</table>

(2) 제작재료 구입

① 이전에 구입한 재료의 재사용, 재활용품 사용 가능 여부를 확인한다.

② 재료를 직접 구입 시 교재·교구 제작계획안 또는 초안을 가지고 가서 재료가 교구제작에 적합한지 확인한 후 필요한 양만큼 재료를 구입하여 불필요한 재료의 낭비를 막도록 한다.

(3) 교재·교구의 제작

〈1〉 제작준비

① 제작재료와 제작방법을 꼼꼼히 점검한 후 제작한다.

② 교재·교구의 기본형태(예: 보드게임판, 퍼즐판, 빙고판 등), 소품(예: 주사위, 말, 인형, 획득물 등), 보관상자 등 제작 순서를 정한다.

〈2〉 제작

■ **도안의 사용(직접 그리거나 사진, 그림 등 출력하여 사용)**

① 도안(그림, 글자, 숫자)은 직접 펠트지, 색지, 도화지 등에 밑그림을 그리고 잘라 사용하는 방법, 출력한 도안이나 바탕지(도화지, 마분지 등)에 그려 만든 샘플도안을 대고 잘라 사용하는 방법, 도안을 출력하거나 도화지에 그림을 그려 자른 후 코팅하여 사용하는 방법 등이 있다.

② 도안을 출력할 경우 한글hwp의 도형, 그리기마당, 인터넷사이트의 이미지 검색 등을 사용하여 그림, 사진 등의 이미지를 저장한 후 교구 크기에 맞게 조정하여 출력하여 사용한다.

▸ 도안을 색지나 펠트지 등에 직접 그려 잘라 사용하는 경우

▸ 도안을 직접 그리고 컬러복사 또는 스캔하여 사용한 경우

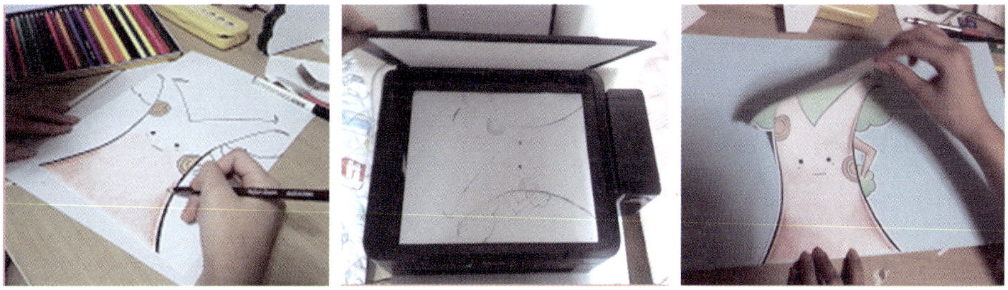

▸ 출력도안이나 바탕지에 그려 만든 샘플도안을 대고 잘라 사용하는 경우

▸ 도안을 출력하여 자른 후 코팅하여 사용하는 경우

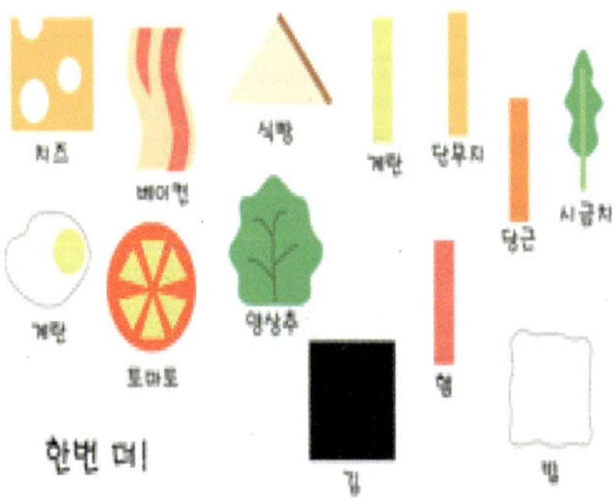

■ 교재 · 교구 본체(평면교구, 입체교구) 제작

교재 · 교구의 본체는 다음과 같은 방법으로 제작할 수 있다.

① 평면교구는 하드보드지, 우드락, 폼보드를 사용하여 보드게임판, 퍼즐, 빙고판, 분류판, 미로 등으로 다양하게 제작한다.

- 하드보드지, 우드락, 폼보드, EVA 등 다양한 보드판을 칼이나 열선을 사용하여 자른다.
- 다양한 보드판 위에 색지, 머메이드지, 한지 등을 글루건이나 풀을 사용하여 붙이거나 접착 펠트지, 컬러시트지, 융지를 사용하여 붙이는 방법이나 펠트지 2장 사이에 하드보드지, EVA 등을 넣고 실, 바늘을 사용하여 바느질하는 방법으로 평면교구를 완성한다.

② 입체교구는 평면교구의 제작방법으로 교구판을 완성한 후 교구판을 여러 장 겹쳐 글루건이나 바느질로 연결하여 만들거나 재활용 박스에 색지, 시트지, 한지, 펠트지 등을 붙여 다양한 영역의 교구를 만든다.

■ 소품 제작

소품에는 주사위, 말, 인형, 획득물, 회전판, 궁금상자, 보관상자, 보관통 등이 있다.

펠트지, 골판지, 하드보드지, 우드락, 폼보드, 투명 반구, 박스(대, 중, 소), 스펀지, 솜 또는 방울솜, 클레이, 방울, 눈알 등을 사용하여 만든다.

〈주사위〉

주사위는 주로 판교구에서 말이 진행하는 위치나 획득물의 수량을 정할 때 사용하는 도구로 정육면체, 정사면체, 투명 반구, 부채 등 다양한 형태로 제작할 수 있다.

① 주사위는 하드보드지, 펠트지, 스펀지, 솜, 방울 등의 재료를 사용하여 정육면체나 사면체로 전개도를 만들어 사용하거나 각각 모양을 따로 잘라 버튼홀 스티치로 바느질하여 만든다.

② 펠트지로 제작할 경우 스펀지나 솜 안에 방울을 넣어 던질 때 소리가 나도록 할 수 있다.

③ 각 면에는 숫자, 원, 방향(오른쪽, 왼쪽, 위, 아래), 색깔, 가위바위보, 생활주제와 관련된 그림(과일, 물건, 동물, 식품) 등을 넣는다.

▶ **하드보드지와 펠트지를 사용한 정육면체 주사위**

▶ **우유갑과 신문지, 펠트지를 활용하여 제작한 정육면체 주사위**

▶ 스펀지에 칼집을 내 방울을 넣은 정육면체 주사위

▶ 다양한 정사면체와 정육면체 주사위

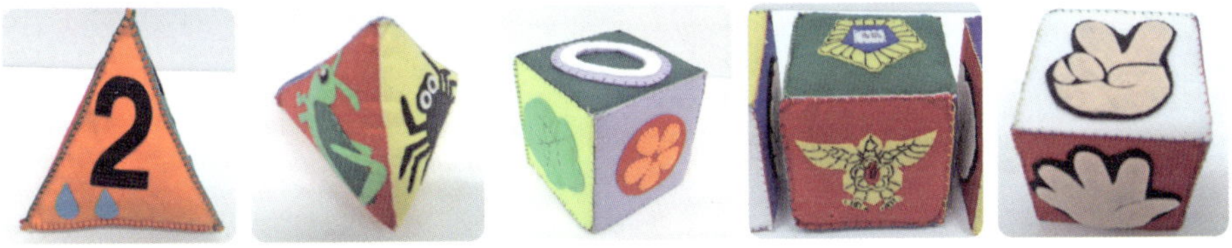

④ 정육면체나 사면체 주사위 외에 투명 반구를 사용하여 안에 구슬, 방울 등을 넣은 반구 주사위, 부채 모양에 줄과 펠트에 솜을 넣은 원을 연결하여 받을 수 있도록 만든 주사위 등 다양한 형태의 주사위가 있다.

▶ 다양한 투명 반구 주사위

▶ 부채 주사위

〈게임말〉

말은 주로 판교구에서 진행상황을 알기 위해 위치를 표시하는 데 사용하는 도구이다. 펠트지에 솜을 넣어 동물이나 인형을 만드는 방법, 클레이를 사용하여 만드는 방법, 도안을 출력하여 코팅하거나 펠트지에 도안을 그리고 잘라 바느질하고 하드보드지 삼각대, 접착스프링(원뿔), 풍선컵받침과 풍선막대, 쇠집게 등의 지지대를 사용하여 제작하는 방법 등이 있다.

▸ 펠트지에 솜을 넣어 만든 토끼와 다람쥐 말

▸ 펠트지에 지지용 나무칩과 솜을 넣어 만든 다람쥐말

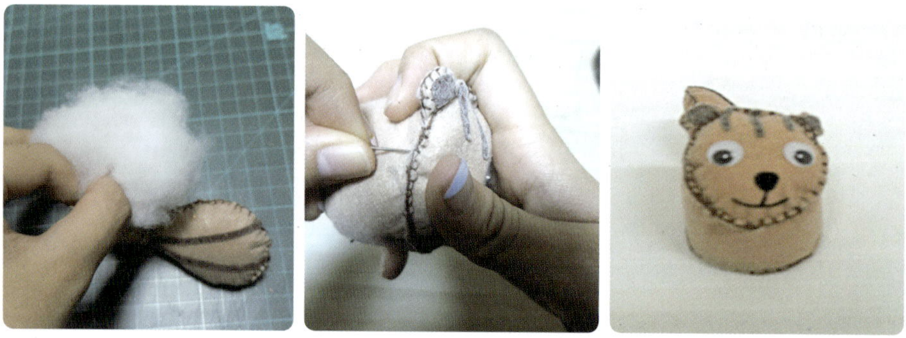

▸ 원형 딸랑이에 펠트지를 붙이고 EVA, 셀로판지, 눈알, 뿅뿅이 등의 다양한 재료를 사용하여 만든 무당벌레말

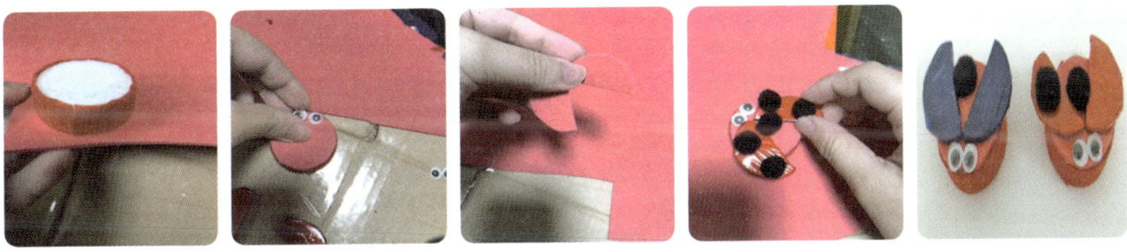

▸ 클레이와 골지감기를 사용하여 만든 닭말과 토끼말

▸ 다양한 지지대(하드보드지, 스프링원뿔금, 풍선컵받침과 막대, 쇠집게)를 사용하여 만든 말

〈회전판〉

회전판은 주사위와 같은 용도로 사용되거나 회전판 두 개를 사용하여 두 가지 짝을 대응해 보는 용도로도 사용된다. 회전판의 제작방법은 다음과 같다.

① 회전판은 하드보드지, 우드락, 폼보드에 컴퍼스나 접시로 원을 그려 자르고 자른 원판 위에 색지, 머메이드지, 펠트지 등을 붙인다.

② 원판을 같은 크기로 여러 등분으로 나누어 그린 후 여러 가지 색지, 머메이드지, 펠트지 등을 같은 크기로 잘라 원판 위에 붙이고 필요한 그림이나 숫자 등을 붙인다.

③ 화살표에 구멍을 뚫고 할핀에 넣고 화살표가 잘 돌아가도록 하기 위해 화살표와 원판과 사이에 빨대 또는 하드보드지나 EVA 등에 구멍을 뚫어 넣는다.

④ 원판 뒤로 할핀이 나오면 원판 양쪽으로 납작하게 할핀을 편 후 할핀의 날카로운 부분에 유아들이 다치지 않도록 접착 펠트지나 시트지 등으로 감싼다.

⑤ 회전판 뒤쪽에 바탕판을 더 붙일 경우 바탕판에 화살표를 만들어 붙인다. 회전판 가운데와 바탕판 가운데 구멍을 뚫고 할핀을 회전판에 넣고 바탕판과 연결한 후 바탕판 뒷면에 할핀을 나오게 하여 바탕판 양쪽에 납작하게 편 후 뒷면에 접착 펠트지나 시트지 등으로 더 감싼다.

▸ **원판에 화살표가 있고 원판 뒤에 바탕판이 있는 회전판**

▶ **원판 뒤에 바탕판이 있고 바탕판에 화살표가 있는 회전판**

▶ **원판의 한 면이 뚫려 있는 회전판**

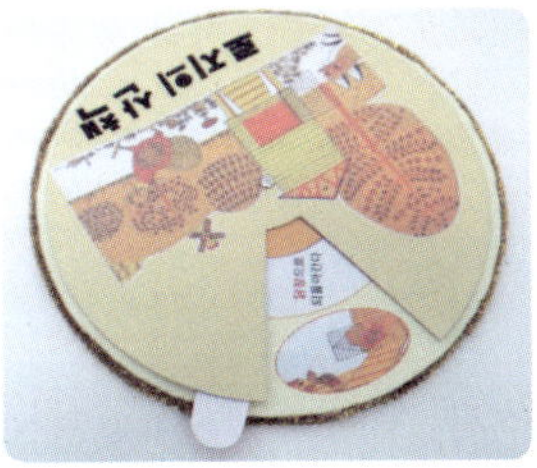

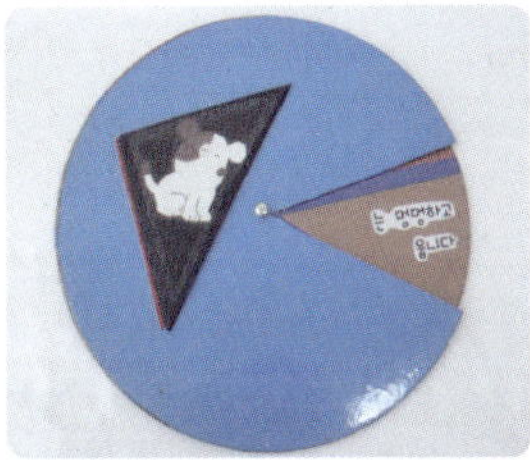

<궁금상자>

궁금상자는 유아들의 호기심을 유발하고 임의적으로 무언가를 고르도록 하기 위한 교구이다. 제작방법은 다음과 같다.

① 하드보드지, 우드락, 폼보드 등을 사용하여 뚜껑부분만 제외하고 상자를 제작한다. 상자에 색지, 한지, 접착 펠트지 등을 붙여 상자를 제작할 수도 있고 하드보드지판을 펠트지 사이에 놓고 바느질한 후 각 판을 바느질로 연결하여 상자를 제작할 수 있다.

② 뚜껑부분은 동그랗게 구멍을 뚫어 손이 들어갈 수 있도록 한다.

③ 동그랗게 구멍이 뚫린 부분은 펠트지를 원 모양으로 자른 뒤 같은 크기로 여러 등분하여 동그랗게 구멍 뚫린 부분 뒷면에 글루건을 사용하여 붙인다.

④ 뚜껑 부분을 상자에 연결하여 글루건으로 붙이거나 바느질로 연결하여 완성한다.

⑤ 상자의 각면은 다양한 재료로 꾸며 주거나 펠트지로 바느질하여 상자를 제

작할 경우 미리 각 면의 펠트지에 여러 가지 펠트지를 잘라 함께 바느질하여 꾸민다.

▶ 궁금상자

〈인형〉

인형은 유아들에게 친밀감을 느끼게 하는 매력적인 놀잇감이다. 유아들은 인형을 가지고 가상놀이 등을 하면서 창의력과 상상력을 발달시킬 수 있다. 인형은 주로 가상놀이, 인형극 등에 사용되고 옷 입히기 등의 조작활동으로 활용된다.

인형은 주로 펠트지, 여러 가지 촉감의 천, 스팽글, 단추, 지퍼, 똑딱이, 뽕뽕이, 모루, 털실, 방울, 삑삑이 등 여러 가지 재료를 사용하여 제작한다.

또한 인형을 제작할때 버튼호올 스티치, 아플리케 스티치, 박음질 등 다양한 바느질기법을 사용하여 바느질한다.

▶ **펠트지, 방울솜을 사용하여 바느질한 외계인인형**

▶ 양말과 방울솜을 사용하여 바느질한 동물인형들(줄 인형극용 인형)

〈보관상자〉

보관상자는 교재·교구를 오랫동안 유지하고 분실하지 않도록 하기 위해 제작한다. 보관이 주목적이지만 교재·교구로서의 기능도 함께 가지도록 제작할 수 있다.

하드보드지, 우드락, 골판지, 폼보드에 펠트지, 한지, 머메이드지, 색지, 시트지, 마스킹테이프, 리본끈 등을 붙이고 칸을 나누어 다양한 교재·교구를 보관할 수 있도록 제작한다. 기존에 사용하는 상자나 재활용박스를 사용하여 제작할 수도 있다.

상자 안쪽 뚜껑에 교재·교구활동방법에 대한 설명을 출력하여 붙이고 바깥쪽 뚜껑에는 교재·교구의 이름을 출력하여 붙이거나 색지, 펠트지 등을 사용하여 잘라 붙인다.

▶ 하드보드지, 머메이드지, 투명 시트지를 사용한 개방형 보관상자

▶ 기존상자를 활용하여 하드보드지로 칸을 나누고 접착 펠트지를 감싼 개방형 보관상자

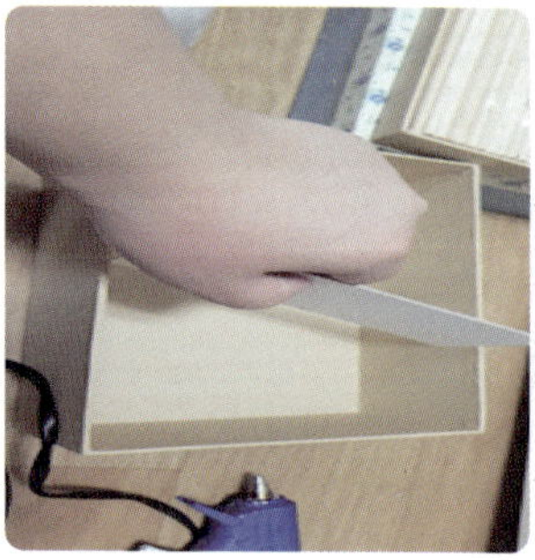

▶ 골판지로 제작한 뚜껑이 있는 교구 보관상자

▶ 하드보드지에 전개도를 그리고 빨간색 시트지를 붙여 제작한 뚜껑 있는 보관상자

▶ 기존상자에 한지, 한지마감재를 사용한 뚜껑 있는 보관상자/기존상자에 펠트지와 솜을 사용한 뚜껑 있는 보관상자

▶ 펠트지와 단추를 사용한 보관가방

▶ 교구 보관 및 교구의 기능이 함께 있는 보관상자(뚜껑－퍼즐, 뚜껑 및 상자－기억력게임)

4) 수정 및 보완

(1) 제작과정 중 시행착오의 수정 및 보완

제작과정 중 실제 교재·교구 크기나 형태의 조합이 제작계획안과 맞지 않을 경우 또는 제작과정 중 제작계획안의 제작방법 및 제작재료대로 제작하기 어려운 경우와 같이 시행착오가 발생하면 교재·교구의 크기와 형태, 재료변경, 제작기법의 변경을 통해 재수정하고 필요한 부분을 보완하면서 제작하도록 한다. 예를 들어 TV동화제작 시 화면에 들어갈 도화지의 크기를 화면보다는 크게, TV상자보다는 적게 해 주어야 하는데 화면보다 작게 제작하여 다른 화면과 같이 나오게 될 경우 다시 도화지의 크기를 조정하여 제작한다.

(2) 재료의 재구입 및 제작 완성

재료의 양을 잘못 계산했거나 교재·교구의 수정으로 인해 재료가 부족한 경우, 재료가 교재·교구의 제작에 적합하지 않은 경우 구입처에서 보다 효과적인 재료를 선택하여 제작을 완성한다.

3. 평가

교재 · 교구를 제작 완성한 후 모의수업이나 현장적용을 거친 뒤 평가 과정을 거쳐 수정 및 보완을 하도록 한다. 교재 · 교구를 다음과 같은 사항을 고려하여 평가하도록 한다(차춘희 외 3인, 2003; 김정원 외 2인, 2005; 정연희, 2011).

첫째, 유아 발달수준에 적합한지 평가해 보도록 한다. 각 연령에 따라 유아들의 발달 수준에는 차이가 있기 때문에 발달수준에 적합하도록 제작되었는지 유아와 교구와의 상호작용을 통해 평가해 보도록 한다.

둘째, 유아에게 흥미와 매력을 끌 수 있는 교재 · 교구인지 평가해 보도록 한다. 유아에게 흥미롭지 못한 교재 · 교구는 활동을 오래 지속시키지 못하고 주의가 산만해지기 쉽다. 따라서 교재 · 교구 제작 시 유아에게 흥미와 매력을 끌 수 있는 색깔, 모양, 질감, 디자인 등을 고려하여 유아들이 충분히 교재 · 교구를 가지고 조작해 볼 수 있도록 하고 평가를 통해 수정 · 보완하여 재사용이 가능하도록 한다.

셋째, 유아들이 교재 · 교구를 가지고 활동을 한 후 계획한 활동목표나 기대효과를 달성하였는지 평가해 보도록 한다. 교재 · 교구는 유아의 신체발달, 언어발달, 인지발달, 정서발달, 사회성발달 등 다양한 영역의 발달을 촉진할 뿐만 아니라 창의성 발달에도 도움을 준다. 따라서 각 교재 · 교구는 유아의 전인발달을 돕는 활동목표나 기대효과를 얻을 수 있도록 제작되어야 하며, 유아의 활동이 끝난 후 이러한 활동목표를 달성하였는지 반드시 평가하고 수정 · 보완을 거쳐 재사용이 가능하도록 한다.

넷째, 교재 · 교구를 가지고 활동을 할 때 다른 영역과의 연계나 다양한 방법으로 활용이 가능한지 평가해 보도록 한다. 예를들어 「그건 내조끼야(나카에 요시오 지음)」 동화를 융판동화교구로 제작하여 동화를 들려준 후, 등장인물을 크기 순으로 나열해 보거나 크기가 일정한 막대교구를 사용하여 동물들의 키를 측정해 보는 수학 활동과 연계할 수 있다.

다섯째, 유아들이 교재 · 교구를 가지고 지속적으로 활동이 가능할 만큼 견고한지 평가해 보도록 한다. 유아들은 교재 · 교구를 가지고 탐색과 조작을 끊임없이 반복하기 때문에 교재 · 교구의 이음새가 벌어지거나 부착물들이 떼어지기 쉽다. 따라서 이러한 점을 염두에 두고 교재 · 교구를 견고하게 제작하여야 하며, 평가를 통해 즉시 수정 · 보완하여 유아들이 가지고 활동하는데 어려움이 없도록 하여야 한다.

여섯째, 유아가 교사의 도움없이도 교재 · 교구를 혼자서 조작하거나 이동하기 쉬운지 평가해보도록 한다. 교재 · 교구는 유아의 자발적인 참여와 창의적 표현을 위해 고안되어야 한다. 교재 · 교구의 활동방법이 유아의 발달수준에 맞지 않아 너무 어렵거나 유아가 조작하기에 너무 크거나 무거우면 일일이 교사의 도움을 받을 수밖에 없다. 따라서 교재 · 교구 제작 시 이러한 점을 고려하여 제작하고 평가를 통해 수정 · 보완하여 재사용이 가능하도록 하여야 한다.

4. 놀이자료로서의 교재 · 교구와 교사의 역할

1) 놀이자료로서의 교재 · 교구

놀이는 유아의 생활이자 학습 그 자체라고 할 수 있다. 따라서 유아의 놀이활동을 의미있게 이끌어 주는 놀이자료가 필요한데 이것을 교재 · 교구라 할 수 있다(교육과학기술부 · 보건복지부, 2013; 정연희, 2011).

유아에게 놀이자료는 세상을 만나고 자신의 생각과 감정을 표상하는 매개체이다. 유아는 다양한 놀이자료를 풍부하게 사용하고 자신만의 방식으로 재창조하는 과정을 통해서 사물에 대한 탐색, 심미적인 경험, 또래와의 상호작용, 성취감 등을 얻을 수 있다. 유아에게 놀이 자료란 늘 일상에서 만나는 사물들, 자연물이나 자연현상 등 모든 것이 될 수 있다. 또한 유아교육기관에서 사용하는 OHP나 조명기구, 다양한 디지털 매체 등은 유아의 놀이를 더욱 풍성하게 해준다.

2) 놀이자료활용을 위한 교사의 역할

교사가 특정 교육목표를 위한 자료나 정형화된 놀이방법을 제시하였더라도 유아는 다양한 방식으로 놀이할 수 있다. 따라서 교사는 유아가 놀이자료에 흥미를 갖고 탐색하며 놀이를 통해 놀이자료를 새로운 의미로 재창조할 때 유아의 자율성과 주도성을 격려하고 열린 마음으로 이를 수용해 주어야 한다. 유아의 다양한 놀이자료활용을 위한 교사의 역할을 살펴보면 다음과 같다(교육부 · 보건복지부, 2019; 정연희, 2020).

첫째, 유아가 결정한 놀이자료활용 방법을 격려한다.

교사는 대부분 어떤 교육적 의도나 목적을 가지고 유아에게 놀이자료를 제공한다. 그러나 유아는 자신만의 방식으로 놀이자료를 해석하고 교사의 의도와는 달리 놀이자료를 사용하기도 한다. 어떤 놀이자료는 단순한 탐색의 대상이 되기도 하고, 어떤 놀이자료는 다양한 방식으로 오랫동안 놀이 속에서 활용되기도 한다. 따라서 교사는 의도한 결과를 얻기 위해 계획한 활동으로 이끌기보다 놀이자료가 어떻게 놀이의 매개체가 되는지 관찰하고 유아가 스스로 선택한 방식으로 배움이 일어나도록 활동을 지원한다.

▶ **보드게임을 통해 이야기 장면카드를 획득하는 게임이나 이야기 장면카드를 사용해 유아들이 새로운 이야기 꾸미기 활동으로 재사용한 예**

둘째, 자연물이나 자연현상도 놀이자료로 활용될 수 있도록 격려한다.

유아는 바깥놀이를 하거나 주변을 산책하면서 곤충, 풀, 꽃 등의 자연물을 보고 만지고 냄새 맡으면서 발견의 즐거움, 기쁨, 놀라움 등의 감정을 느낀다. 유아는 자연물로 놀이하는 과정에서 색, 모양, 선, 질감과 같은 자연물의 속성과 아름다움을 느끼고, 생명의 존귀함 등을 알게 된다. 빛과 그림자, 눈, 비, 구름 등과 같은 자연현상 또한 놀이의 매개체나 주제가 될 수 있다. 이처럼 자연은 매일의 삶 속에서 탐색, 관찰, 몰입을 통해 배움이 일어나도록 훌륭한 자료이므로 놀이자료로 활용될 수 있도록 유아들을 격려한다.

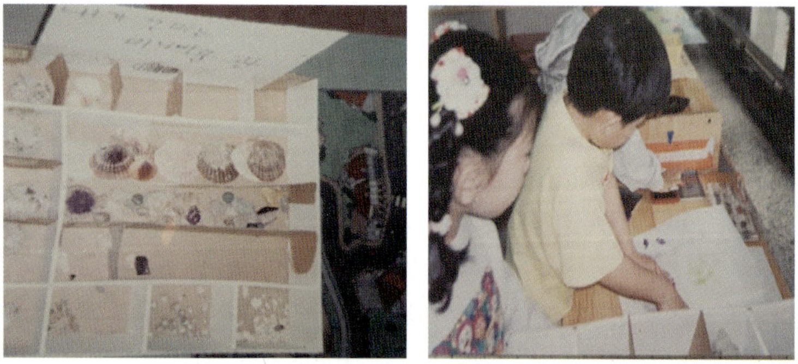

▸ **조개와 돌들을 수집하여 미니 박물관을 꾸미고 다양한 방식으로 탐색하고 있는 유아들**

셋째, 다양한 일상의 사물을 놀이자료로 활용한다.

놀이방법이 정형화되어 있는 상업적인 놀잇감보다 일상에서 발견하는 다양한 사물이 유아의 놀이를 더 풍부하게 해 주기도 한다. 유아는 일상의 물건을 놀이자료로 사용하면서 본래의 용도 외에 물질의 고유한 특성과 형태, 색, 질감 등 감각적 요소를 발견하게 된다. 교사는 상품화되거나 정형화된 놀잇감 이외에 다양한 열린 자료를 지원하도록 한다.

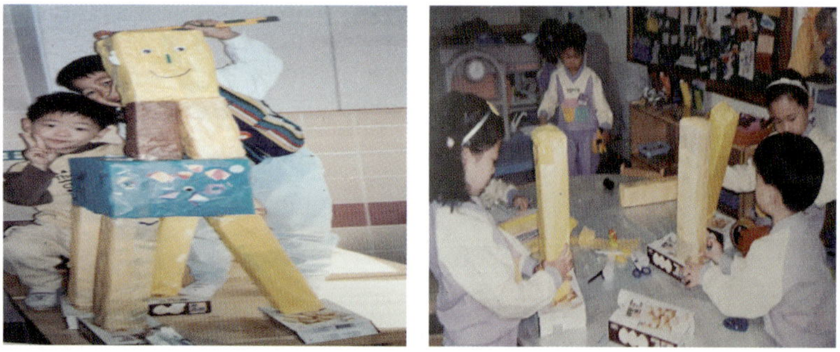

▸ **과자 상자, 한지, 빵 끈, 눈알 등의 재료를 사용해 유아들이 완성한 말을 놀이에 사용하고 있는 유아들**

넷째, 기존의 자료도 새롭게 활용해 본다.

기존에 사용하던 생활주제 관련 놀이자료를 모두 새로운 자료로 대체할 필요는 없다. 기존의 기관에서 가지고 있던 흥미영역별, 주제별 자료도 잘 활용한다면 훌륭한 놀이자료가 될 수 있다. 교사는 유아가 기존의 자료를 새로운 방식으로 놀이하는 것을 허용하고 격려한다.

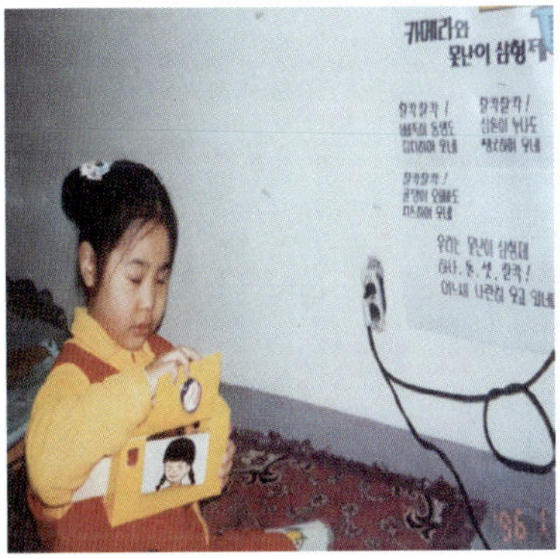

▸ 주제와 관련된 교사의 동시를 들은 후 수업에서 사용한 동시자료(카메라모형, 꽃게막대자료)를 활용하여 놀이를 하고 있는 유아

제5장

활동영역별 교재·교구 및 제작방법

유아교육기관에서의 활동영역은 대 · 소집단활동, 자유놀이활동으로 나누어진다. 또한 대·소집단활동은 이야기 나누기, 동화, 동시, 동극, 음악, 신체, 게임, 요리, 미술 등의 활동으로 나뉘고 자유놀이활동은 실내자유놀이활동과 실외자유놀이활동으로 나누어 지고, 실내자유놀이활동영역은 수·조작영역, 언어영역, 과학영역, 미술영역, 음률영역, 역할놀이 영역, 쌓기놀이영역 등의 영역으로 나뉜다(교육과학기술부, 2012). 대·소집단활동의 각 활동과 실내자유놀이 활동영역의 각 영역들에 적합한 제작 교재·교구들을 살펴보면 다음과 같다.

1. 대·소집단 활동

대·소집단활동은 한 반의 유아가 함께 활동을 진행하거나 2~3개의 소집단으로 나누어 활동을 진행하는 집단활동을 의미한다(김은심·유향선·최현정, 2016). 대·소집단활동은 이야기 나누기, 동화, 동시, 동극, 음악, 신체, 게임, 요리, 미술 등의 활동으로 나뉘는데 이 중 이야기 나누기, 동화, 동극, 음악, 신체, 게임, 요리, 미술과 관련된 교재·교구들을 살펴보면 다음과 같다.

1) 이야기 나누기

이야기 나누기 교재·교구는 주로 생활주제와 관련된 지식과 정보(동식물과 자연, 교통기관, 생활도구, 봄·여름·가을·겨울 등)를 제공할 때 사용되고, 요리·새노래·게임 등의 활동소개 시 도입부분 등에 사용된다. 이야기 나누기 교재·교구들을 살펴보면 다음과 같다(정연희, 2011).

(1) 기본설명판

① 간단한 설명과 그림 및 사진자료가 함께 있는 판

▸ 원하는 사진이나 그림자료, 설명을 인터넷에서 크기를 조절하여 출력한 후

8절지나 4절지 크기의 색 하드보드지나 색 우드락에 붙이고 투명 시트지를 씌운 후 테두리에 마스킹테이프를 붙여 사용한다.

- 여러 색깔의 A4용지나 한지로 된 A4용지를 사용해 그림과 글을 출력을 한 후 하드보드지나 우드락에 붙이고 투명 시트지를 씌운 후 테두리에 마스킹테이프를 붙여 사용할 수도 있다.
- 다음 예시는 전통놀이와 관련된 이야기 나누기 자료이다.

② 기본설명판과 그림 및 사진코팅 자료

- 기본설명판에 그림이나 사진자료가 들어갈 부분을 만들어 벨크로(보들이)를 붙이고 그림이나 사진을 코팅한 후 뒷면에 벨크로(까슬이)를 붙여 붙였다 떼었다 할 수 있도록 사용할 수 있다.
- 다음 예시는 몸속 기관과 관련된 이야기 나누기 자료이다.

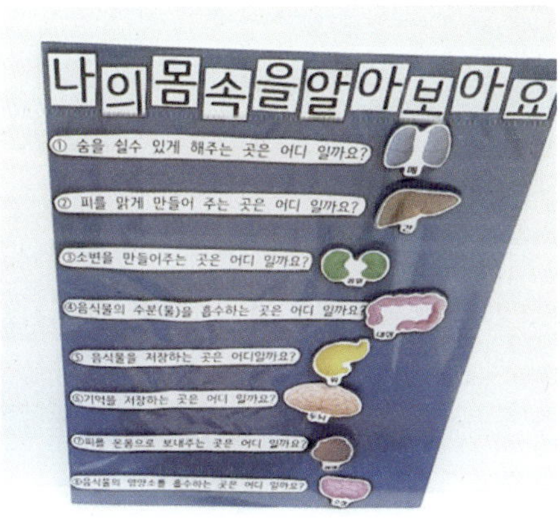

(2) 입체자료

① 기본설명판과 입체자료(펠트 모형, 클레이 모형, 스티로폼 모형)

〈펠트 모형의 사용〉

- 펠트지에 도안을 대고 그린 후 2장을 잘라 솜을 약간 넣고 버튼홀 스티치로 뒷면에 벨크로(까슬이)를 붙여 그림자료를 입체적으로 만든 후 붙였다 떼었다 하면서 사용할 수 있다.
- 다음 예시는 동물과 동물의 먹이와 관련된 이야기 나누기 자료이다.

〈클레이 모형의 사용〉

- 하드보드지를 3장 잘라 융을 붙이고 3등분으로 접었다 펼 수 있도록 기본판을 만든다.
- 펠트지에 도안을 그려 자른 후 배경펠트지에 대고 아플리케 스티치나 홈질을 사용하여 바느질하고 가장자리도 박음질로 바느질하여 그림카드를 완성한다.
- 클레이로 모형을 만들고 투명 반구와 같은 크기로 자른 색 하드보드지에 붙인 후 글루건을 사용해 그 위에 붙인다.
- 글루건을 사용해 투명 반구를 색 하드보드지에 붙인다.
- 투명 반구의 가장자리를 글루건을 사용해 가는 모루로 감싸 모형을 완성한다.
- 다음 예시는 다양한 김치의 종류와 담그는 방법과 관련된 이야기 나누기 자료이다.

〈스티로폼 모형의 사용〉

- 하드보드지로 상자를 만들고 상자 뚜껑은 끈을 사용하여 상자몸체와 연결하여 폈을 때 서 있을 수 있도록 제작하여 설명판으로 사용한다.
- 사진자료는 코팅하여 카드로 제작하고 스티로폼은 반을 잘라 안쪽은 색지로 과일의 속을 만들어 코팅하여 스티로폼 반구의 평평한 면에 붙이고 바깥쪽은 아크릴 물감으로 과일의 색깔을 칠해 준다. 완성한 스티로폼 반구의 평평한 부분에 벨크로(까슬이)를 붙인다. 다른 한쪽도 같은 방식으로 제작하여 과일의 겉과 속을 붙였다 떼었다 할 수 있도록 하고 상자 뚜껑 설명판에도 붙일 수 있도록 제작한다.

② 입체설명판(팝업, 칼집과 막대사용, 겹친 장면의 사용)

- 색지에 도안을 그려 자른 후 하드보드지판에 붙이고 투명 시트지를 붙인다.
- 뒷면은 색 시트지를 붙이고 색 테이프로 테두리를 감싸 기본배경판들을 만든다.
- 팝업을 내어 펼치면 등장인물이 일어나도록 하거나, 칼집을 내고 뒷면에서 막대인형을 조종하도록 한다. 다음 예시는 교통안전과 관련된 이야기 나누기 자료이다.

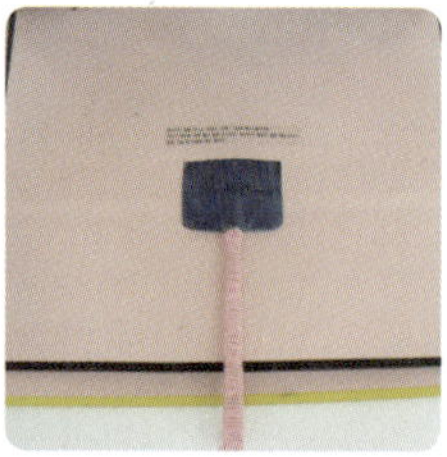

- 2장 중 1장은 반으로 자르고 색지를 사용하여 같은 배경로 제작하되 일부분만 변화를 준다. 다음 예시는 교통안전과 관련된 이야기 나누기 자료이다.

▶ 표지와 각 장면의 뒷면에는 투명 라벨지에 제목과 설명내용을 출력하여 붙인다.

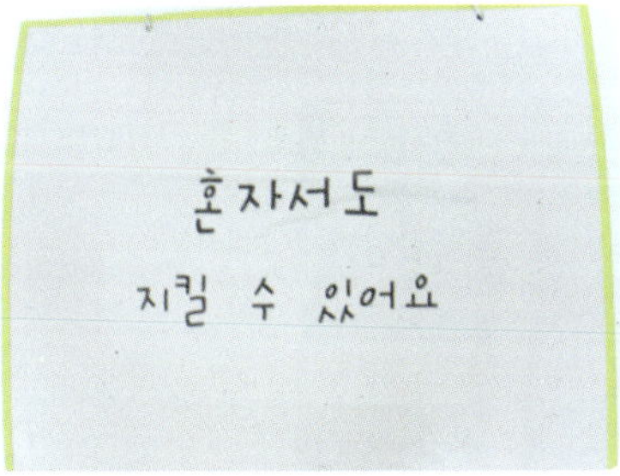

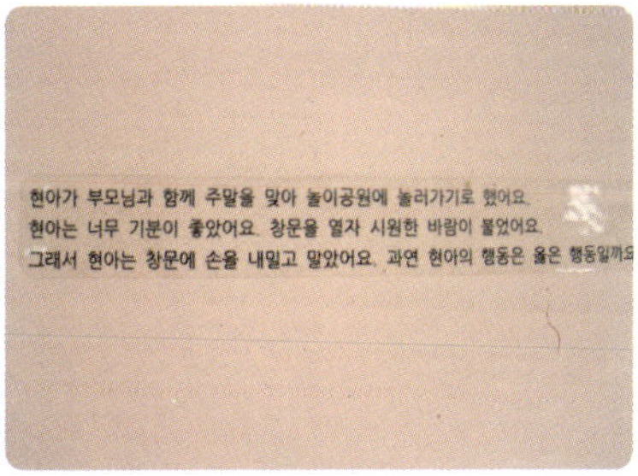

▶ 각 장면들은 펀치나 송곳으로 구멍을 뚫어 카드링으로 연결한다.

(3) 실물자료

실물자료는 썩지 않고 오래 보관할 수 있는 특성을 가진 것을 선택하여 이야기 나누기 자료로 제작할 수 있다. 예를 들어 '가을' 생활주제와 관련하여 곡식으로 만든 음식에 대해 이야기 나눌 때 실제 곡식을 관찰할 수 있도록 교구를 제작하여 유아들이 직접 관찰하고 특성에 대해 이야기 나누고 과학영역에 전시해 지속적으로 관찰하도록 할 수 있다.

다음 예시는 다양한 곡식에 대한 기본설명판과 실물자료판이다.

① 기본설명판

▶ 색 우드락에 융지를 오려 붙인다.

▶ 우드락을 동그랗게 열선으로 자르고 각 곡식의 이름을 출력하고 코팅하여 동그랗게 자른 후 동그란 우드락에 붙인다.

▶ 완성된 곡식 이름을 우드락판에 붙인다.

▶ 붙여 놓은 융판과 곡식 이름 우드락 테두리를 글루건을 사용하여 끈으로 둘러 마무리한다.

- 여러 가지 곡식으로 만든 음식사진을 출력하여 코팅한 후 잘라 뒷면에 벨크로(까슬이)를 붙인다. 다음 예시는 콩, 팥, 쌀로 만든 음식에 대한 이야기 나누기 자료이다.

② 실물자료판

- 코르크판에 한지를 여러 가지 색의 한지를 꼬아서 나무 모양으로 오린다.
- 한지, 색종이, 머메이드지 등을 사용하여 잠자리, 나뭇잎 등을 만든다.
- 주황색과 연두색 색지에 열매와 꼭지를 그린 후 잘라 코르크판의 나무 주변에 붙인다.
- 그 위에 각각의 곡식을 놓고 글루건을 사용하여 투명 반구에 글루건심을 녹여 투명 반구를 덮는다.
- 나무 주변에 나뭇잎과 잠자리를 붙여 실물자료판을 완성한다.

(4) 파워포인트(PowerPoint) 자료

캠스캐너(CamScanner)라는 휴대폰 어플을 사용하여 동화책의 내용을 스캔하거나 인터넷에서 그림이나 사진자료를 다운받아 파워포인트(PowerPoint)를 사용하여 동화나 이야기 나누기 자료를 만들어 사용할 수 있다.

그림이나 사진자료는 포토샵을 이용해 편집하고 파워포인트의 '애니메이션' 메뉴에서 사용자 지정의 효과 등을 이용하여 움직이도록 표현할 수 있다.

다음은 파워포인트 자료를 사용하여 '씨앗이 퍼지는 방법'에 대한 이야기 나누기 자료를 만든 예시이다.

① 캠스캐너(CamScanner) 어플을 사용하여 동화내용 스캔

- 캠스캐너라는 휴대폰 어플을 사용하여 동화책의 내용을 스캔한다.
- 민들레씨가 퍼지는 과정을 나타내기 위해 포토샵으로 민들레씨 그림을 편집한다.

② 파워포인트의 '애니메이션' 메뉴에서 사용자 지정의 효과 사용하여 움직임 표현

▶ 파워포인트의 '애니메이션' 메뉴에서 사용자 지정의 효과 등을 이용하여 민들레씨가 움직이도록 표현한다.

③ 파워포인트의 '삽입' 메뉴에서 '그림'을 사용하여 그림이나 사진파일을 불러옴

▶ 씨앗이 퍼지는 방법(날개가 달린 씨앗, 가시가 있는 씨앗, 열매 속에 있는 씨앗)과 관련된 그림 자료를 파일에 저장하고 파워포인트의 '삽입'에서 '그림'으로 가서 불러온다.

④ 파워포인트에 있는 사진자료를 '복사' 메뉴를 사용 한글hwp에서 붙이기로 불러옴

▶ 파워포인트에 있는 그림 위에 마우스 오른쪽 버튼을 클릭하면 '복사' 메뉴가 나오고 '복사'를 클릭한 후 한글파일에서 '붙이기'를 하면 사진자료를 한글파일로 불러와 사용할 수 있다.

▶ 한글파일로 불러온 사진자료를 사용해 활동지를 만들어 출력한다.

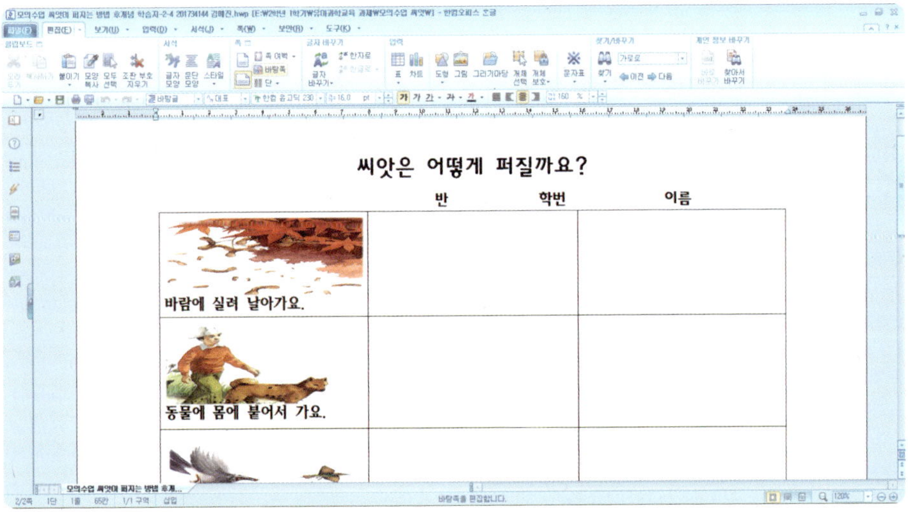

⑤ 파워포인트 완성사진

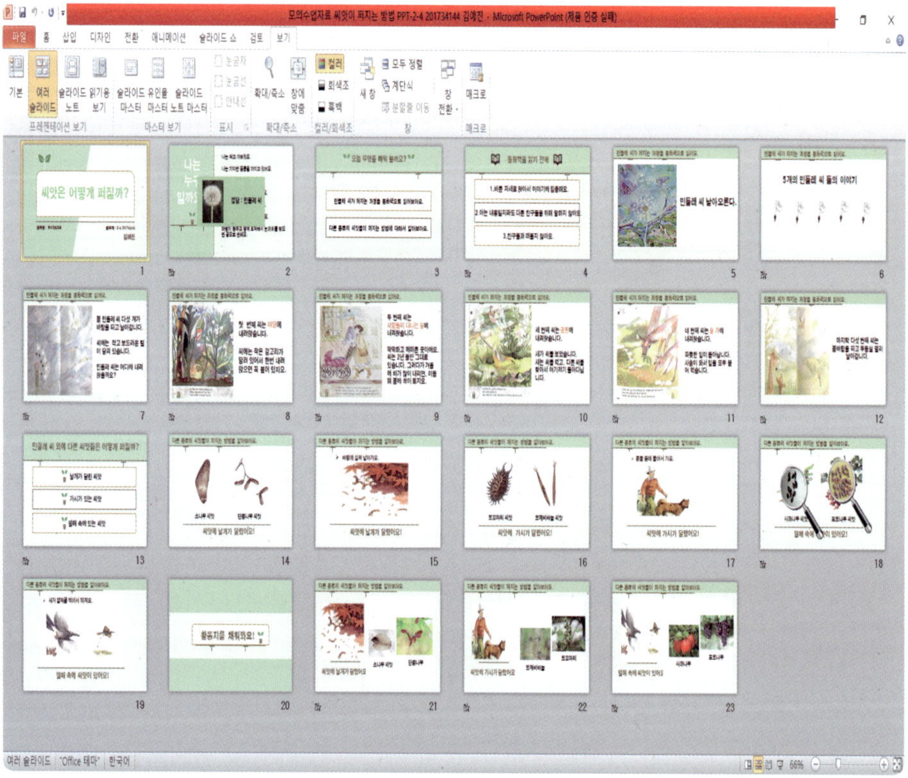

(5) 기타: 소책자 형식의 이야기 나누기 자료

각 기관의 상징-기관-기관에서 일하시는 분을 연계해 보여 주는 이야기 나누기 자료로 기관상징을 보여 주고 어떤 기관의 상징인지 예측하고 맞는지 앞장을 넘겨 뒷장에 있는 기관과 일하시는 분의 그림을 확인할 수 있도록 코팅자료와 고리링을 연결하여 제작한다.

2) 동화·동극

동화·동극활동은 대집단활동시간에 생활주제와 연관된 창작동화, 전래동화, 수·과학동화 등 다양한 장르의 동화를 유아들에게 들려주고 동극과 연계하여 활동이 이루어질 수 있다.

동화교구는 주로 대집단활동시간에 교사가 교구를 조작하면서 동화를 들려준 후 동극과 연계할 수도 있고 자유선택활동시간에 유아들이 교구를 조작하면서 놀 수 있도록 언어영역에 제공할 수 있다.

동화교구는 동화를 들려주고 유아들이 조작해 보도록 하는 언어활동으로도 사용되지만 수활동, 과학활동 등과 연계하여 통합적으로 활용된다.

동화교구는 판동화, 병풍동화, TV동화, 줄 인형동화, 디오라마동화, 자석동화, 앞치마동화, 그림자동화, 테이블 막대동화, 감각 및 조작책 등 다양한 형태로 제작할 수 있다(정연희, 2011).

(1) 판동화

판동화는 한 장씩 동화장면을 넘겨 가면서 이야기를 들려주는 동화이다. 판동화는 하드보드지, 우드락, 코르크판 등의 다양한 종류의 보드판을 사용하여 동화장면을 한 장씩 그리거나 출력하거나 색지를 잘라 판에 붙여 제작한다.

동화내용이 단조로울 경우 판에 칼집을 내어 주인공을 움직일 수 있도록 하거나 판 양쪽에 송곳으로 구멍을 뚫고 등장인물을 낚싯줄에 붙인 후 낚싯줄을 판에 있는 양쪽 구멍에 연결하여 움직임을 줄 수 있다.

판동화의 경우 각 장면의 동화내용과 순서를 뒷면에 붙여 유아들에게 읽어 주도록 한다.

① 배경그림을 그리고 다양한 재료를 붙인 판동화

- 하드보드지 위에 밑 그림을 그리고 색연필과 파스텔, 매직을 사용하여 색칠을 한다.
- 배경그림에 투명 시트지를 붙인다.
- 클레이, 폼 클레이, 모루, 글루건, 오공 본드 등을 사용하여 주인공과 배경을 꾸며 준다.

② 그림책의 장면을 출력하여 만든 판동화

- 그림책의 장면을 스캔하여 크기를 조정하여 그림과 글자를 출력한 후 자른다.
- 자른 그림과 글자를 머메이드지에 붙인다.
- 하드보드지에 머메이드지를 붙인다.
- 분할되는 장면은 반으로 자른다.
- 펀치로 구멍을 뚫은 후 각 장면을 연결하여 그림책을 완성한다.

③ 색지에 도안을 그리고 잘라 만든 판동화

④ 등장인물을 낚싯줄에 달아 움직이게 만든 판동화

- 접착 펠트지에 동화장면 도안을 그리고 잘라 우드락 위에 붙인다.
- 뒷면에 동화내용을 출력하여 붙이고 투명 시트지를 붙인다.
- 펠트지에 닭도안을 그리고 2장 잘라 버튼홀 스티치로 바느질한다.
- 동화장면판에 등장인물의 이동거리를 정하고 출발지점과 도착지점에 구멍을 뚫은 후 낚싯줄이 양쪽 구멍으로 들어가도록 하고 뒤쪽 양쪽면으로 낚싯줄이 나오도록 하여 묶는다.
- 묶은 부분에 색 테이프나 접착 펠트지를 붙여 손잡이를 만든다.
- 등장인물을 앞면의 낚싯줄에 붙여 움직이도록 한다.

⑤ 등장인물을 붙였다 떼었다 할 수 있도록 만든 융판동화

- 색 우드락에 여러 가지 융지를 사용하여 도안을 그려 자르고 배경을 꾸민다.
- 사과는 뽕뽕이를 사용하여 붙인다.
- 노란색, 파란색, 주황색, 보라색 펠트지에 도안을 그려 2장씩 자른 후 솜을 약간 넣어 버튼홀 스티치로 바느질하고 뒷면에 벨크로(까슬이)를 붙인다.

▶ 테두리에 백업을 둘러 준다.

(2) 병풍동화

병풍동화는 이야기의 순서대로 각 장면의 판을 이어 붙여 유아들이 이야기의 흐름을 이해하기 쉽게 만든 동화이다. 여러 장의 하드보드지에 색지를 잘라 붙이거나 펠트지를 사용하여 각 장면을 꾸미고 마스킹테이프나 바느질을 사용하여 이어 주어 제작한다.

① 색지와 OHP 필름지를 활용한 병풍동화

- 하드보드지 여러 장에 갈색 색지를 붙인다.
- 여러 가지 색지에 도안을 그려 자르고 장면에 맞게 각각의 하드보드지에 붙인다.
- 하드보드지에 투명 시트지를 붙인다.
- 검은색 마스킹테이프로 각 하드보드지의 가장자리를 이어 준다.
- 배경이 바뀌면서 등장인물의 옷색깔이 변하는 부분을 OHP 필름지를 사용하여 색지나 머메이드지를 붙인다.
- OHP 필름지를 달 부분에 아일렛으로 구멍을 뚫어 주고 카드링으로 하드보드지와 OHP 필름지를 연결해 주어 병풍동화를 완성한다.

② 펠트지와 바느질을 활용한 병풍동화

- 배경이 될 펠트지를 같은 크기로 2장씩 자른다.
- 각 장면에 들어갈 부분을 여러 가지 색의 펠트지에 도안을 그리고 잘라 홈질, 백 스티치, 프렌치너트 스티치 등의 바느질 기법을 사용하여 배경펠트지에 바느질한다.
- 옷은 여러 가지 색의 펠트지에 도안을 그려 2장씩 자른다. 옷의 무늬는 접착으로 붙인 후 홈질, 버튼홀 스티치 등의 바느질 기법을 사용하여 완성한 후 뒷면에 벨크로(까슬이)를 붙인다.

(3) TV동화

TV동화는 연속적으로 그림장면을 볼 수 있도록 순서대로 이어 붙인 후 TV모양의 틀에 끼워 돌리면서 동화를 볼 수 있도록 만든 동화이다.

① 동화틀의 제작

- TV동화틀은 나무판이 견고하나 제작이 어려우므로 하드보드지, 우드락, 폼보드 등의 재료를 사용하여 제작한다.
- 보드판을 밑그림을 그리고 칼로 자르고 글루건을 조금씩 사용해 TV모양의 틀을 완성한다.
- TV동화틀 위쪽 가장자리 양쪽에 구멍을 뚫어 랩심이나 PVC 막대가 들어가도록 한다.
- TV동화틀 아랫부분은 막대를 고정시킬 수 있는 것을 가장자리 양쪽에 부착한다.
- TV동화틀을 여러 가지 재료를 사용하여 꾸민다.

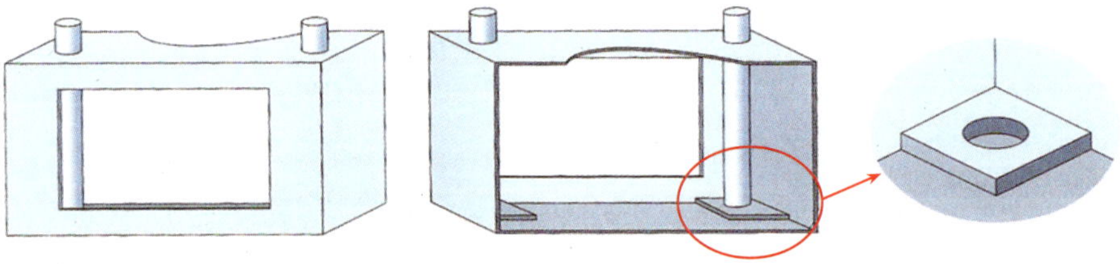

② 동화자료의 제작

- 동화자료는 도화지를 잘라 물감, 색연필, 파스텔 등으로 다양한 그림도구로 그려 주는 방법, 색지에 도안을 그리고 잘라 붙이는 방법, 그림을 출력하여 자른 후 붙이는 다양한 방법으로 동화의 각 장면을 완성한다.
- 동화의 각 장면은 찢어지지 않게 투명 시트지를 붙이고 투명 박스 테이프를

사용하여 뒷면을 이어 붙인다.

- 동화장면의 크기는 TV동화틀의 화면보다 크게, TV동화틀보다 약간 작은 크기로 제작한다.
- 동화장면의 제작 시 동화장면이 시작되는 쪽과 끝나는 쪽 모두 양쪽 끝에 도화지의 여유분(약 5cm)을 남겨 둔다.
- 오른쪽 막대에 동화자료를 붙이고 오른쪽 아래 구멍에 끼워 넣은 후 동화자료를 돌돌 말고 왼쪽 막대를 왼쪽 아래 구멍에 끼워 넣은 후 마지막 장면의 여유분이 왼쪽 막대 끝에 남게 되면 왼쪽 막대 끝에 동화자료를 붙인다.

③ TV동화의 조작과 보관

▶ 동화를 들려주기 전에 왼쪽 막대를 왼쪽으로 돌려 오른쪽에 있던 동화장면을 왼쪽으로 모두 감아 준다.

▶ 동화자료를 보관할 때는 동화막대에서 동화자료를 떼어내어 돌돌 말아 종이나 비닐에 씌워 동화제목을 부착한 후 자료 보관실에 보관한다.

〈TV동화 제작과정 예시〉

▶ **동화자료**

- 동화장면의 밑그림을 그리고 포스터물감과 파스텔을 사용하여 색칠한다.

- 동화장면내용을 출력하여 자르고 동화장면 뒤에 투명 시트지를 사용하여 붙인다.

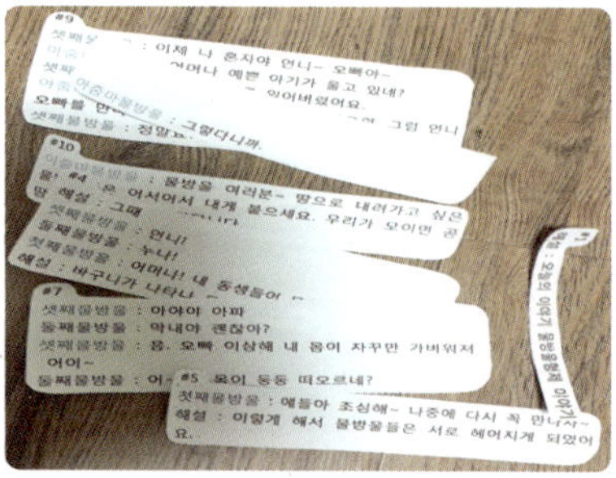

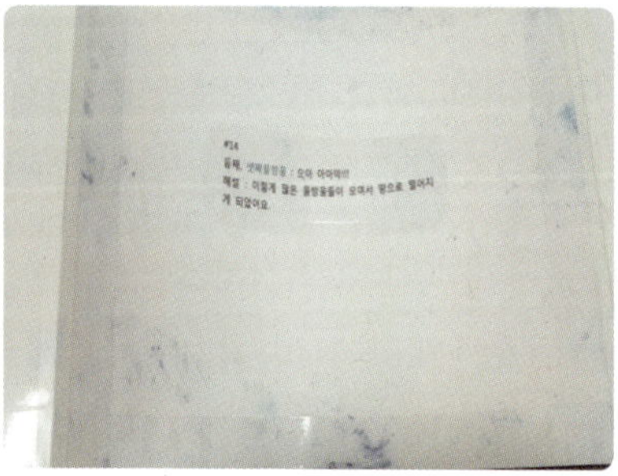

- 동화장면에 투명 시트지를 붙인다.

▸ TV동화틀

- 동화장면 뒤쪽으로 투명 박스 테이프를 사용하여 동화장면을 이어 붙인다.
- 폼보드에 TV동화틀의 앞(창틀)과 옆, 위, 아랫부분을 그리고 칼로 자른다.

• TV동화틀의 보조대를 만들기 위해 폼보드를 자르고 노란색 시트지를 붙인다.

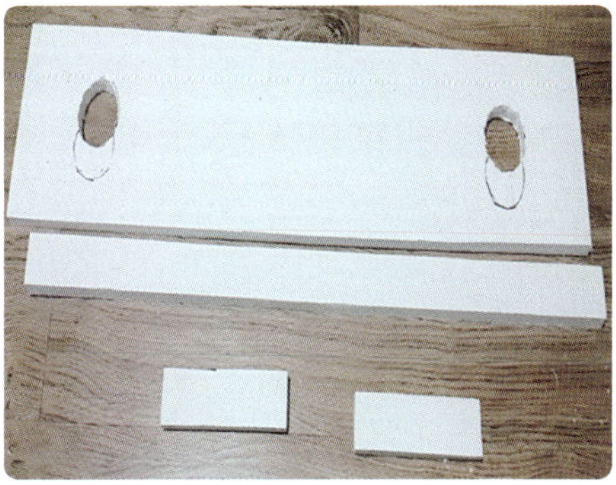

• TV동화틀 가장자리 양쪽에 재활용 심을 글루건으로 붙인다.
• 글루건을 조금씩 사용하여 TV동화틀을 만든다.

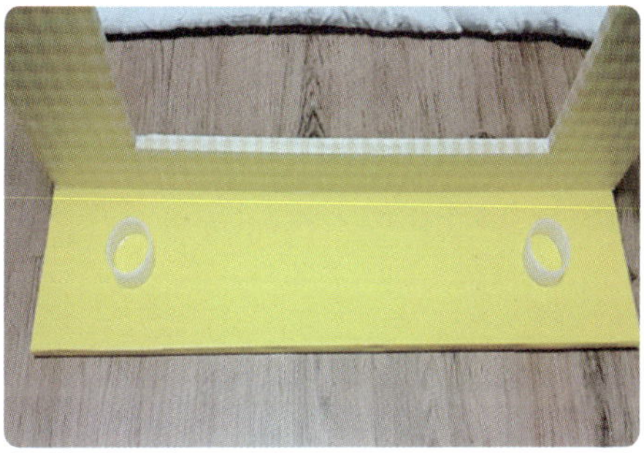

• 골판지를 TV동화틀의 세로길이보다 조금 높게 자른다.
• 골판지를 돌돌 말고 골판지 끝을 글루건으로 붙여 막대를 만든다.

- TV동화틀 윗부분 가장자리 양쪽에 구멍을 뚫어 골판지막대가 들어갈 수 있도록 하고 동화장면을 오른쪽 막대에 붙여 돌돌 말고 왼쪽 막대 끝에 붙인다.
- TV동화틀을 여러 가지 재료로 꾸며 TV동화를 완성한다.

(4) 줄 인형동화

줄 인형동화는 동화배경 틀 안에서 등장인물을 낚싯줄로 움직여 생동감을 주는 동화이다.

동화배경 틀은 색 하드보드지와 색지로 꾸며 투명 시트지를 붙여 완성한다.

동화배경 틀 윗부분은 칼집을 내어 등장인물이 움직일 수 있도록 한다.

등장인물은 펠트지나 양말 등을 이용하여 도안을 그려 2장씩 자른 후 솜을 넣고 바느질로 꿰매어 완성한다.

등장인물을 움직일 수 있도록 병뚜껑에 구멍을 뚫고 낚싯줄로 인형과 연결하여 완성한다.

다음은 줄 인형동화 예시이다. (제작과정은 제2부 교과교재연구 및 지도법 실제편의 제2장 언어영역 3. 여우와 사과나무 참조 p. 266)

(5) 디오라마 동화

디오라마 동화는 동화배경이 2개일 경우는 H자형으로, 4개일 경우는 +자형으로 칸을 나누고 모형이나 소품을 제작하여 이를 움직이면서 이야기를 들려주는 동화이다.

디오라마의 틀은 하드보드지, 우드락, 폼보드, 스티로폼 등을 사용하여 칸을 나누어 제작한다.

배경은 우드락 물감, 아크릴 물감 등으로 칠하거나 한지, 융, 펠트지 등을 붙이고 주변을 폼클레이, 클레이, 머메이드지, 색지, 뽕뽕이 등으로 꾸며 준다.

등장인물이나 소품은 클레이, 종이반죽, 플레이콘, 펠트지, 골지감기 등을 사용하여 입체적으로 만든다.

① 동화배경이 2개인 H자형 디오라마

② 동화배경이 4개인 +형 디오라마

〈우드락, 융, 펠트지를 주로 사용한 디오라마〉

〈폼보드, 아크릴 또는 우드락 물감, 색지, 종이반죽을 사용한 디오라마〉

(6) 자석동화

자석동화는 주로 철지나 함석판을 하드보드지에 붙여 배경판을 만들고 클레이를 사용하여 등장인물을 만들고 고무자석이나 롤자석을 붙여 주어 이야기를 들려주는 동화이다.

다음은 배경판은 철지와 하드보드지로 제작하고 등장인물은 클레이, 폼클레이, 플레이콘으로 만든 소품에 롤자석을 붙여 제작한 자석동화의 예시이다.

〈철지, 롤자석, 클레이를 사용한 자석동화〉

▶ **배경판**

- 철지와 초록색 하드보드지를 A4용지 크기로 2개 자른 후 양면테이프를 사용해 붙인다.

- 2개의 판을 0.5cm 정도로 띄어서 투명 박스 테이프를 가운데 세로 부분 앞뒤로 붙인다.
- 철지를 붙인 판에 흰색 시트지를 1~1.5cm 여유를 두고 잘라 철지가 있는 앞면에 붙인다.
- 초록색 하드보드지가 있는 뒷면에는 초록색 시트지를 크기에 맞춰 잘라 붙인다.
- 각각의 모서리 4면에 흰색 접착 펠트지를 잘라 배경판을 완성한다.

▶ 등장인물, 배경소품

- 클레이를 사용하여 등장인물과 나뭇잎, 태양, 튤립, 새 등을 만든다.
- 큰 나무는 스티로폼으로 뼈대를 만들고 이쑤시개로 가지를 꽂아 기본 골격을 만든 후 그 위에 클레이를 덮어 나무 모양을 만들고 점토도구를 사용해 나무의 결을 만들어 준다.
- 작은 나무, 담장은 플레이콘으로, 분홍꽃, 눈, 구름은 폼클레이를 사용하여 만든다.

- 폼클레이 모형은 순간접착제를 사용해 롤자석을 붙이고 클레이는 글루건을 사용해 롤자석을 붙인다. 이때 등장인물, 새, 태양, 튤립은 뒷면에 펠트지를 덧대어 롤자석을 붙여 완성한다.

(7) 앞치마동화

앞치마동화는 앞치마를 배경으로 등장인물을 붙이면서 이야기를 들려주는 동화이다.

펠트지를 앞치마 모양으로 2장 잘라 버튼홀 스티치나 박음질을 사용하여 만든다. 앞치마를 목에 걸거나 어깨에 걸칠 수 있도록 뒤에 끈을 만들어 끈이 붙기 쉽게 벨크로(보들이, 까슬이)를 붙인다. 앞치마 앞부분에는 접착융을 붙이고 배경을 만들고 주변을 꾸며 준다. 등장인물은 넣을 수 있는 주머니를 양손이 들어갈 수 있는 위치에 만들어 쉽게 꺼내고 넣도록 하거나 보관상자를 따로 만들어 사용한다.

등장인물은 펠트지에 도안을 그리고 잘라 2장씩 오려 안에 솜을 넣고 바느질로 꿰맨 후 뒤에 벨크로(까슬이)를 붙여 사용한다.

(8) 그림자동화

그림자동화는 그림자극 틀 뒤에서 조명을 비추고 등장인물을 움직여 이야기를 들려주는 동화이다. 실루엣만을 보여 주기 때문에 소리에 집중하게 되고 유아들의 상상력을 자극하는 데 도움을 준다.

그림자동화는 나무, 폼보드, 우드락, 하드보드지 등으로 그림자 극 틀을 제작한다. 나무로 제작하는 것이 견고하나 제작에 어려움이 있으므로 보드류의 재료를 사용하여 제작한다. 틀 안에 스위치가 달린 백열전구를 부착하여 불을 켜고 끄는 데 어려움이 없도록 한다.

동화배경은 한지 위에 검은색 색지로 도안을 그려 안을 잘라내고 색 셀로판지 등을 붙여 색이 비쳐 나올 수 있도록 제작한다. 동화배경에 투명 시트지나 접착아스테이지를 붙여 견고하고 지속적으로 사용이 가능하도록 한다.

등장인물은 검은색 색지에 도안을 그려 안을 잘라내고 부분적으로 색 셀로판지 등을 붙이고 코팅을 하여 사용한다. 투명 아크릴 등을 뒤에 붙여 움직일 수 있도록 사용하거나 낚싯줄 등을 사용하여 움직이도록 할 수 있다.

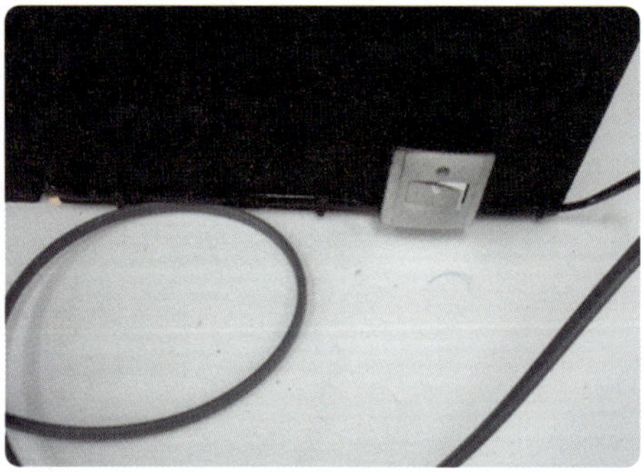

(9) 테이블 막대동화

테이블 막대동화는 테이블판에 막대인형을 놓고 이야기를 들려주는 동화이다. 다음은 테이블 막대동화의 제작과정 예시이다.

〈재활용상자, 폼보드, 플라스틱 원통, 펠트지 등을 사용한 테이블 막대동화〉

▶ **테이블판**

- 테이블판은 적당한 크기의 재활용상자나 폼보드를 사용하여 제작한다.
- 머메이드지와 펠트지 등으로 배경판을 감싸고 여러 가지 색의 펠트지에 아이스크림을 그려 잘라 배경판에 붙이고 동화제목도 프린트하여 배경판에 붙인다.

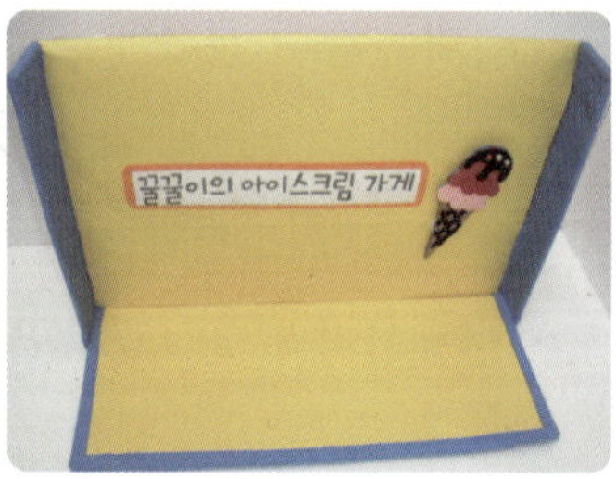

▶ **동화배경판**

- 폼보드를 일정한 크기로 2개를 잘라 색지를 붙인다.

▶ 그 위에 배경에 맞는 그림을 출력하고 색지를 잘라 배경을 꾸민다.

▶ 다 꾸민 배경에 시트지를 붙여 동화배경판을 완성한다.

▶ **막대인형**

• 플라스틱 원통을 전기테이프로 감싸고 윗부분에 융을 붙인다.

• 펠트지에 도안을 그린 후 2장 자른다. 여러 가지 색의 펠트지에 눈, 코, 입, 손을 그리고 잘라 잘라 놓은 펠트지에 붙이고 다른 1장과 겹쳐 방울솜을 넣으면서 버튼홀 스티치로 바느질하고 뒷면에 벨크로(까슬이)를 바느질하여 붙여 등장인물을 완성한다.

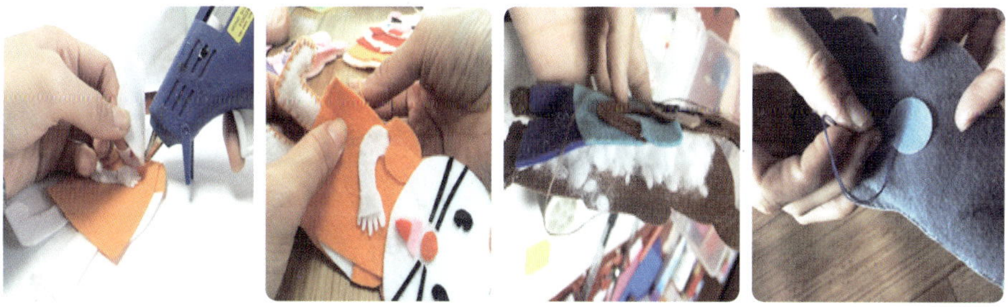

- 아이스크림 막대를 글로건으로 붙여 이어 준 후 전기테이프로 감싸고 손잡이부분을 접착 펠트지로 감싸 막대를 완성한다.

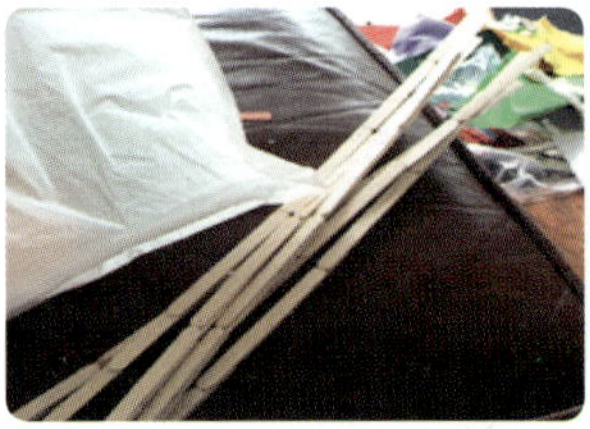
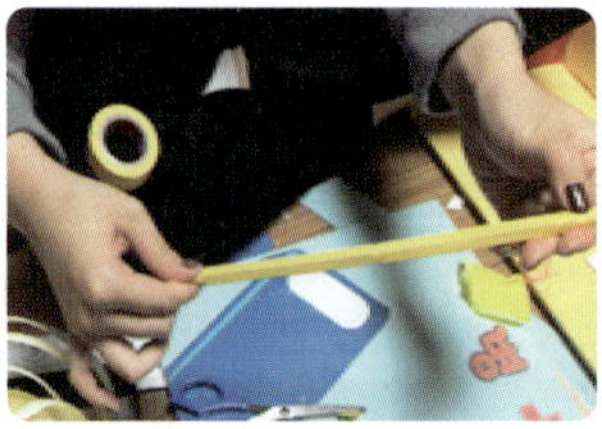

- 만들어 놓은 플라스틱 원통 뒤에 글루건을 사용하여 막대를 붙여 막대인형 틀을 완성한다.
- 플라스틱 원통의 융면에 등장인물을 붙인다.

☞ 테이블 막대동화에서 테이블판은 동화배경판을 바꿔 낄 수 있고 막대인형틀에 융면이 있어 다른 인형을 제작하여 뒷면에 벨크로(까슬이)를 붙였다 떼었다 할 수 있어 다른 동화를 들려줄 때도 사용이 가능하다.

- 완성된 테이블 막대동화

(10) 감각 및 조작 동화책

감각 및 조작동화책은 동화내용이 있기보다는 다양한 재료들(모루, 스팽글, 비즈, 털실, EVA) 사용하여 촉감을 느끼게 하거나 지퍼, 똑딱이, 단추, 벨크로 등을 사용하여 다양한 조작이 가능하도록 한 책이다.

주로 펠트지를 사용하여 동화책을 만드는데 제작과정은 다음과 같다.

① 각 동화장면은 펠트지를 같은 크기로 여러 장 자른다.

② 여러 가지 펠트지를 사용해 도안을 그리고 자른 후 배경펠트지에 대고 아플리케 스티치, 홈질, 버튼홀 스티치 등으로 바느질한다.

③ 동화장면을 완성한 배경펠트지에 하드보드지, EVA를 다른 배경펠트지와의 사이에 넣고 버튼홀 스티치로 바느질하여 각 장을 완성한다.

④ 동화의 각 장은 펀치로 구멍을 뚫어 카드링으로 연결하거나 바느질로 연결한 후 옆면에 펠트지를 잘라 붙여 마감을 하여 책을 완성한다.

⑤ 동화의 각 장면마다 다양한 천과 재료를 사용하여 여러 가지 질감을 느낄 수 있도록 제작하고 지퍼, 똑딱이, 벨크로 등을 사용하여 다양한 조작이 가능하도록 제작한다.

▸ **단추 열고 채우기, 지퍼 올리고 내리기, 옷입히기, 까꿍놀이, 신발끈 묶기 등이 들어간 조작동화책**

▶ 다양한 감각재료(비즈, 비닐, 스팽글, 때수건, 솜 등)를 활용한 단어책

▶ 등장인물을 끈으로 연결하여 동화장면마다 움직이도록 한 동화

▶ 동화장면의 한쪽 공간을 비워 놓고 다음 장면을 예측해 보도록 한 동화

(11) 동극

동극은 유아가 직접 동화 속 등장인물이 되어 표현해 보는 극놀이로 동화에 대한 이해와 창의력 향상에 도움을 줄 수 있다. 동극자료는 머리띠, 조끼, 가면 등으로 제작할 수 있어 다양한 표현이 가능하다.

① 머리띠와 조끼

- 머리띠는 펠트지를 띠 모양으로 2개 잘라 가장자리를 버튼홀 스티치, 박음질 등으로 바느질하고 양쪽 끝부분을 펀치로 뚫는다. 동화에 등장하는 동물이나 등장 인물을 펠트지에 도안을 그리고 2장 자른다. 여러 가지 펠트지에 눈, 코, 입, 볼 등의 도안을 그려 잘라 펠트지에 대고 아플리케 스티치나 버튼홀 스티치로 바느질한다. 바느질한 펠트지와 잘라 놓은 펠트지를 겹쳐 버튼홀 스티치로 바느질하면서 안에 솜을 넣고 꿰매어 바느질을 마무리한다. 헝겊고무줄을 사용하여 띠 양쪽 구멍에 넣고 유아의 머리크기에 맞게 조정하여 묶는다.
- 조끼는 펠트지를 조끼 모양으로 2장 오려 버튼홀 스티치, 홈질 등으로 바느질하고 한쪽 면은 여닫을 수 있도록 단추를 단다. 조끼 앞면에 융을 붙인다.

머리띠와 같은 방식으로 등장동물이나 등장인물을 만들고 뒷면에 벨크로(까슬이)를 붙여 조끼 앞면에 떼었다 붙였다 할 수 있도록 한다.

② 가면과 부속물

펠트지에 동물 얼굴 도안과 코, 입, 귀를 그린다. 도안을 따라 자른 후 솜을 넣어 바느질한다. 토끼와 같이 귀를 세우는 동물은 귀 안에 얇은 철사를 붙이고 솜을 넣어 준다. 펠트지로 띠 모양을 2장 잘라 바느질한다. 완성된 동물 얼굴을 바느질로 띠와 연결한다.

띠의 길이를 조절할 수 있도록 바느질로 똑딱이를 띠에 붙인다.

동물의 발을 펠트지에 도안을 그린다. 도안을 따라서 자른다. 발바닥은 2장을 겹쳐 솜을 넣으면서 바느질하다가 삑삑이를 넣고 다시 솜을 넣어 바느질을 하고 마무리한다.

3) 음악

음악활동은 노래부르기, 음악감상, 소리탐색, 악기연주 등이 있다.

노래부르기의 경우 가사판을 활용하여 노래를 따라 부르고 율동을 만들어 노래를 부르며 율동을 하기도 하고 노래가사의 일부분을 바꾸어 부르는 활동으로 진행한다.

음악감상의 경우 주로 전래동요, 창작동요, 클래식 등 다양한 장르의 곡을 감상하고 느낌을 이야기 나누기, 그림, 신체로 표현해 보는 활동으로 진행한다.

소리탐색은 주변에서 나는 소리를 탐색하고 느낌을 이야기 나누기, 그림, 신체로 표현해 보고 다양한 기준(시끄러운 소리, 조용한 소리, 안에서 나는 소리, 밖에서 나는 소리)으로 분류해 보고 소리를 신체와 여러 가지 도구로 만들어 보는 활동으로 진행한다.

악기연주는 주로 리듬악기를 사용하여 연주방법과 소리를 탐색해 보고 자유롭게 연주해 본 후 가사판의 가사일부를 악기소리를 연주할 수 있도록 하여 노래를 부르면서 악기를 연주해 보는 활동으로 진행한다. 다음은 노래부르기를 위한 가사판 제작의 예시이다(악기제작의 경우 제4장 2. 자유선택활동 교재·교구 6) 음률영역 참조 p.138).

▸ '봄나들이' 노래가사판

가사와 악기그림을 출력하여 자른 후 가사를 연두색 하드보드지에 붙이고 투명 시트지를 씌운 후 노란색 마스킹테이프로 감싼다. '개나리, 물고요, 쫑쫑쫑, 갑니다' 부분 위에 노란색 벨크로(보들이)를 붙이고 악기그림(딸랑이, 귀로, 마라카스, 북)은 코팅하여 자른 후 뒤에 벨크로(까슬이)를 붙여 떼었다 붙였다 할 수 있도록 제작하여 가사판을 완성한다.

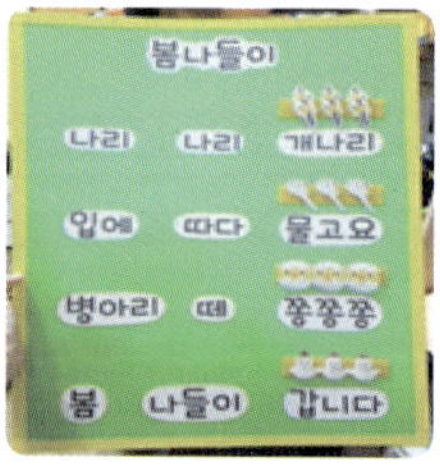

4) 신체

신체활동은 몸을 움직이는 활동으로 기본운동활동과 창의적 신체표현활동으로 나눌 수 있다. 창의적 신체표현활동의 경우 음악을 사용하거나 머리띠, 조끼 등의 교재·교구를 사용하여 유아들의 창의적 표현과 자발적인 참여를 도울 수 있다. 다음 예시는 자석의 N극과 S극이 되어 자석의 밀고 당기는 성질에 대해 신체표현을 하는 활동이다. 조끼와 머리띠를 교재·교구로 제작하여 유아의 흥미를 유발하고 창의적 표현을 돕도록 하였다.

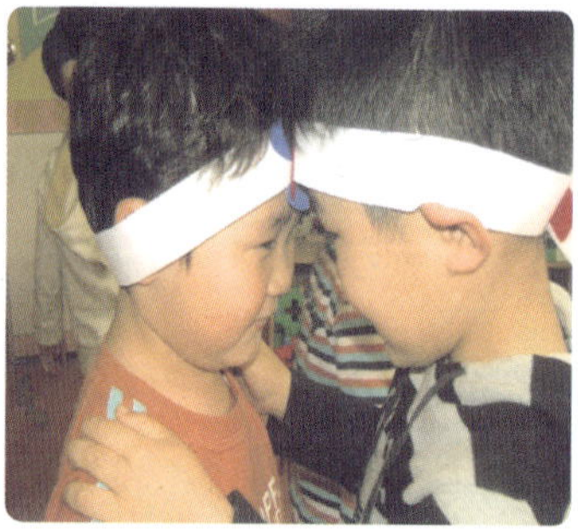

5) 게임

게임은 주로 두 집단으로 팀을 나누어 정해진 규칙에 따라 놀이를 한 후 이기고 지는 팀이 생기는 놀이의 형태로 이루어진다. 게임활동에는 게임교구, 점수판, 게임설명판 등의 교재·교구가 필요하다. 게임의 종류로는 던지기, 굴리기, 과녁맞추기 등이 있다.

게임을 시작하기 전에 마스킹테이프나 전기테이프로 붙여 표시하고 그곳에서 농구대나 상자 또는 바구니 등에 넣을 수 있도록 표시한다. 출발선은 유아가 골이 들어갈 수 있는 적정선을 조정하여 붙인다.

게임설명판이나 점수판은 교재·교구로 제작하여 유아들이 게임의 규칙을 지키고 점수를 확인할 수 있도록 한다. 게임과 관련된 다양한 교재·교구를 살펴보면 다음과 같다.

(1) 던지기

던지기게임은 출발선을 마스킹테이프나 전기테이프로 붙여 표시하고 그곳에서 농구대나 상자 또는 바구니에 공이나 오자미를 넣어 공이나 오자미를 많이 넣는 사람이 이기는 게임이다. 출발선은 유아들이 골을 넣을 수 있는 적정선을 조정하여 붙인다. 던지기 교구는 공 던지기, 오자미 던지기, 고리 던지기 등이 있다.

공 던지기의 경우 펠트지의 면을 여러 개로 나누어 잘라 바느질로 이어 주면서 솜과 방울을 집어넣어 공을 완성한다.

오자미 던지기의 경우 펠트지 두 장을 네모 모양으로 잘라 두 장을 겹쳐 바느질하면서 다양한 곡식들을 오자미 안에 넣어 다양한 감각을 느낄 수 있도록 한다. 오자미의 4면 꼭지 부분에 방울을 달아 던질 때 소리가 나도록 제작한다.

고리 던지기의 경우 펠트지를 동물 얼굴이 그려진 도넛 모양의 원형으로 두 장 잘라 방울솜을 집어넣고 뽕뽕이, 스팽글, 골판지, 뽁뽁이 등을 동물의 귀나 볼 부분에 붙여 다양한 촉감을 느낄 수 있도록 제작한다.

▸ 동물농구공 제작과정

▸ 동물고리 제작과정

(2) 굴리기

굴리기게임은 공을 굴려 핀을 맞춰 볼링핀을 가장 많이 쓰러뜨린 사람이 이기는 게임으로 볼링게임이 주를 이룬다. 볼링핀은 페트병을 재활용하여 페트병 안에 곡식 등을 넣어 무게감을 주고 펠트지로 감싸 만들거나 펠트지를 볼링핀 모양으로 4장 잘라 바느질하면서 밑부분에는 서 있을 수 있도록 바닥이 평평한 지지물과 솜을 넣어 만들어 준다. 볼링핀을 세워 놓을 수 있는 위치판은 색 하드보드지를 적당한 크기로 잘라 색지를 동그랗게 자르고 숫자를 출력하여 붙이거나 숫자도안을 색지에 대고 오려 잘라 붙인 후 투명 시트지를 붙여 완성한다.

(3) 과녁맞추기

과녁맞추기게임은 과녁판에 해당하는 숫자나 단어가 들어간 곳을 맞춰 숫자만큼의 점수를 얻거나 단어를 획득하여 많이 획득하는 사람이 이기는 게임이다.

과녁맞추기판은 하드보드지에 도안을 그리고 자른 후 하드보드지에 융지, 펠트지 등을 사용해 과녁판의 모양과 다양한 모양을 그려 잘라 붙여 제작한다.

공은 벨크로(까슬이)를 세로로 얇고 길게 잘라 공의 지름에 맞게 붙여 완성하면 깔끔하다.

(4) 점수판

점수판은 팀명, 횟수, 획득한 점수의 수량을 표시하는 판이다. 먼저 팀을 정하는데 교사가 미리 팀명을 짜놓고 팀을 나눌 수도 있고 팀을 나눈 후 팀명을 임의대로 정할 수 있다. 팀명이 짜여 있는 경우 팀명을 나타내는 그림이나 글자를 출력하여 코팅하여 사용한다. 팀명을 임의대로 정하는 경우는 A4용지나 흰도화지를 잘라 적당한 크기로 오려 코팅하여 팀명을 정한 후 보드마커펜으로 썼다 지웠다 할 수 있도록 제작할 수 있다.

점수판의 횟수를 나타내는 숫자는 출력하여 코팅을 하거나 숫자도안을 대고 그려 펠트지를 잘라 사용한다. 수량을 나타내는 것은 도안을 출력하여 코팅하고 뒷면에 벨크로(까슬이)를 붙여 사용하거나 펠트지에 도안을 그리고 2장 잘라 바느질하여 솜을 넣어 뒷면에 벨크로(까슬이)를 붙여 사용한다.

점수판의 바탕은 색 하드보드지 등에 얇은 마스킹테이프 등으로 표를 만들고 투명 시트지를 씌운 뒤 벨크로(보들이)를 붙여 주거나 하드보드지에 융지를 붙이고 접착 펠트지로 선을 잘라 붙여 사용한다. 다음은 다양한 점수판의 예시이다.

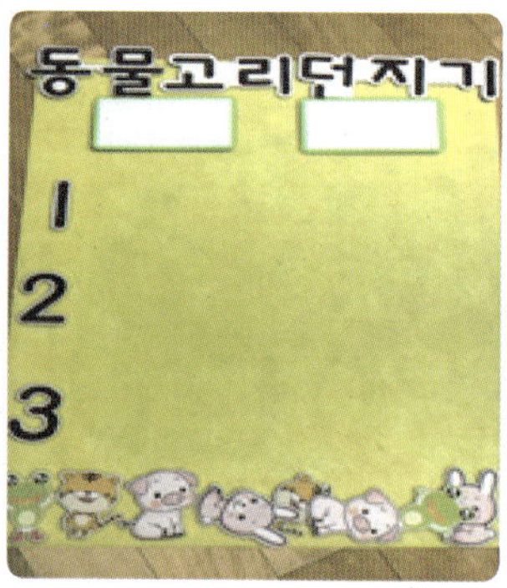

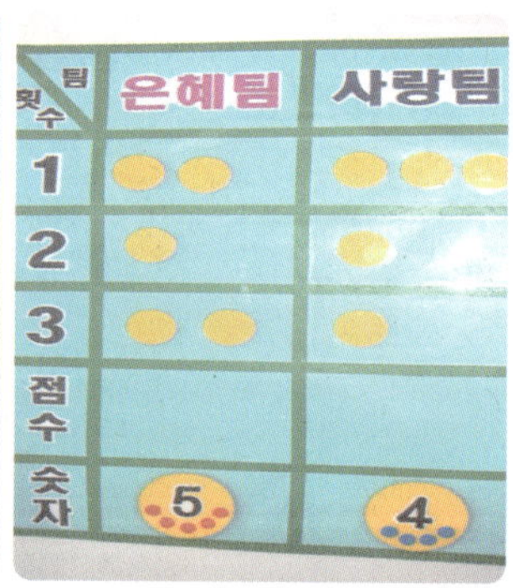

6) 요리

요리활동은 다양한 재료의 색깔, 질감, 맛, 소리, 냄새 등을 탐색하고 자르거나 다른 요소를 첨가하거나 열을 가하거나 열을 감하는 음식을 만드는 활동이다. 요리활동은 요리재료의 변화를 볼 수 있고 요리한 음식을 자기만의 방식대로 차려 볼 수 있어 과학적이고 창의적인 활동이라고 할 수 있다. 요리활동을 하기 전 준비사항, 요리재료와 도구, 요리순서에 대한 요리순서판을 교재·교구로 준비하여 요리활동에 대한 유아들의 이해를 도울 수 있다.

7) 미술

미술활동은 여러 가지 자연물, 사물, 물감, 클레이, 지점토, 뿅뿅이, 스팽글, 수수깡 등 다양한 미술 재료를 탐색하는 활동, 여러 가지 재료와 도구를 사용하여 그림과 입체물로 표현하는 활동, 동·서양화가들의 작품을 감상하거나 유아들의 작품을 소개하고 함께 감상해 보는 활동이 있다. 이들 활동은 구분되었다기보다는 하나의 활동 안에서 이루어지는 경우가 많다. 예를 들어 '꽃잎, 나뭇잎, 열매로 꾸미기' 미술활동은 탐색-표현-감상이 통합적으로 일어나는 활동이라고 할 수 있다. 바깥산책 중에 나뭇잎, 나뭇가지, 꽃잎, 열매 등을 주워 각 자연물의 특성에 대해 탐색하고 도화지에 붙인 후 색연필, 사인펜 등으로 연상되는 그림으로 표현하며 완성된 그림을 친구들에게 소개하면서 서로의 그림을 감상하는 활동이 함께 이루어지는 것이다.

미술활동은 주로 자유선택활동시간에 이루어지나 미술감상을 할 때는 대집단 시간에 활동이 진행된다. 미술감상에 제시되는 교재·교구는 동·서양화가들의 작품을 하드보드지, 우드락, 폼보드 등에 컬러로 출력하여 붙여 그림카드나 병풍판으로 제작하여 유아들에게 제시할 수 있다. 뒷면에는 화가와 작품에 대한 설명을 간략히 출력하여 붙인다. 미술작품은 각각을 감상하고 느낌을 이야기한다. 작품을 여러 개 제시할 경우 비슷한 점과 차이점을 비교해 볼 수 있다.

다음은 미술작품을 그림판과 병풍판으로 제작하여 감상할 수 있도록 한 예시이다.

▶ **우리나라와 서양화가의 작품 그림판과 병풍판**

2. 실내자유놀이활동 교재 · 교구

실내자유놀이활동영역은 유아의 놀이활동과 학습을 지원하기 위해 교실 안에 수·조작, 과학, 언어, 음률, 미술, 쌓기 등의 흥미영역을 구성하고 유아의 발달과 흥미에 적합한 교재·교구를 배치해 놓은 것을 의미한다.

실내자유놀이활동 교재 · 교구는 개별 또는 2~4명의 유아가 사용하기 적합한 크기로 제작하고 새로 소개하는 교재·교구의 경우 대집단활동시간에 교재·교구와 활동방법을 소개하는 시간을 갖고 적합한 실내자유놀이활동영역에 배치해 놓아 유아들이 놀이활동을 진행할 수 있도록 한다. 처음 교재·교구를 접하여 조작이 미숙하거나 접근을 꺼리는 유아들의 경우 교사가 실내자유놀이활동시간에 해당영역에서 유아들과 함께 교재·교구를 조작해 보면서 조작과 유아들의 참여를 돕도록 한다.

교재·교구의 조작을 용이하도록 하기 위해 놀이방법이나 게임방법에 대한 설명판과 교재·교구의 내용을 보완할 수 있는 설명자료 등을 첨부하여 함께 비치하도록 한다.

교재·교구의 보관과 정리를 돕기 위한 보관상자와 보관통 또는 바구니 등도 함께 제작하여 유아들이 정리하기 쉽도록 한다.

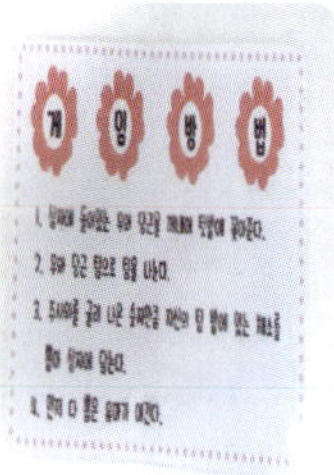

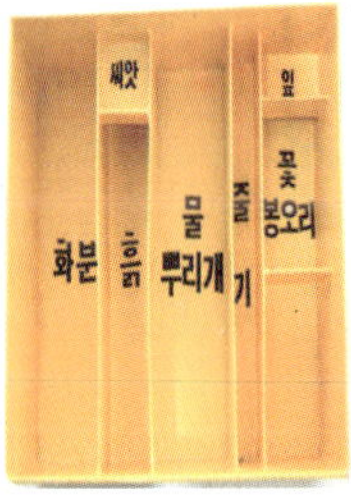

1) 수·조작영역

수·조작영역은 유아들의 주의집중을 위해 조용한 곳에 교구장과 책상, 의자 등을 배치한다. 수·조작영역의 교재·교구는 퍼즐, 미로, 보드게임, 빙고게임 등의 다양한 형태로 수 세기와 수 연산, 일대일 대응, 분류, 공간, 도형, 패턴, 측정, 분류, 시간(순서)의 수개념 획득과 소근육발달을 위한 조작교구이다. 이러한 교재·교구들은 생활주제와 유아교육과정(표준보육과정·누리과정)에 맞춰 적합한 교재·교구를 바꾸어 주도록 한다.

(1) 퍼즐

퍼즐은 퍼즐조각을 붙여 하나의 그림을 완성하는 것으로 평면퍼즐과 입체퍼즐로 나뉘며 유아의 연령에 따라 퍼즐의 개수를 조절하여 제작하고 퍼즐의 바닥이나 퍼즐상자 뚜껑 안쪽에 완성된 그림을 붙이거나 퍼즐조각을 맞추면서 확인할 수 있도록 퍼즐바닥에 선으로 형태를 표시해 준다.

① 평면퍼즐

평면퍼즐은 하드보드지, 우드락, 폼보드를 적당한 크기로 두 판을 잘라 한판은 그대로 사용하고 다른 판은 액자처럼 속 안을 잘라 내어 붙인다. 퍼즐조각은 잘라 낸 판에 그림을 출력하여 붙이고 투명 시트지를 씌운 후 칼로 잘라 제작한다. 잘라낸 판과 다른 판으로 퍼즐조각을 만들 경우 잘라낸 판과 같은 크기로 판을 잘라 앞의 방식과 같이 퍼즐조각을 제작한다. 퍼즐은 유아들이 꺼내기 쉽도록 퍼즐판 옆에 홈을 파 준다. 곡선퍼즐의 경우 열선을 사용하여 곡선을 내어 사용한다. 열선을 사용할 경우 사용 전 선에 충분히 열이 가해졌는지 쓰지 않는 자투리 조각에 시험을 해 보고 자르도록 한다. 다음은 평면퍼즐의 다양한 예시이다.

▶ **하드보드지와 폼보드를 사용하고 밑판에 선을 그려 퍼즐의 형태를 표시한 평면퍼즐**

▶ 우드락과 열선을 사용한 곡선 평면퍼즐의 제작과정

▶ 하드보드지, 펠트지 등을 사용하고 밑판에 선과 색으로 표시한 평면퍼즐

② 입체퍼즐

입체퍼즐은 정육면체퍼즐, 정육면체연결퍼즐, 돌려서 맞추는 퍼즐, 직육면체 퍼즐 등이 있다.

정육면체퍼즐은 하드보드지에 정육면체 전개도를 그려 전개도대로 자른다. 연결 부분에 칼집을 내 주어 조립한 후 떨어진 면은 글루건으로 붙인다. 각 퍼즐의 장면은 6개이고 퍼즐조각은 유아의 연령과 발달수준에 따라 4등분, 6등분, 9등분 등으로 다양하게 나누어 제작한다. 퍼즐그림은 출력하여 잘라 사용하는 방법, 색지에 도안을 그려 잘라 붙여서 사용하는 방법, 펠트지에 도안을 그려 잘라 사용하는 방법 등이 있다.

▸ **색지, 우유갑을 사용하고 장면그림을 보관상자에 표시한 정육면체퍼즐**

▸ **접착 펠트지를 사용한 정육면체퍼즐**

정육면체 연결퍼즐은 정육면체퍼즐과 같은 방식으로 EVA를 잘라 글루건을 붙여 정육면체를 만들고 펠트지를 정육면체와 같은 크기로 잘라 바느질하여 4개의 정육면체를 만든다. 4개의 정육면체에 4개의 정육면체를 연결하여 각각의 동물 도안을 그리고 자른다. 동물의 도안을 펠트지에 대고 자른다. 동물, 눈, 코, 입, 무늬 등도 그려 잘라 동물 모양 펠트지에 바느질한다. 각각의 동물들을 정육면체에 맞춰 보고 4조각으로 해당되는 면에 각각의 조각들을 바느질한다. 정육면체의 각 동물그림이 나올 수 있도록 연결 면을 바느질로 연결해 준다.

▸ 정육면체연결퍼즐의 제작과정

• 정육면체만들기(EVA정육면체 제작 후 펠트지로 바느질하기)

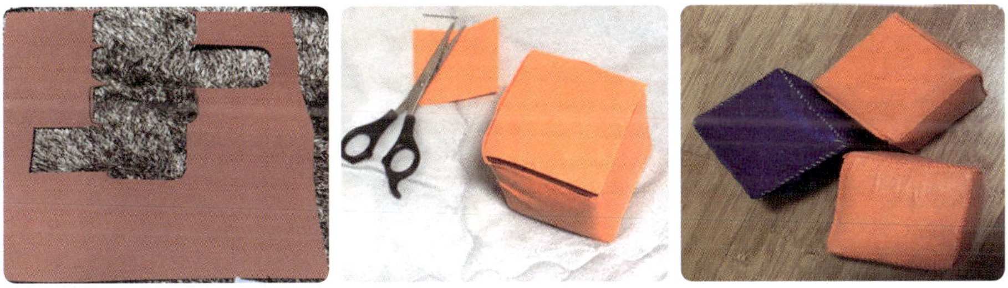

• 동물을 정육면체에 올려 보고 4조각으로 나눠 해당되는 면에 바느질하기

• 각 면 맞춰 보기

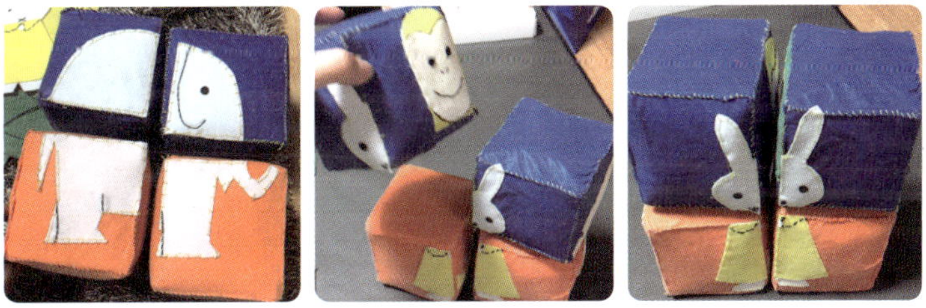

• 바느질로 연결 면 이어 주어 완성하기

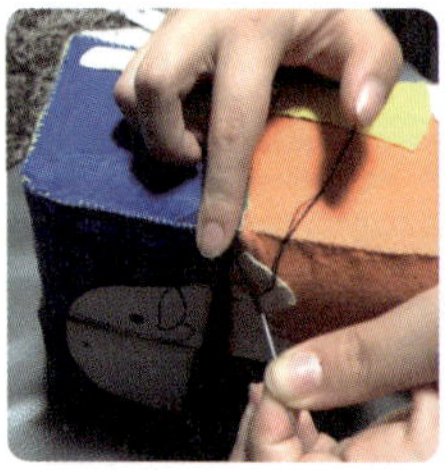

▶ **다목적 정육면체 퍼즐(정육면체퍼즐+활동책)**

• 활동자료: '직업과 관련된 사람 맞추기' 정육면체 퍼즐, 직업그림카드, 직업설명책, 직업에 필요한 도구그림과 그림 보관판

• 활동방법: 직업그림카드를 책 안쪽에 카드 놓는 곳에 놓는다. 직업퍼즐을 맞춘다. 직업설명책에서 해당하는 직업설명을 읽는다. 직업에 필요한 도구를 찾아 해당면에 붙인다.

▶ 돌려 맞추기 퍼즐

돌려서 맞추는 퍼즐은 상자 4개와 롤심을 사용하여 제작한다. 상자 가운데 구멍을 뚫은 후 접착 펠트지를 붙이고 롤심 안에 상자를 끼운다. 각 상면은 섭착 펠트지에 도안을 그려 잘라 붙이고 안에 필요한 것들은 펠트지로 모양을 잘라 바느질하거나 솜을 넣고 바느질하여 배경면에 글루건으로 붙여 꾸민다.

• 상자에 롤심을 끼우고 접착 펠트지로 배경면 완성하기

• 상자 꾸며 각 면 완성하기

▸ 기타입체퍼즐

(2) 미로

미로는 출발지에 말을 출발시켜 뚫린 길을 통과하여 도착하도록 하는 교구이다. 미로 도안을 먼저 그리고 우드락, 폼보드 등의 보드판에 칼집을 내어 길을 만들어 밑판을 하나 더 붙여 완성하는 방법과 보드판을 잘라 밑판이나 상자에 붙여 길을 만들어 완성하는 방법이 있다.

▸ **보드판을 잘라 상자에 붙여 길을 만든 미로게임(자석, 쇠공, 말을 사용)**

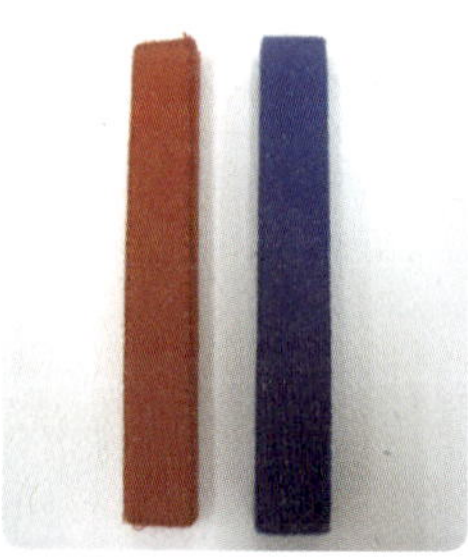

▶ **보드판에 칼집을 내어 길을 만들고 밑판에 붙여 완성한 미로게임**

각각의 사람모형을 게임설명판에 적힌 순서대로 각 길에 배치하고 그 직업을 가진 사람에게 필요한 물건을 전달해 주고 임무가 끝나면 도착지에 모이는 미로게임

▶ **다목적 미로게임(미로+일대일 대응)**

『누가 내 머리에 똥쌌어?』 동화를 모티브로 한 미로찾기게임으로 두더지가 미로를 통과하면서 자기 머리에 똥싼 동물을 찾으면 동물의 꼬리가 달린 카드를 찾아 그 동물의 똥을 붙여 주는 교구이다.

(3) 보드게임

보드게임은 게임말을 출발지점에 놓고 주사위나 회전판을 돌려 나온 숫자만큼 칸을 이동하여 도착지점까지 가면 끝이 나는 게임이다. 중간에 '한 칸 더', '한 칸 뒤로' 같은 지시사항이나 획득물을 얻을 수 있도록 그림을 부착하여 다양한 보드

게임으로 제작할 수 있다.

보드게임판은 하드보드지, 우드락, 폼보드 등의 보드판에 색지, 한지, 시트지, 펠트지 등을 붙이고 색지나 접착 펠트지를 얇게 자르거나 얇은 전기테이프, 마스킹테이프를 사용하여 칸을 만드는 방법, 칸을 출력하여 붙이는 방법으로 보드게임판을 완성한다. 보드게임판을 색 하드보드지나 색지로 구성할 경우 투명 시트지를 붙여 준다. 보드게임판에 출발지점과 도착지점은 출력하거나 글자도안을 출력하여 색지, 접착 펠트지에 대고 오려서 붙여 사용한다. 게임말은 클레이로 모형을 만들어 사용하는 방법, 펠트지에 솜을 넣고 바느질한 인형을 사용하는 방법, 풍선컵받침과 막대, 쇠집게, 하드보드지 삼각대 등의 지지대에 코팅한 그림자료를 붙이거나 펠트인형을 함께 바느질하거나 글루건으로 붙여 사용하는 방법 등이 있다. 획득물도 클레이 모형, 펠트 모형, 코팅그림 등으로 다양하게 만들어 사용할 수 있다.

▶ **출발지점에서 도착지점까지 하루일과의 순서와 시간개념의 이해를 돕는 보드게임**

▶ 출발지점에서 도착지점까지 이동하면서 위치·방향 등의 이해를 돕는 보드게임

▶ 출발지점에서 도착지점까지 지시사항에 따라 여러 가지 방향칩으로 길을 만드는 보드게임

▶ 출발지점에서 도착지점까지 숨어 있는 획득물을 찾는 보드게임

(4) 일대일 대응 교구

일대일 대응 교구는 같은 사물의 짝 맞추기, 사물의 부분과 부분 짝 맞추기, 사물과 그림자 짝 맞추기, 사물과 연관된 것 짝 맞추기 등의 다양한 형태로 짝을 맞추는 교구이다.

① 같은 사물의 짝 맞추기 교구

같은 사물의 짝 맞추기는 사물을 보고 그대로 짝을 맞춰 보거나 같은 사물 두 개를 뒤집어 기억력으로 짝을 찾아보는 교구이다. 그림카드 보고 똑같이 짝지어 보기, 통을 뒤집어 같은 그림 맞추기, 회전문을 돌려 같은 그림 맞추기 등의 방법으로 제작할 수 있다. 다음은 같은 사물의 짝 맞추기 교구의 예시이다.

▸ 그림카드 보고 똑같이 짝지어 보기 교구

2~4명의 유아가 입히기 싫은 옷의 예시카드를 고른 후 회전판을 돌려 예시카드와 같은 옷이 나오면 인형판에 옷을 먼저 입히는 유아가 이기는 게임으로 접착펠트지에 도안을 그려 자른 후 옷 예시판과 인형판을 만들고 옷 예시판과 똑같은 도안을 펠트지에 그려 2장을 잘라 솜을 약간 넣고 잘라 약간 도톰하게 옷들을 제작한다.

▶ 통을 뒤집어 같은 그림 짝 맞추기, 회전문을 돌려 같은 그림 짝 맞추기 교구

② 사물의 부분과 부분 짝 맞추기 교구

사물의 부분과 부분 짝 맞추기는 사물의 겉과 속, 앞과 뒤 등 부분과 부분의 짝을 맞추는 교구이다. 주로 펠트지에 도안을 2장씩 그려 잘라 솜을 넣고 바느질하거나 각각 따로 바느질하여 똑딱이, 벨크로, 단추 등으로 연결하여 제작한다. 다음은 사물의 부분과 부분 짝 맞추기 교구의 예시이다.

▶ 과일의 겉과 속 짝 맞추기 교구

▶ 팬티의 앞과 뒤 짝 맞추기 교구

③ 사물과 그림자 짝 맞추기 교구

사물과 그림자 짝 맞추기는 사물과 같은 형태의 그림자를 보고 짝을 맞추는 교구이다.

▶ **보드게임에서 얻은 건축물카드과 같은 형태의 그림자를 찾아 놓는 사물-그림자 대응 교구**

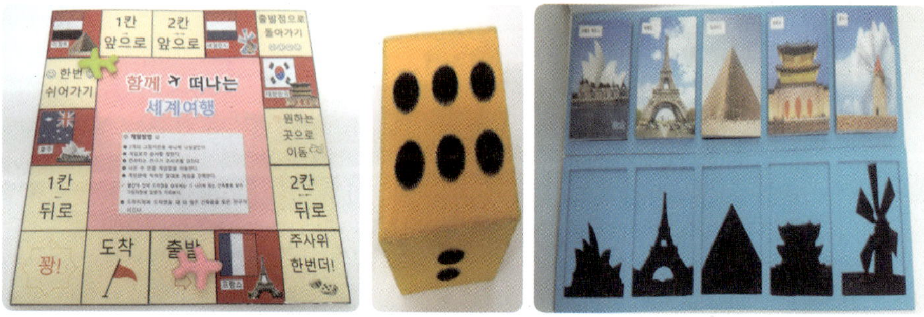

④ 사물과 연관된 것 짝 맞추기 교구

사물과 연관된 것 짝 맞추기는 동물과 동물의 먹이, 기관과 기관에서 입는 옷 등 연관된 것을 짝지어 보는 교구이다.

▶ **동물과 동물의 먹이를 짝 맞추는 교구**

각 동물과 먹는 장면을 펠트지에 바느질하여 펠트책으로 만들고 먹이를 펠트지와 솜으로 도톰하게 만들어 뒷면에 벨크로(까슬이)를 붙인 교구

▸ **기관에서 입는 옷과 기관을 짝 맞추는 교구**

기관에서 입는 옷을 보고 맞는 기관을 붙이는 교구이다. 색 하드보드지에 관련 기관에서 입는 옷을 색지에 도안을 그려 오려 붙이고 기관은 머메이드지로 윤곽을 오려 붙여 윤곽에 대응하여 맞출 수 있게 만든 판이다. 판을 투명 시트지로 씌운 후 기관의 윤곽부분에 벨크로(보들이)를 붙이고 기관은 양면 우드락을 잘라 뒷면에 벨크로(까슬이)를 붙여 제작한다.

(5) 분류하기 교구

분류하기 교구는 모양, 색깔, 크기 외에도 다양한 분류기준에 따라 사물을 모으는 교구이다. 분류하기 교구는 하드보드지, 우드락, 펠트지, 색지, 투명 시트지를 활용한 판교구로 제작한다. 교구를 조작하면서 공통된 기준을 가진 사물을 모아야 하기 때문에 분류판이나 바구니, 주머니, 상자 등의 분류통이 필요하다. 분류판이나 분류통에는 그림, 사진, 모형 등을 붙여 유아가 쉽게 분류할 수 있도록 한다.

분류하기 교구에는 다양한 생활주제에 따라 제작이 가능하다. 다음은 한 가지 기준으로 분류하는 사계절과 관련된 것 분류하기, 쓰레기 분류하기, 음식 분류하기 등의 단순 분류하기 교구와 물고기의 색깔과 꼬리의 무늬를 함께 고려하여 분류하기, 물고기에 붙어 있는 색깔 도형 분류하기 등의 복합 분류하기 교구의 예시이다.

① 단순분류하기 교구

색깔, 모양, 크기, 재질, 특성 등 한 가지 공통된 기준으로 사물을 모으는 교구이다.

▶ **사계절과 관련된 것 분류하기**

▶ **쓰레기 분류하기**

재활용할 수 있는 쓰레기를 각 쓰레기 분류통에 넣어 분류하는 교구이다. 다음은 재활용쓰레기를 분류통에 넣고 나무를 심는 교구와 자석을 붙인 청소기로 고무자석을 붙인 재활용쓰레기카드를 분류통에 넣는 교구의 예시이다.

▶ **음식 분류하기 교구(여러 가지 색깔 음식, 이에 좋은 음식 나쁜 음식, 찬 음식 더운 음식)**

▸ 가게에 있는 물건 분류하기 교구

② 복합분류하기 교구

색깔과 모양, 색깔과 무늬 등 두 가지 공통된 기준으로 사물을 모으는 교구이다.

▸ 물고기의 색깔과 꼬리의 무늬가 있는 방에 물고기를 넣어 주는 분류하기 교구/물고기에 붙어 있는 색깔 도형을 떼어 분류하는 교구

(6) 수 세기·수 연산 교구

① 수 세기 교구

수 세기 교구는 주로 주사위나 회전판을 돌려 나오는 수 만큼 모형, 인형 등을 모으는 교구로 수와 수량을 짝지어 볼 수 있도록 제작한다. 또한 유아의 연령과 발달 수준에 따라 만 3세 5개, 만 4세 10개, 만 5세 20개가량 구체물을 세어 보고 수량을 알아볼 수 있도록 제작한다. 주사위는 펠트지에 전개도를 그려 자르고 스펀지와 함께 바느질하여 만든다. 회전판은 하드보드지를 원으로 잘라 같은 등분으로 나눠 색지를 붙이고 거기에 숫자를 붙여 투명 시트지를 붙인 후 화살표를 만들어 할핀으로 고정하여 제작한다. 모형이나 인형은 클레이 모형, 솜을 넣어 만든 펠트 모형, 색을 입힌 스티로폼 공, 큰 뽕뽕이 등을 사용한다. 다음은 다양한 수 세기 교구의 예시이다.

▸ **여러 가지 과일의 색깔과 수를 고려한 수 세기 교구**

과일의 색깔과 수 주사위를 동시에 굴려 구체물을 획득하고 구체물의 수량에 해당하는 숫자통에 넣어 둔다. 해당 숫자통에 수량이 완성된 후 똑같은 숫자의 과일이 나오면 넣을 수 없다.

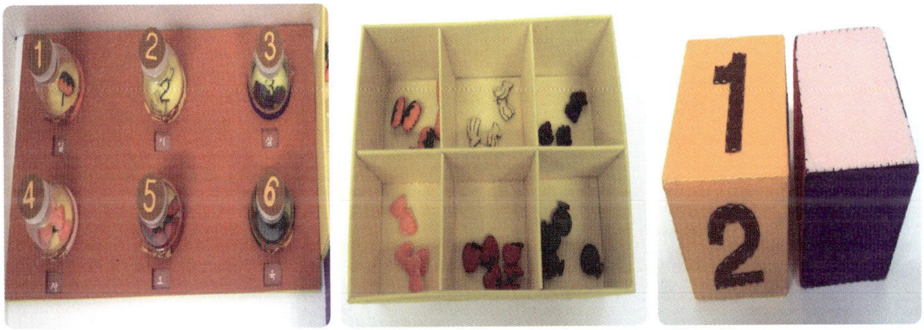

▸ 피자도우에 맞게 피자토핑을 올리는 수 세기 교구

▸ 물방울 주사위 수에 따라 물을 주고 화분에 꽃을 심는 교구

▸ 주사위에 나온 수 만큼 무와 당근을 뽑는 교구

② 수 연산 교구

수 연산 교구는 구체물을 가지고 더하고 빼는 경험을 해 보는 교구로 만 5세 유아를 대상으로 한다. 수 연산 교구는 +, −, =의 부호를 사용할 수 있으나 유아가 구체물을 가지고 더하고 빼 봄으로써 부호의 의미를 이해할 수 있도록 제작한다. 다음은 수 연산 교구의 예시이다.

▸ 숫자와 더하기 빼기 부호가 있는 부채 주사위로 흥부놀부의 코를 늘리거나 줄이는 교구

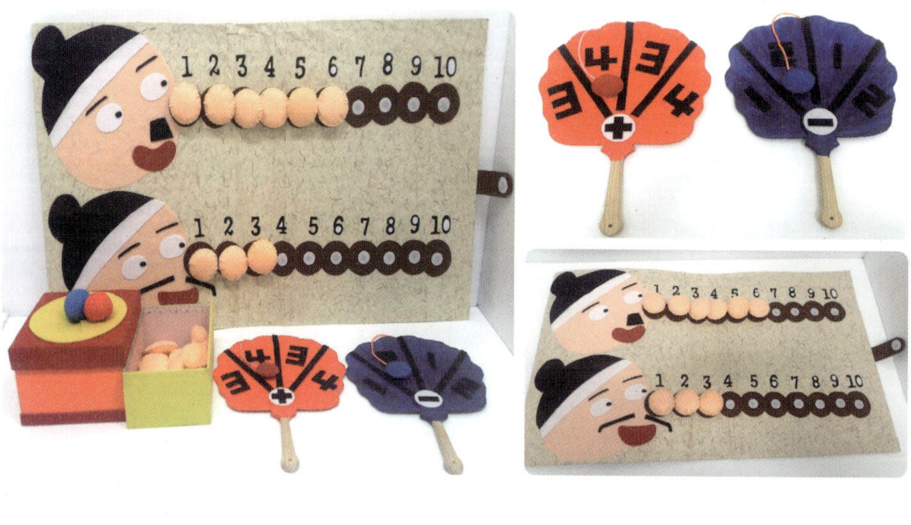

▸ **더하기 부호와 등호를 사용하여 숫자를 붙여 나올 수를 예측하고 구슬을 넣어 예측이 맞았는지 확인하는 수 연산 교구**

(7) 빙고게임

주사위나 회전판을 돌려 나온 수 만큼 빙고카드를 획득하여 같은 종류의 카드를 가로, 세로, 대각선으로 빙고판의 칸을 한 줄 채우면 빙고라고 외친다. 줄을 유아의 연령 및 발달수준에 따라 1~3줄 채우면 이기도록 게임방법을 조정하여 게임을 진행한다. 빙고판은 색 하드보드지, 색 우드락, 폼보드 등을 사용하여 얇은 마스킹테이프나 색 테이프, 색지, 접착 펠트지 등을 사용하여 보드판에 같은 크기로 보통 가로 3칸 세로 3줄 정도 붙여 제작한다. 빙고판의 각 판에는 벨크로(보들이)를 붙인다. 빙고카드는 생활주제에 따라 그림이나 사진을 출력하여 코팅하거나 하드보드지, 우드락, 폼보드에 붙이고 뒷면에 벨크로(까슬이)를 사용하여 붙였다 뗄 수 있도록 제작한다. 또한 빙고게임 규칙설명판을 제작하여 유아들의 게임에 대한 이해를 돕도록 한다. 다음은 빙고게임의 예시이다.

▸ **송편이 되기까지 필요한 재료를 모으는 빙고게임**

쌀가루, 콩, 솔잎카드를 회전판을 돌려 나온 재료카드로 송편에 필요한 재료를 가로, 세로, 대각선으로 한 줄 모으면 송편 한 개를 곰돌이 입에 넣어 주는 빙고게임이다.

▸ **우리나라의 전통의상, 전통놀이, 전통음식, 전통악기 카드를 같은 종류끼리 모으는 빙고게임**

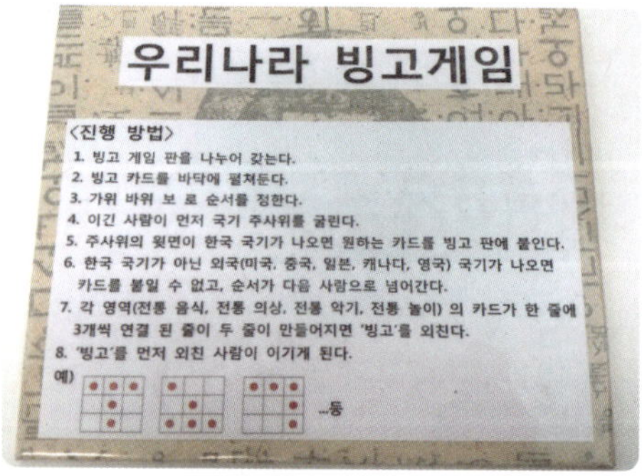

2) 언어영역

언어영역은 듣기, 읽기, 말하기, 쓰기 등의 활동이 이루어지는 영역으로 유아들의 어휘력, 의사소통능력 등을 향상시킬 수 있다.

언어영역은 유아들이 편히 쉬면서 책을 읽고 의사소통할 수 있도록 책꽂이, 소파, 넓고 푹신한 방석, 쿠션, 낮은 책상, 매트와 천장레이스, 언어관련 조작 교구를 넣을 수 있는 교구장 등으로 구성된다. 이야기 나누기 교구, 동화·동극 교구 등의 언어영역 교구는 이론편 제4장의 '1. 대·소집단활동'에서 다루었으므로 그 외의 자유선택활동에서 사용되는 언어교구를 중심으로 살펴보고자 한다.

(1) 읽기 교구

유아의 어휘습득과 읽기능력 향상을 위해 낱말읽기, 낱말찾기, 낱말 완성하기 등의 교구를 제작할 수 있다.

① 낱말 읽기 교구

낱말카드 읽기 교구는 교구통에 그림카드를 넣으면 뒷면의 낱말카드로 바뀌어 나오는 교구와 고무자석글자가 들어간 그림카드를 철가루상자에 넣고 흔들어 글자를 읽어 보는 교구로 제작할 수 있다. 다음은 낱말카드읽기 교구의 예시이다.

② 낱말찾기 교구

돋보기와 같은 도구로 낱말을 찾는 교구와 숨은 낱말을 찾아 낱말카드를 모으는 교구 등이 있다. 다음은 돋보기도구를 사용한 낱말찾기 교구의 예시이다.

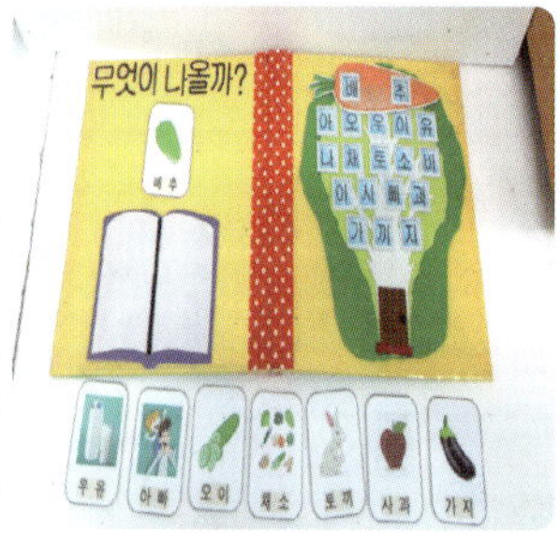

③ 낱말완성하기 교구

미완성된 낱말의 글자를 찾아 낱말을 완성하는 교구와 자음과 모음칩을 사용하여 낱말을 완성하는 교구, 자음과 모음 찍기 도구를 사용하여 낱말을 완성하는 교구가 있다. 낱말완성하기의 경우 완성된 낱말과 그림이 같이 있는 책자나 카드를 함께 제작하도록 한다.

다음은 미완성된 낱말의 글자를 찾아 낱말을 완성하는 교구의 예시이다.

▸ 거울 속에 감춰진 과일과 낱말을 찾아 낱말 완성하기 교구

▸ 낱말 그림카드를 보고 나무에 있는 글자 열매를 찾아 낱말 완성하기 교구

▸ 자음과 모음 칩으로 낱말 완성하기 교구

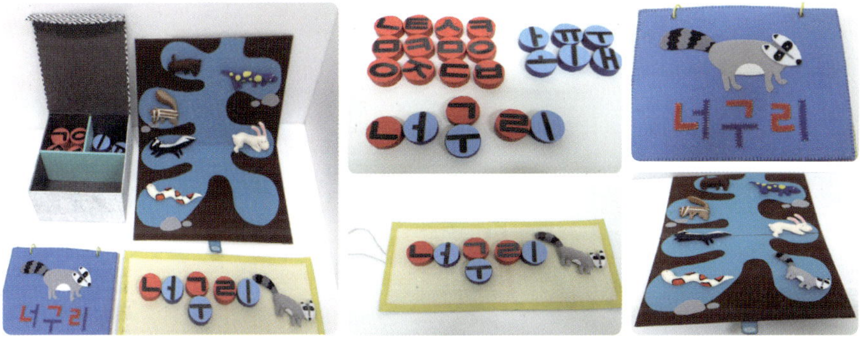

▸ 자음과 모음 찍기 도구로 낱말 완성하기 교구

(2) 쓰기교구

쓰기교구는 낱말과 그림이 함께 있는 낱말 그림카드를 보고 마커보드판에 마커보드펜을 사용하여 글자를 써 보도록 한다. 시중에서 판매하는 마커보드판을 사용할 수도 있으나 A4용지나 흰색머메이드지, 흰색 색지 등을 코팅하여 마커보드판 대용으로 사용할 수 있다. 마커보드펜은 사용 후 교구에 부착하도록 하면 분실하지 않고 보관이 용이하다.

낱말 그림카드만 보고 쓰기를 하면 흥미를 자극하지 못할 수 있으므로 분리된 그림을 스캐니메이션 상자에 넣고 무슨 그림인지 맞춰 보게 한 후 해당 낱말의 글자를 써 보게 하거나 암호글자를 만들어 무슨 글자인지 찾게 한 후 글자를 써 보도록 교재·교구를 제작할 수 있다. 다음은 쓰기교구의 예시이다.

▸ **스캐니메이션 상자로 그림카드의 낱말을 맞추고 낱말을 써 보도록 하는 교구**

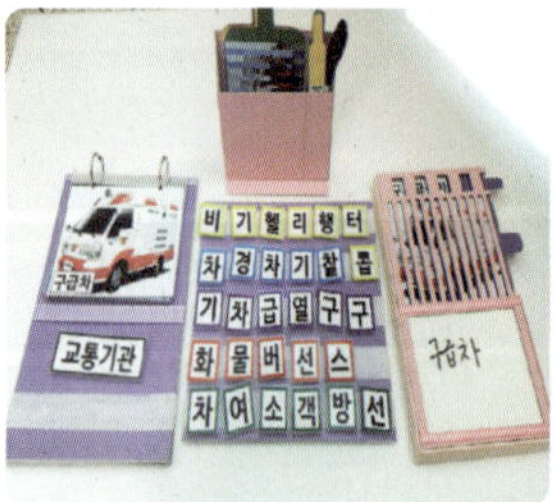

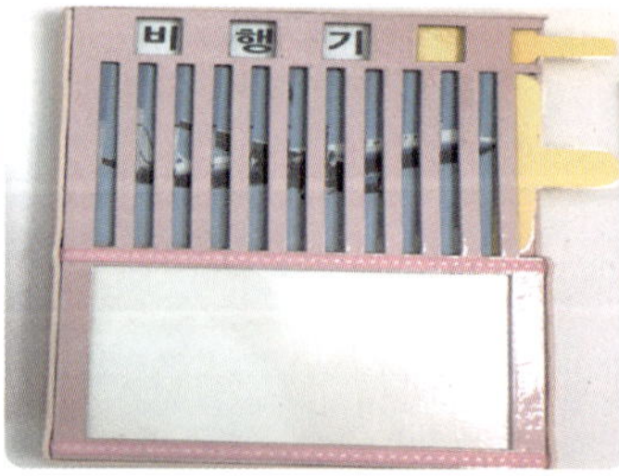

▸ **암호글자를 푼 후 맞춘 낱말을 써 보는 교구**

(3) 말하기 교구

각각의 동화장면을 카드로 제작하여 그림의 순서를 자신이 나열하고 싶은대로 배열한 후 이야기를 지어 보는 교구이다. 말하기능력과 더불어 창의적인 표현력을 길러 줄 수 있다. 다음은 말하기 교구의 예시이다.

▶ **여러 장의 동화장면을 임의대로 순서를 바꿔 이야기 꾸미기 교구**

- 활동자료: 동화장면 보드게임판, 무당벌레말 2개, 주사위, 동화장면카드, 이야기 꾸미기판, 보관서랍장
- 활동방법
  - 동화장면 보드게임판에 무당벌레 말을 놓고 주사위를 던져 던진 수 만큼 장면을 이동한다.

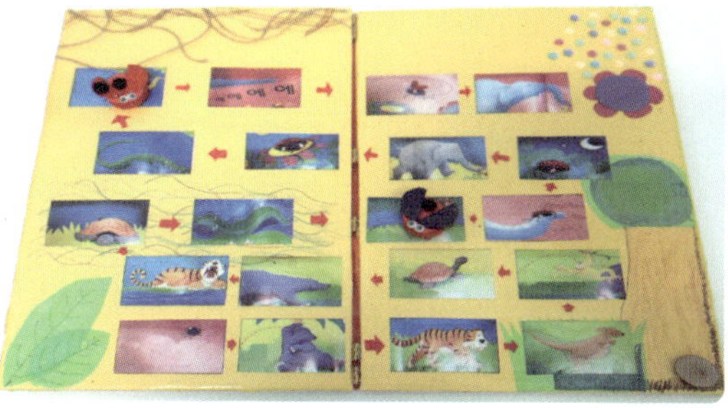

  - 해당그림이 있는 장면카드를 이야기 꾸미기판에 붙인다. 동화장면 보드게임판의 동화장면이 끝나면 동화장면판을 이동하면서 획득한 장면카드를 임의대로 놓아 이야기 꾸미기판에 놓고 이야기를 꾸며 다른 친구들에게 소개한다.

3) 과학

과학영역은 주로 동식물을 기르고 관찰할 수 있는 영역, 자연물이나 다양한 사물을 탐색할 수 있는 영역, 직접 실험과 조작을 해 볼 수 있는 영역으로 구성된다. 과학영역에서의 활동을 통해 유아들은 나의 몸, 동식물, 물체와 물질, 자연현상, 도구와 기계 등에 대한 이해와 관찰, 분류, 측정, 실험 등의 과학적 탐구능력을 기를 수 있다.

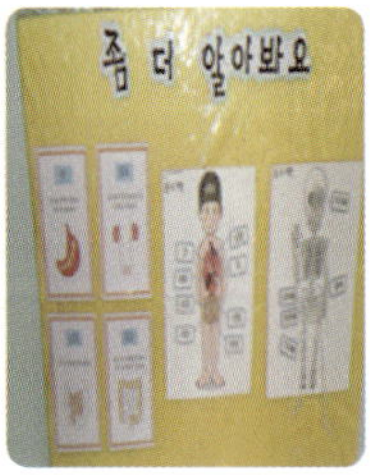

과학영역과 관련된 교구들은 몸속 기관, 겨울잠을 자는 동물과 잠자는 곳, 구멍에서 사는 동물, 씨앗에서 꽃이 피는 과정, 별자리 탐색, 달의 변화, 빛을 내는 것과 내지 않는 것, 물이 들어 있는 것이나 물이 들어 있는 곳과 같이 과학적 지식과 정보를 제공하고 습득을 돕는 교구, 과일이나 곡식의 씨앗 관찰, 자석에 붙는 것과 붙지 않는 것의 탐색과 같이 관찰과 탐색을 돕는 교구, 색의 혼합과 같이 실험을 돕는 교구 등이 있다. 과학영역의 활동과 관련된 교구들을 살펴보면 다음과 같다.

(1) 과학적 지식과 정보를 제공하는 교구

과학적 지식과 정보를 제공하는 교구는 그림설명카드나 책과 함께 유아들이 조작해 볼 수 있는 교구로 제작하여 유아들의 흥미를 자극하고 지식과 정보의 이해와 습득을 용이하도록 한다. 과학적 지식과 정보를 제공하는 교구를 살펴보면 다음과 같다.

① 몸속 기관

몸속 기관판이나 몸속 기관 조끼의 기관그림자면에 각 기관을 대응하고 기관이 하는 일을 간단한 그림설명판으로 간단한 설명을 읽어 볼 수 있도록 하는 교구와 음식이 입→식도→위→소장→대장→대변으로 나오는 소화과정을 보드게임으로 쉽게 알 수 있도록 제작하고 그림설명판으로 이해를 돕는 교구를 제작할 수 있다. 다음은 몸속 기관과 관련된 교구의 예시이다.

▸ **몸속 기관판과 몸속 기관 펠트 모형과 그림설명판**

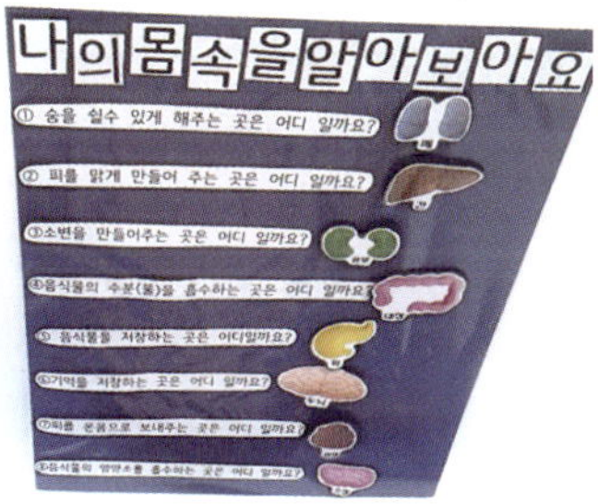

▸ **몸속 기관 조끼와 몸속 기관 펠트 모형**

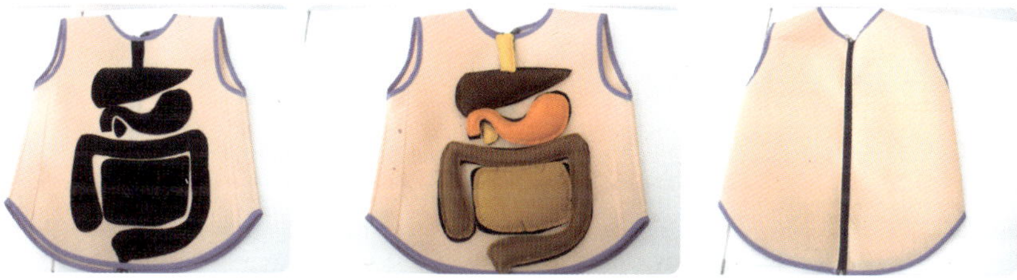

▸ **음식물의 소화과정에 대한 보드게임과 그림설명판**

▸ 겨울잠을 자는 동물과 겨울잠을 자는 곳에 대한 입체교구

▸ 씨앗에서 꽃이 피기까지의 과정에 대한 교구와 과정 설명판

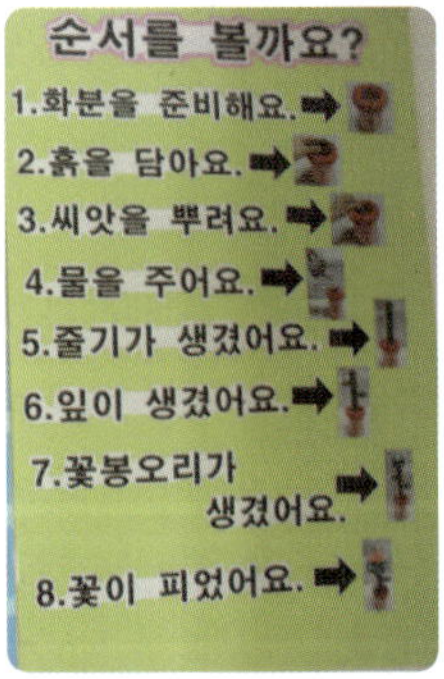

▸ 구멍에 사는 동물에 대한 입체교구와 사진설명 소책자

▶ 별자리 탐색교구

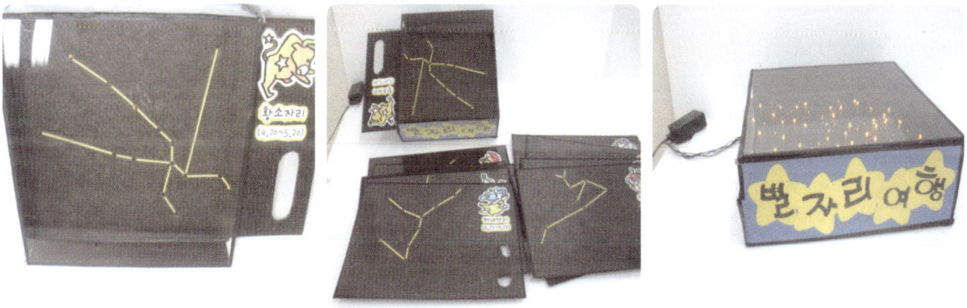

▶ 달의 변화과정에 대한 교구

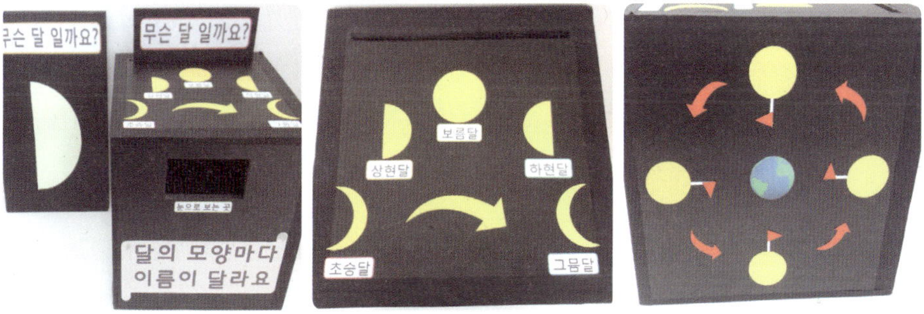

▶ 빛을 내는 것과 빛을 내지 않는 것에 대한 전구 교구

▸ **물이 들어 있는 것과 물이 들어 있는 곳에 대한 교구**

(2) 관찰과 탐색을 돕는 교구

관찰 및 탐색교구는 유아들이 관찰영역에 두고 지속적으로 사물을 관찰하고 탐색할 수 있도록 보관상자의 앞면을 아크릴판으로 덮거나 투명 반구를 사용하여 제작한 교구이다. 다음은 과일과 곡식의 씨앗관찰 교구, 자석에 붙거나 붙지 않는 것 탐색교구의 예시이다.

▸ **과일씨앗 탐색교구**

과일씨앗 관찰상자로 다양한 크기, 모양, 색깔을 가진 과일씨앗을 관찰하고 다양한 과일씨앗으로 보드게임판을 제작하여 출발에서 도착까지 주사위를 던져 나온 수 만큼 말이 간 곳의 씨앗 크기에 따라 나뭇잎을 획득하는 게임이다. 다양한 과일씨앗의 색깔, 모양, 크기 탐색활동, 과일씨앗의 크기에 따라 서열화하는 수활동, 과일씨앗의 크기에 따라 나뭇잎 획득하기 보드게임활동 등 다양한 활동이 통합적으로 연계된 교구이다.

▶ **여러 가지 곡식 씨앗 탐색교구와 곡식사진 설명책**

▶ **자석에 붙거나 붙지 않는 것 탐색교구**

자석에 붙는 것과 붙지 않는 것 낱말 그림카드를 철가루상자에 넣어 나온 낱말를 확인하고 그 물체들이 자석에 붙을지 예측해 본 후 자석놀이판에 붙어 있는 물체들을 자석으로 탐색하여 붙거나 붙지 않는 것을 확인한다.

(3) 실험교구

실험교구는 실험 전 유아들이 예측하기 판에 실험결과를 예측할 수 있는 카드를 붙이는 예측해 보기 활동을 한 후 직접적으로 교구를 조작하여 예측과 결과가 맞았는지 확인할 수 있도록 돕는 교구이다. 다음은 색깔혼합 교구의 예시이다.

▶ **색깔혼합교구**

색깔혼합교구는 페트병의 윗부분을 잘라 링거줄과 연결하여 5개 정도 제작한다. 실험 전 예측을 위한 예측하기 판과 색깔카드를 제작한다. 실험 시 색깔혼합 교구에 빨간·노란·파란색의 물감물을 각각의 페트병에 넣고 링거줄의 조절버튼으로 색의 양을 조절하면서 색의 변화를 확인한다. 연계활동으로 빨간·노란·파란색의 셀로판지판과 과일 모양의 카드를 제작하여 과일의 색을 만들어 보는 활동을 한다.

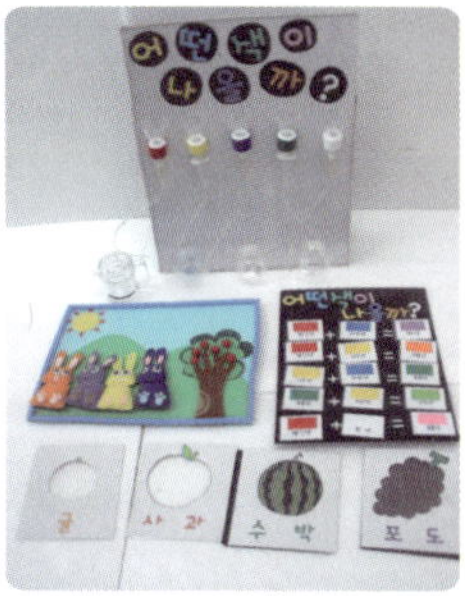

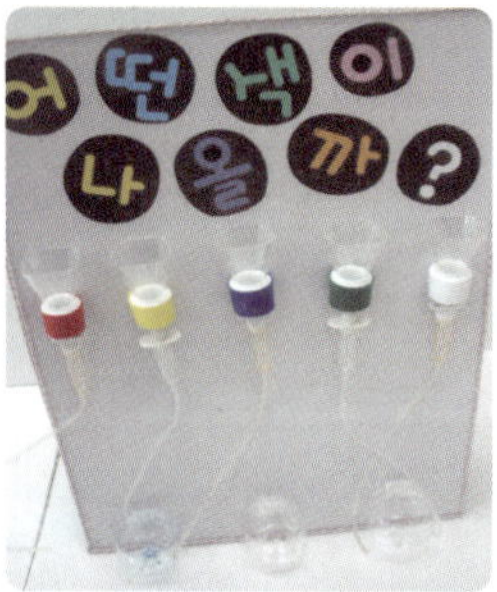

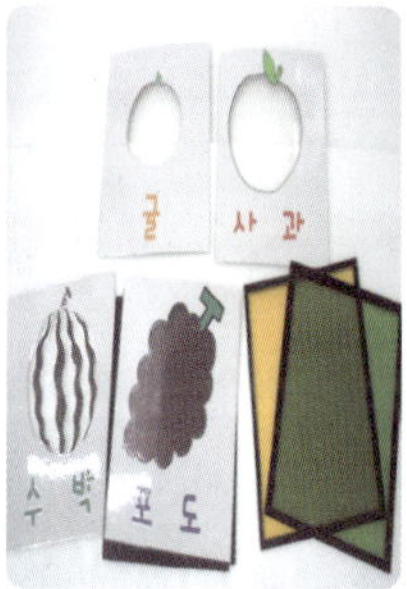

4) 역할놀이 영역

역할놀이 영역은 유아들이 주변에서 볼 수 있는 다양한 역할을 사회적 극놀이와 상상놀이를 통해 경험해 보는 활동영역이다. 역할놀이 영역은 밝고 아늑한 곳에 싱크대, 가스렌지대, 화장대, 옷걸이대, 역할놀이용 소품 보관대, 탁자, 여러 가지 종류의 인형과 소품, 안전매트 등으로 구성된다. 생활주제에 따라 다양한 역할놀이 교구와 소품을 제공한다.

① 분식점놀이, 시장놀이, 가게놀이

분식점놀이, 시장놀이, 가게놀이는 '우리 동네' 생활주제와 관련하여 우리 동네를 돌아보고 우리 동네에 있는 가게들을 견학해 보면서 역할놀이로 연계할 수 있다. 우리 동네에 있는 가게들은 유아들이 일상생활에서 가장 많이 접하고 경험하는 곳이어서 여러 가지 가게에 필요한 소품을 제작하여 유아들의 사회적 극놀이를 풍부하게 하는 데 도움을 줄 수 있다.

분식점놀이, 시장놀이, 가게놀이교구와 소품 등 다양한 형태로 제작한다. 다양한 가게와 시장놀이에 필요한 소품은 주로 펠트지에 도안을 대고 2장 자르고 솜을 넣어 입체적으로 바느질하고 비즈, 구슬, 스팽글 등을 사용하여 꾸며 제작한다. 그 외에도 클레이나 뚜껑이 있는 일회용 투명 플라스틱컵, 투명 반구 등을 사용하여 제작한다. 보관용 바구니나 상자를 구입하거나 제작하여 정리하기 쉽도록 한다. 또한 메뉴판, 지갑, 지폐와 동전모형, 담아갈 주머니나 계산기 등을 제작하여 사용한다. 다음은 다양한 가게놀이와 시장놀이 소품을 교구로 제작한 예시이다.

▶ 분식점놀이

분식점놀이는 어묵꼬치, 샌드위치, 김밥, 삶은 달걀, 붕어빵 등을 유아들이 사고 파는 역할을 할 수 있어 유아들이 흥미를 갖고 활발한 극놀이활동이 이루어지는 놀이이다.

분식점에 필요한 어묵, 샌드위치, 붕어빵 등은 펠트지에 도안을 그린 후 2장 잘라 솜을 넣고 바느질하여 제작한다. 어묵은 꼬치를 넣을 수 있도록 구멍을 그려 잘라 솜을 넣고 바느질할 때 구멍부분도 함께 바느질하여 꼬치를 넣을 수 있도록 한다. 꼬치의 양끝은 접착 펠트지 등으로 감아 준다. 김밥은 굵은 흰색 백업을 적당한 크기로 잘라 검은색 테이프를 감아 만들고 붙였다 뗄 수 있도록 벨크로(까슬이)를 잘게 잘라 붙인다. 김밥 속은 접착 펠트지를 잘라 사용한다. 떡볶이는 빨간색 백업을 어슷썰어 만든다. 삶은 달걀은 클레이를 사용하여 제작한다.

분식점 음식들을 넣어 둘 보관통은 재활용박스와 하드보드지, 폼보드, 우드락, 시트지, 접착 펠트지 등을 사용하여 제작한다. 이외에 음식을 사고 팔 수 있도록 지갑, 동전, 지폐, 포장지 등을 제작하여 놀이에 사용하도록 한다.

▶ 시장놀이

시장놀이는 메뉴판에 적힌 메뉴를 시장에 가서 사고 바구니에 담아오는 놀이이다. 식품을 사는 손님과 가게주인 등의 역할이 필요하다. 과일, 채소 등의 소품은 펠트지에 도안을 그려 2장 잘라 솜을 넣고 바느질한다. 이 외에 식품을 담을 바구니, 지갑, 지폐와 동전모형, 지폐 등이 필요하다.

▸ **패스트푸드 가게놀이**

패스트푸드 가게놀이는 다양한 패스트푸드 메뉴에 음식들을 사고 파는 극놀이 활동이다. 클레이, 뚜껑 있는 일회용 투명 플라스틱컵, 투명 반구 등을 사용하여 아이스크림, 도넛, 햄버거, 감자튀김, 팥빙수, 치즈스틱 등을 제작한다. 재활용박스를 사용해 보관상자로 꾸민다. 펠트지로 지갑을 만들고 지폐와 동전모형을 준비한다.

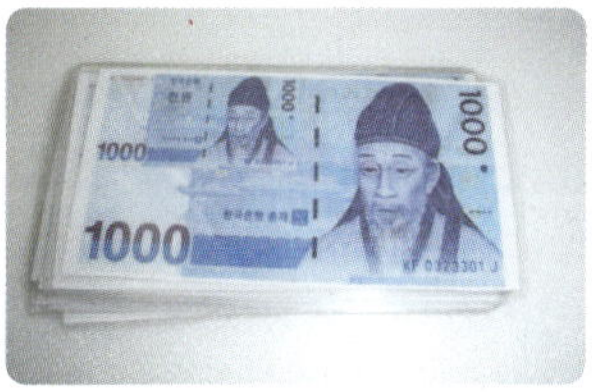

▸ **빵가게놀이**

빵가게놀이는 여러 가지 빵 모형이나 실제 빵을 가지고 주인과 손님역할을 해 보는 놀이이다. 빵은 펠트지 모형이나 클레이 모형으로 제작하여 놀이에 사용할 수 있고 실제 빵을 이용할 수 있다. 그 외에 계산기, 계산용지, 지갑, 주머니, 지폐와 동전모형, 메뉴판, 담아갈 주머니 등을 제작하여 사용하고 포장용 상자 등을 준비한다.

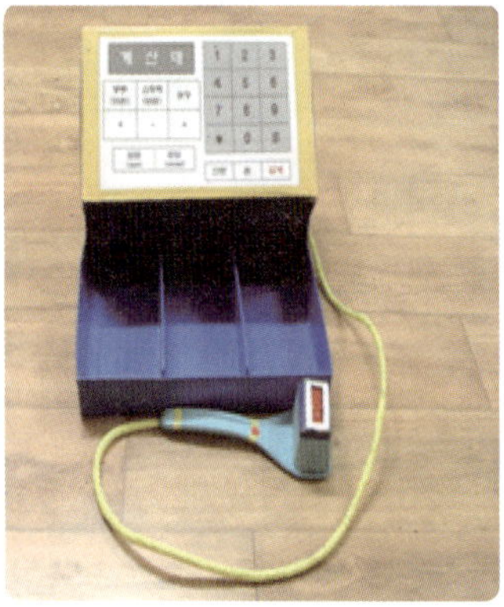

② 직업과 관련된 역할 놀이

'나와 환경' 생활주제 중 소중한 가족이나 '우리 동네' 생활주제 중 우리 동네사람들과 관련하여 여러 가지 직업을 가진 사람들을 알아보고 역할놀이영역에 관련 소품을 배치하여 다양한 직업의 역할놀이를 할 수 있도록 한다. 다음은 의사놀이에 필요한 교재·교구의 예시이다.

▸ 의사놀이

청진기, 주사기, 체온계, 약병은 펠트지에 도안을 그리고 2장 잘라 솜을 넣어 만든다. 밴드는 밴드 모양으로 자른 펠트지 2장을 겹쳐 바느질하고 슬림 벨크로(보들이, 까슬이)를 바느질하여 제작한다. 약봉지는 A4용지에 내용을 출력하여 제작할 수 있고 약포지는 라벨지에 내용을 출력하여 기름종이와 같은 반투명종이에 붙여 사용한다. 약은 젤리, 새알초콜릿 등을 사용한다.

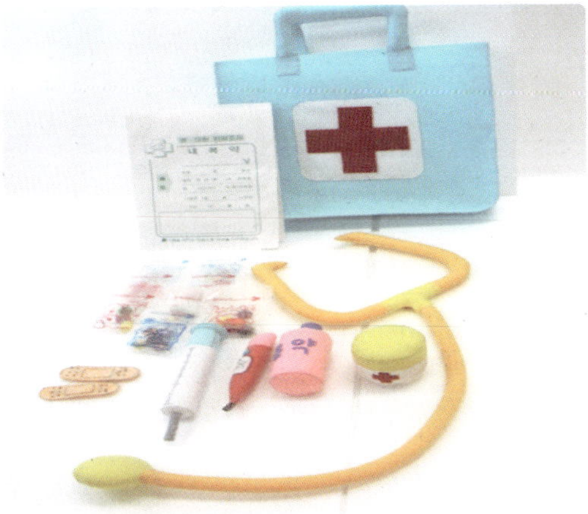

5) 쌓기놀이 영역

쌓기놀이 영역은 여러 가지 색깔, 모양, 재질, 크기를 가진 블록으로 다양한 구조물을 만들어 보는 구성활동과 자동차, 미니카, 나무, 집, 동물모형, 인형 등의 다양한 모형을 사용해 우리 동네 꾸미기, 집 꾸미기 등의 표현활동을 경험해 보는 영역이다. 블록영역은 우레탄블록, 종이블록, 나무블록, 레고블록, 끼우기블록 등이 있으며 여러 가지 모형, 교구장 등으로 구성된다.

쌓기영역에서 구성한 유아들의 구조물들은 분해하여 재구성되므로 사진을 찍어 제목이나 유아의 설명을 간단히 적어 게시판이나 벽면에 붙여 두면 활동을 더욱 격려할 수 있다.

다음은 쌓기놀이 영역관련 블록 교구의 예시이다.

▸ 통나무블록으로 집짓기

통나무블록으로 집짓기는 회전판을 돌려 나온 통나무의 수 만큼 통나무블록을 2개씩 가로, 2개씩 세로로 겹쳐 7층 총 14개의 통나무를 쌓는다. 회전판을 돌려 나온 나뭇잎의 개수 만큼 나뭇잎을 붙여 통나무집을 완성하는 쌓기놀이영역 교구이다.

통나무 블록은 재활용박스를 잘라 칼집을 내어 막대처럼 접어 준다. 그 위에 나무의 나이테를 바느질한 다양한 갈색펠트지를 감싸 바느질하여 제작한다. 지붕도 재활용박스를 사용해 펠트지로 바느질하여 제작한다. 다양한 색깔과 모양의 나뭇잎들은 펠트지에 도안을 그려 2장 오린 후 바느질로 나뭇잎의 잎맥 등을 표현해 주고 2장 겹쳐 솜을 넣어 바느질하여 제작한다. 그 외에 회전판과 보관상자를 제작한다.

- 통나무 블록의 제작과정

- 지붕제작과정

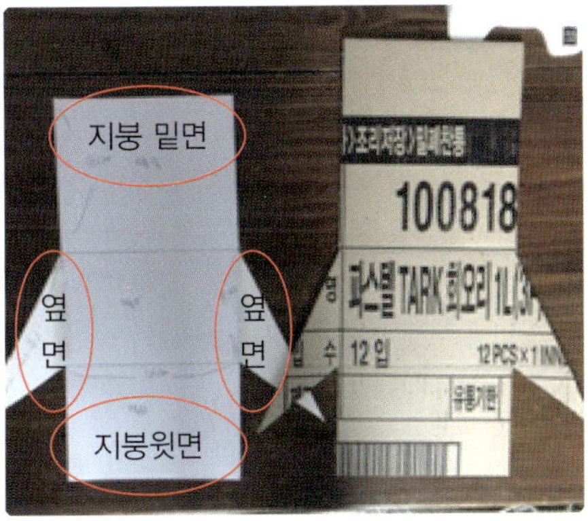

- 나뭇잎(초록잎, 은행잎, 단풍잎, 낙엽)

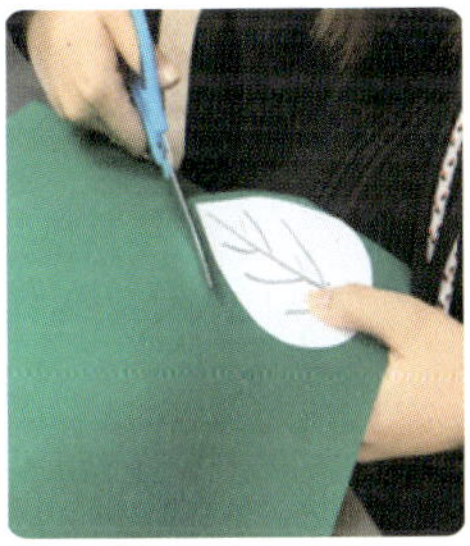

6) 음률영역

음률영역은 생활주변에서 나는 다양한 소리와 악기소리를 탐색하는 탐색활동, 노래부르기, 악기연주하기, 음악에 맞춰 율동하기 등의 표현활동, 다양한 장르의 음악을 감상하는 감상활동을 경험하는 영역이다.

음률영역은 소음이 많아 다른 영역과 떨어진 곳에 딸랑이, 캐스터네츠, 마라카스, 탬버린, 실로폰, 작은북 등의 리듬악기, 그림이 있는 간단한 노래가사판, 녹음기, CD, 모형마이크, 키보드나 피아노, 교구장 등을 배치한다.

생활주제가 '세계 여러 나라', '우리나라'일 경우 세계 여러 나라 악기나 전통악기를 유아들에게 소개할 수 있다.

음률영역에 다양한 종류의 리듬악기와 가사판을 제작하여 유아들의 음률활동을 도울 수 있다.

(1) 가사판

가사판은 가사와 그림이 있는 판으로 하드보드지에 그림과 가사를 출력하거나 그림을 색지로 오려 붙이고 투명 시트지를 씌워 제작한다. 마스킹테이프나 전기테이프로 가장자리를 마무리할 수 있다.

가사판을 보면서 노래를 부르고 가사에 율동을 만들어 노래와 율동을 함께 부를 수 있다. 리듬악기를 연주할 경우 가사의 일부분에 악기그림을 붙이거나 표시를 하여 연주해 보도록 제작한다.

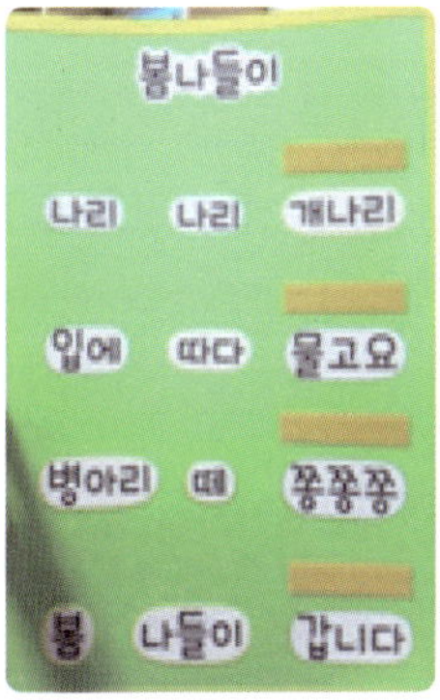

(2) 리듬악기 교구

리듬악기 교구는 딸랑이, 마라카스, 북, 귀로 등이 있다.

▶ 딸랑이

딸랑이는 탬버린이나 팔찌형태에 방울을 달고 흔드는 교구이다. 탬버린으로 제작할 경우 굵은 백업을 이어, 원으로 붙이고 색 테이프를 감아 주고 리본, 모루 등으로 둘러서 리본이나 모루에 바느질로 방울을 달아 준다.

팔찌로 제작할 경우는 펠트지 두 장을 잘라 가장자리를 바느질하고 가운데에 방울을 달고 탈부착이 쉽도록 벨크로를 붙이면 팔목크기에 따라 크기를 조정할 수 있도록 제작하면 좋다. 다음은 방울 탬버린과 방울팔찌 교구의 예시이다.

▸ **마라카스**

마라카스는 플라스틱 병이나 원기둥 모양의 통에 곡식 등을 넣고 흔드는 교구이다. 뚜껑이 있는 플라스틱병, 원기둥 모양의 통, 뽑기 캡슐을 준비하여 다양한 곡식을 넣고 시트지, 접착 펠트지, 색 테이프, 클레이 등을 붙이고 리본끈이나 리본 등으로 주변을 장식한다. 곡식마다 소리가 다르게 나므로 곡식의 특성에 따라 어떤 소리가 나는지 보기 위해 투명 플라스틱병을 사용하여 일부분만 꾸며 주고 곡식이 보이게 제작할 수도 있다.

▶ **북**

북은 사발면통, 분유통, 쿠키통 등에 접착 펠트지, 가죽, 하드보드지, 페브릭 스티커, 마스킹테이프, 시트지, 투명 시트지 등을 붙여 꾸며 준다.

북채는 탁구공, 나무젓가락, 모루 등을 사용하여 제작할 수도 있고, 스티로폼 공, 수면양말, 나무막대, 접착 펠트지, 실 등을 사용하여 제작할 수도 있다. 다음은 다양한 북의 예시이다.

▶ **사발면통을 활용한 북과 나무젓가락과 털실을 활용한 북채**

▶ **분유통, 곡식, 펠트지, 털실을 활용한 북과 수면양말, 스티로폼, 털실, 접착 펠트지를 활용한 북과 북채**

▸ 쿠키통, 양가죽, 가죽끈, 패브릭스티커를 활용한 북과 탁구공, 나무젓가락, 모루를 활용한 북채

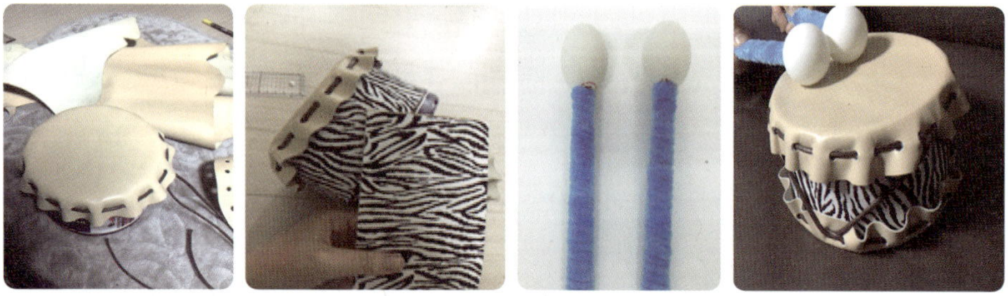

▸ 하드보드지, 양면테이프심, 마스킹테이프, 연필, 시트지를 사용한 스핀드럼

▸ 밥주걱, 이쑤시개 통, 펠트지, 지푸라기 등을 활용한 귀로

▶ 다양한 리듬악기세트와 보관함

7) 미술영역

미술영역은 자연물, 사물, 미술재료 등의 색깔, 모양, 질감, 크기 등을 탐색하고 이러한 재료를 가지고 그림, 입체물 등으로 다양하게 표현하며 자신과 다른 사람의 창작물, 미술가의 작품을 감상하는 활동을 경험하는 영역이다.

미술영역은 그리기영역, 만들기영역, 종이접기영역, 반죽영역, 게시영역으로 나눌 수 있다. 그리기영역에는 종이, 도화지, 색연필, 크레파스, 사인펜, 물감 등의 재료를 배치하고, 만들기영역에는 다양한 재활용품(크기가 다른 여러 가지 상자, 휴지심, 우유갑 등)과 색종이, 딱풀, 유아용 가위, 투명 테이프, 목공풀 등을 배치한다.

그 외에 종이접기영역과 반죽영역을 별도의 영역으로 구성한다. 종이접기영역에는 종이를 접는 방법을 붙여 놓고 일정량의 색종이를 사용할 수 있도록 배치하고 반죽영역에는 다양한 색깔의 컬러점토나 지점토, 밀대, 반죽도구 등을 배치한다(정연희, 2011).

게시영역에는 작품을 말리면서 전시가 가능한 걸이대나 빨랫줄, 작품을 게시할 수 있는 게시판, 입체적인 작품을 놓을 수 교구장 선반이나 창틀을 활용한다.

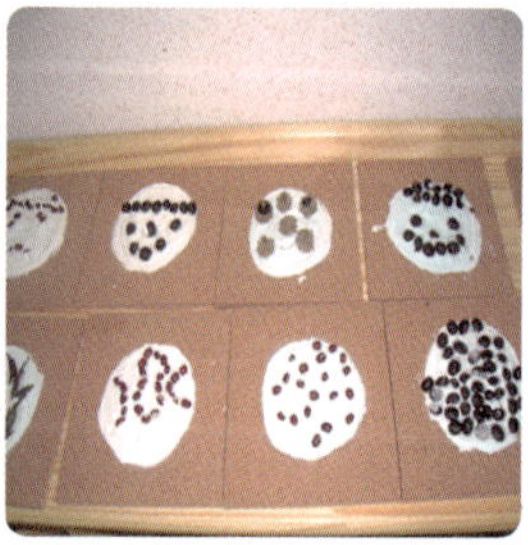

다음은 미술영역에서 유아들의 창의적인 표현을 돕기 위한 찍기 도구의 예시이다.

찍기 도구의 종류에는 여러 가지 모양 찍기와 도형 찍기 도구가 있다. 찍기 도구는 물감이나 스템프를 사용하여 도화지에 다양한 도형이나 날씨 모양을 찍고 색연필, 사인펜 등으로 연상되는 그림을 그리는 미술활동 교구로 사용된다. 찍기 도구는 사용 후 보관이 가능하도록 보관통을 함께 제작한다.

▶ EVA, 네모 난 요구르트병, 시트지를 활용한 여러 가지 모양 찍기 도구

도형 찍기 도구는 물감이나 네모 난 요구르트병의 껍질을 벗긴 후 시트지를 붙인다.

3.5mm EVA에 여러 가지 모양을 그리고 가위로 잘라 뚜껑에 붙인다. 여러 가지 모양을 출력하여 잘라 코팅하여 요구르트병의 밑면에 붙여 여러 가지 모양의 찍기 도구를 제작한다.

▶ OHP 필름지, 시트지, 플라스틱 통, 뽕뽕이를 활용한 도형 찍기 도구

도형판은 OHP 필름지에 세모, 네모, 동그라미 도형을 대·중·소의 크기로 그린 후 속 안을 자르고 윗부분 손잡이에 시트지를 사용해 도형 모양을 붙여 준다. 가장자리 부분은 시트지로 붙여 도형판을 제작한다.

물감 찍기 도구는 플라스틱 통에 빨간색, 노란색, 초록색, 파란색, 보라색 큰 뽕뽕이를 글루건을 사용하여 붙여 제작한다.

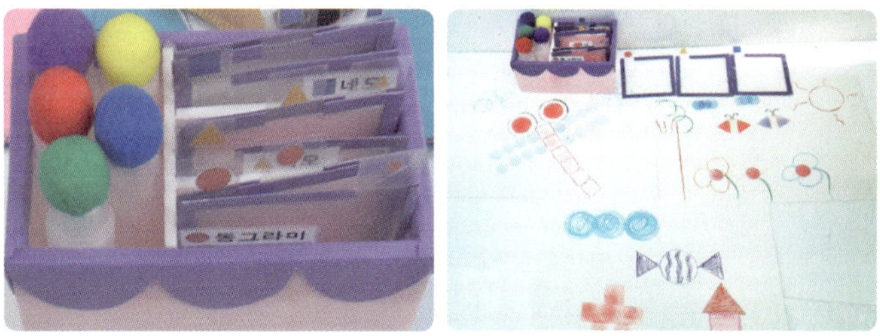

교과교재연구 및 지도법

제2부 실제편

제1장

수·조작영역

1. 외계인은 팬티를 좋아해

■ 생활주제: 건강과 안전

■ 활동영역: 수 · 조작

■ 대상연령: 만 4세

■ 참여인원: 3명

■ 활동목표

- 지난 시간에 들은 동화내용을 회상하고 팬티를 입어야 하는 이유에 대해 이야기 나눈다.
- 다양한 팬티들의 특징을 살펴보고 조작방법에 대해 알아본다.
- 교구상자 안에 놓아둔 각 팬티의 앞면과 뒷면을 찾아 짝을 맞추고 외계인 인형에게 옷을 입혀 본다.

■ 활동자료

우주선 뚜껑 퍼즐 9개, 기억력상자, 팬티 앞면 6장, 팬티 뒷면 6장, 외계인 인형 3개

■ 제작재료 및 제작방법

1. 제작재료

1) 기억력 상자, 우주선 뚜껑 퍼즐

펠트지(여러 가지 색), 하드보드지, 뽕뽕이, 실, 바늘, 가위, 칼, 자, 스테이플러, 글루건

2) 조작용 팬티

솜, 펠트지(여러 가지 색), 모루, 비닐, 털실, 뽕뽕이, 방울, 실, 바늘, 가위, 스테이플러, 글루건, 벨크로(까슬이), 단추, 자석단추, 꽃단추

3) 외계인 인형

솜, 펠트지(여러 가지 색), 모루, 뽕뽕이, 비닐, 털실, 방울, 실, 바늘, 가위, 스테이플러, 글루건, 빗

2. 제작방법

1) 기억력 상자

① 하드보드지에 상자의 밑면, 가로와 세로 옆면의 도안을 그려 잘라 준다. 펠트지를 상자의 밑면, 옆면보다 조금 크게 그려 2장씩 자른다.

② 상자의 밑면은 펠트지를 글루건으로 하드보드지 양면에 고정시킨 후 가장자리를 버튼홀 스티치로 바느질한다.

③ 자른 펠트지 1장에 별, 동그라미, 문구를 아플리케 바느질해 둔다. 글루건으로 하드보드지에 칠한 후 그 위에 펠트지를 붙이고 나머지 펠트지 하드보드지 뒷면에 넣고 버튼홀 스티치로 바느질한다.

④ 상자 벽을 하드보드지 바닥에 버튼홀 스티치로 연결한 후 상자의 벽과 벽 사이에도 버튼홀 스티치로 연결하여 마무리한다.

⑤ 상자의 칸들은 글루건으로 붙여 상자를 완성한다.

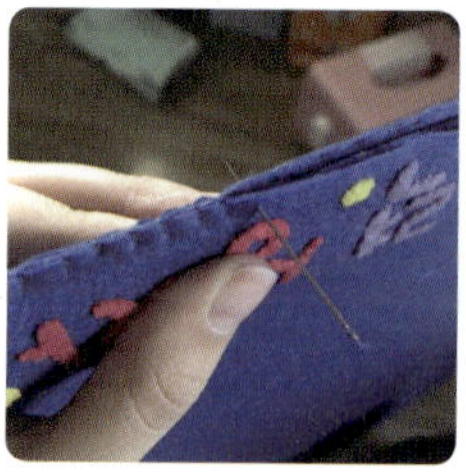

2) 우주선 뚜껑 퍼즐

① 상자 뚜껑 크기에 맞게 펠트지 2장을 자른다. 여러 가지 색의 펠트지에 우주선도안을 그려 자른다. 펠트지에 글루건으로 우주선을 고정한다.

② 우주선을 고정한 펠트지, 나머지 펠트지, 하드보드지를 가로 3칸, 세로 4줄 총 12개로 자른다.

③ 우주선퍼즐조각들을 아플리케 스티치로 바느질하고 뽕뽕이를 바느질로 붙여 손잡이를 만든다.

④ 나머지 펠트지와 사이에 하드보드지를 넣고 겹쳐 버튼홀 스티치로 퍼즐뚜껑들을 완성힌다.

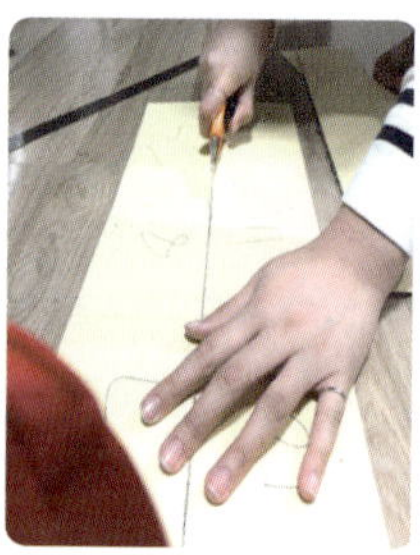

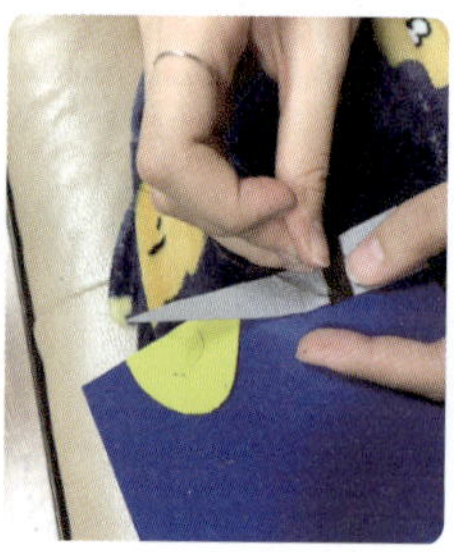

3) 조작용 팬티

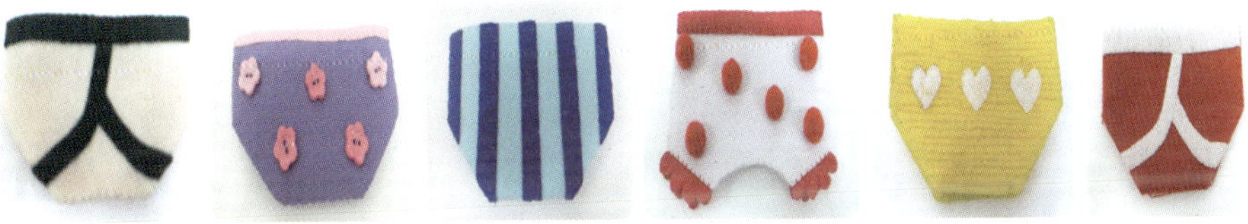

① 다양한 팬티 도안을 그린 후 도안에 맞게 펠트지를 대고 팬티를 그린 후 자른다.

② 팬티의 특징에 맞게 무늬를 글루건으로 붙이거나 바느질한다.

③ 여러 가지 팬티에 벨크로(까슬이), 자석단추, 꽃단추, 단추를 달아 주어 마무리한다.

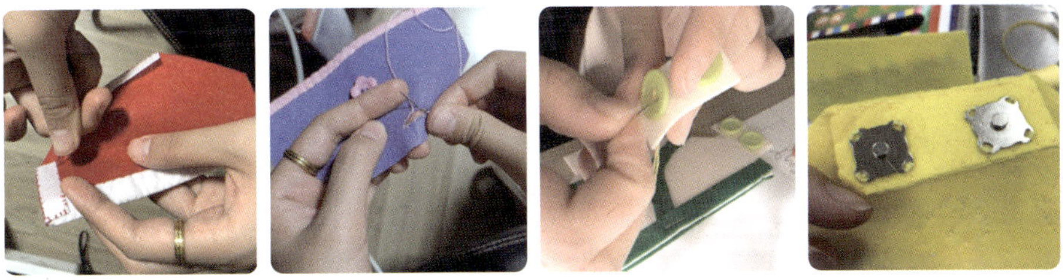

4) 외계인 인형

① 도안을 자른 후 눈, 입, 무늬를 아플리케 바느질한다.

② 더듬이, 팔, 다리의 무늬를 아플리케 바느질을 한 후 발바닥은 버튼홀로 바느질하여 솜을 넣어 팔다리를 완성한다.

③ 팔, 다리가 긴 노란 외계인은 안에 모루를 붙여 준 후 발바닥을 버튼홀로 바느질하여 솜을 넣고 팔다리를 완성한다.

④ 초록외계인은 파란 털실을 빗으로 풀어 주고, 외계인의 몸통에 털실을 끼워 박기를 한다.

⑤ 분홍 외계인은 몸통 안에 모루를 글루건으로 붙인 후 몸통 앞면에 뽕뽕이도 붙인 후 외계인의 몸통에 모루 끼워 박기를 한다.

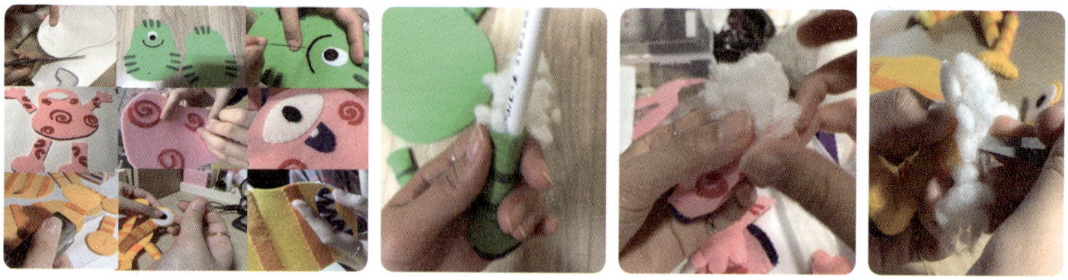

⑥ 노란색 외계인은 귀를 비닐과 펠트로 바느질한 후, 외계인의 몸통에 끼워 박기를 한다.

⑦ 외계인의 몸통에 더듬이, 팔, 다리를 끼워 박기를 한다.

⑧ 외계인의 몸통 안에 방울과 솜을 넣고 버튼홀 스티치로 마무리한다.

■ 활동방법

1. **지난 시간에 읽었던 동화 『외계인은 팬티를 좋아해』(글 클레어 프리드먼, 그림 벤 코드)를 회상하고 팬티를 입어야 하는 이유에 대해 이야기 나눈다.**
   - 친구들 지난 시간에 선생님이 어떤 동화를 읽어 주었니?
   - 동화 속에 누가 나왔었니?

- 외계인들은 무엇을 했었니?
- 팬티가 없는 외계인을 보고 어떤 생각을 했니?
- 왜 팬티를 입어야 할까?

2. **'외계인은 팬티를 좋아해' 교구들을 소개한다.**
   - 이번 시간에는 선생님이 외계인에게 팬티를 만들어서 선물해 볼 거야.
   - 여기에 어떤 것들이 있니?
   - 그래. 동화에 나온 외계인들과 우주선, 외계인들이 가져간 팬티들이 있어.

3. **여러 가지 팬티들을 살펴보고 이야기 나눈다.**
   - 여러 가지 팬티들이 있는데 어떠니?
   - 입어 보고 싶은 팬티가 있니?

4. **활동방법을 소개하고 교구를 조작해 본다.**

① 팬티의 자석단추, 벨크로(까슬이), 단추를 조작하는 방법을 하나씩 알려 준다.

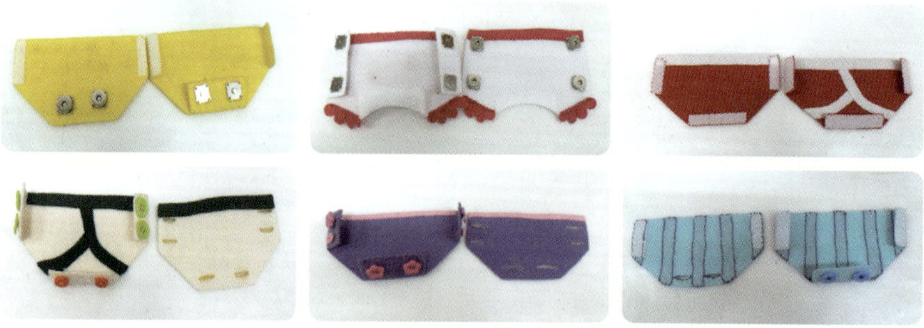

② 팬티의 짝을 따로 따로 넣은 후 팬티들의 위치를 기억한다.

③ 우주선 뚜껑 퍼즐을 맞추어 모두 닫고 순서를 정한 후 시작한다.

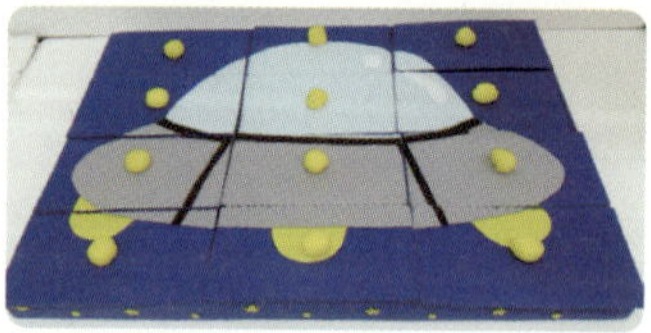

④ 뚜껑을 열어서 팬티의 짝꿍을 찾으면 팬티를 완성시킨다.
⑤ 자신의 외계인 인형에게 팬티를 입혀 준다.

5. **활동에 대한 회상과 평가를 한다.**

- 친구들 오늘 어떤 활동을 했니?
- 오늘 외계인에게 팬티를 찾아 입혀 주는 활동을 해 보았는데 어땠니?

6. **교구를 놓아둘 영역을 소개하고 계속 가지고 놀 수 있도록 안내한다.**

2. 꽃을 심어요

■ **생활주제:** 동식물과 자연

■ **활동영역:** 수 · 조작

■ **대상연령:** 만 4세

■ **참여인원:** 2명

■ **활동목표**

- 꽃이 자라는 데 필요한 것이 무엇인지 안다.
- 교구를 조작하면서 1부터 10까지 세어 본다.

■ **활동자료**

코팅된 꽃 사진 퍼즐, 융판, 꽃 화분 2개, 꽃 20개, 물뿌리개, 꽃 보관통 2개, 숫자 주사위, 보관상자

■ 제작재료 및 제작방법

1. 제작재료

1) 꽃

달걀판, 아크릴 붓, PVC 막대 20개, 아크릴 물감, 송곳, 가위, 칼, 글루건, 분무기, 머메이드지

2) 꽃 보관통

프링글스통, 접착 펠트지, 칼, 가위

3) 화분

접착 펠트지, 분유통 2개, 가위

4) 물뿌리개

큰 페트병 1개, 작은 페트병 1개, 플라스틱컵, 휴지심, 아크릴 붓, 아크릴 물감, 글루건, 칼

5) 주사위

펠트지, 우유갑(200ml), 실, 바늘, 가위

6) 보관상자

하드보드지, 머메이드지, 투명 시트지, 양면테이프, 마스킹테이프, 글루건, 칼

2. 제작방법

1) 꽃

① 달걀판의 홈 부분을 자르고 지저분한 끝부분을 둥글게 잘라 준다.

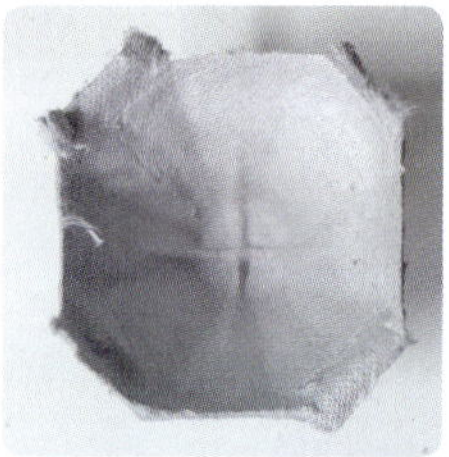

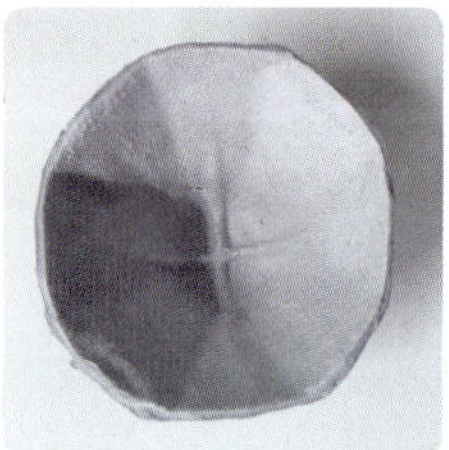

② 송곳으로 가운데를 뚫고 꽃잎의 도안을 그리고 잘라 준다.

③ 달걀판이 찢어지지 않게 분무기로 뿌려 주고 손으로 꽃 모양을 만들어 준다.

④ 아크릴 물감을 이용하여 앞뒤 모두 칠한다.

⑤ 노란색 꽃은 잎을 2개 겹쳐 붙여 준다.

⑥ PVC 막대를 꽃잎에 꽂아 글루건으로 고정시키고 PVC 막대를 알맞은 길이로 잘라 준다.

⑦ 자른 달걀판의 작은 홈을 잘라 꽃잎 가운데에 붙인다.

⑧ 머메이드지에 꽃받침대를 그리고 오린 후 송곳으로 구멍을 낸다.

⑨ 꽃 받침대를 PVC 막대에 끼워 글루건으로 붙여 꽃을 완성한다.

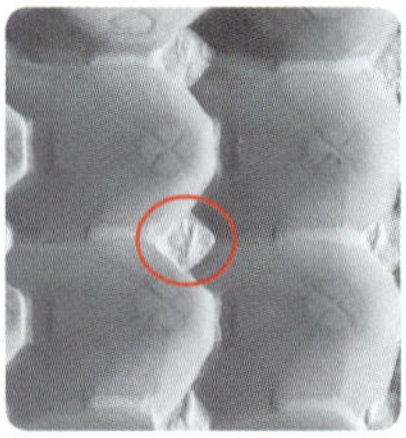

2) 꽃 보관통

① 프링글스 통을 화분과 같은 높이로 선을 그리고 자른 후 양면테이프를 붙이고 과자그림이 보이지 않게 A4용지를 붙인다.

② 접착 펠트지를 과자통의 크기만큼 자른 후 바깥쪽, 안쪽, 밑바닥에 꼼꼼히 붙여 꽃 보관통을 완성한다.

3) 화분

① 분유통 크기에 맞춰 배경사이즈를 표시하고, 하늘과 땅을 오린다.

② 나머지 도안도 그린 후 오린다.

③ 배경과 흙을 분유통에 붙이고 안쪽도 꼼꼼히 붙인다.

④ 잘라 둔 도안을 순서대로 붙인다.

⑤ 접착 펠트지를 분유통의 바닥 부분을 대고 선을 그려 오린 후 분유통 바닥에 붙인다.

⑥ 펠트지와 마분지를 분유통의 바닥 부분을 대고 선을 그려 오린 후 PVC 막대가 들어갈 수 있게 씨앗 모양으로 그린다.

⑦ 마분지와 펠트지를 그린 씨앗 모양대로 오린 후 마분지 위에 양면테이프를 붙이고 그 위에 펠트지를 붙여 준다.

⑧ 완성된 뚜껑을 글루건으로 분유통 입구에 붙여 화분을 완성한다.

4) 물뿌리개

① 작은 페트병 뚜껑 부분에 선을 긋고 자른다.

② 큰 페트병의 옆 부분을 자른 후 넓게 펴 준다.

③ 넓게 펴 준 큰 페트병에 아까 잘라 놓은 작은 페트병을 대고 그린 후 오린다.

④ 오린 동그라미에 네임펜으로 점을 그린 후 송곳으로 구멍을 뚫고 지우개로 네임펜이 그려진 부분을 지운다.

⑤ 잘라 놓은 페트병 뚜껑 아랫부분에 송곳으로 구멍을 뚫은 동그라미를 글루건으로 붙인다.

⑥ 휴지심을 페트병 입구 둘레에 맞게 자른 후 붙이고 넓게 잘라 둔 페트병을 휴지심 위에 한 번 더 감싸 붙인다.

⑦ 플라스틱 컵에 붙일 수 있게 휴지심을 비스듬히 자른다.

⑧ 만들어 놓은 물뿌리개 윗부분과 컵을 아크릴 물감으로 3번 이상 칠한다.

⑨ 아크릴이 다 마르면 2개를 글루건으로 붙이고 꽃장식을 붙여 물뿌리개를 완성한다.

5) 주사위

① 정사각형이 되도록 선을 그린 후 우유갑의 두 면을 남기고 자른 후 우유갑 안에 신문지를 넣는다.

② 우유갑을 막고 테이프로 고정시킨 후 우유갑 그림이 보이지 않게 마분지를 한 번 더 붙인다.

③ 우유갑 사이즈대로 펠트지에 도안을 그린 후 오린다.

④ 숫자를 프린트하여 흰색 펠트지 위에 스테이플러로 고정시킨 후 오린다. 숫자의 수에 맞는 물방울도 그린 후 오린다.

⑤ 오린 숫자와 물방울을 배경펠트지에 고정시킨 후 바느질한다.

⑥ 펠트지 안에 우유갑을 넣고 버튼홀 스티치로 바느질하여 주사위를 완성한다.

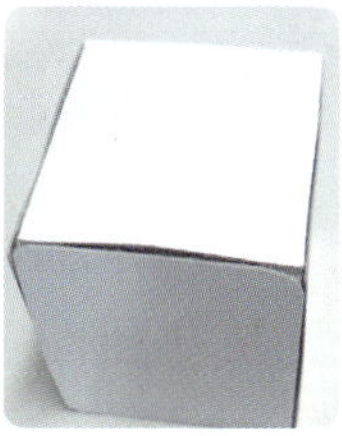
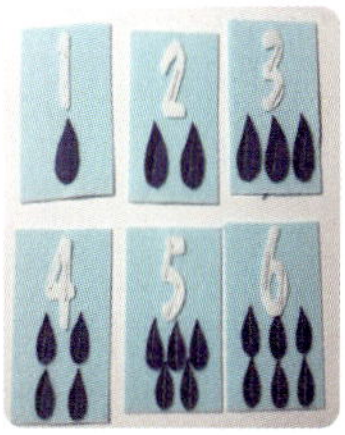

6) 보관상자

① 펠트지를 상자의 각 면의 크기에 맞게 자르고 머메이드지도 같은 크기로 자른다.

② 하드보드지의 하얀 면에 양면테이프를 붙인 후 잘라 놓은 머메이드지를 붙인다.

③ 교구명을 프린트하여 머메이드지에 붙이고 자른 후 자른 교구명을 하드보드지 위에 붙인다.

④ 투명 시트지를 각각의 완성한 하드보드지 위에 붙이고 글루건을 사용하여 상자를 완성한다. 완성된 상자는 마스킹테이프로 가장자리를 둘러 마무리한다.

■ 활동방법

1. **꽃 사진퍼즐을 이용해 '나는 무엇일까요?' 퀴즈로 관심을 유도한다.**
   - 친구들 오늘은 선생님이 오늘 할 활동에 관련된 퀴즈를 하나 가지고 왔어. 어떤 것일지 한번 생각해 보고 이야기해 보자.
   - (퍼즐을 하나씩 붙이며) 퍼즐조각을 하나 붙여 보았는데 무엇일 것 같은 지 이야기해 볼 친구가 있니?
   - 왜 그렇게 생각했니?
   - 그렇게 생각하는구나! (퍼즐을 하나씩 붙인 후 꽃에 관련된 힌트를 하나씩 주며) 그렇다면 선생님이 여기서 힌트 하나를 줄게.

> 꽃에 관련된 5가지의 힌트
> 나는 유치원 안과 밖에 있어요/나는 알록달록 다양한 색깔을 가지고 있어요/나는 땅에서 자라요/나는 잎을 가지고 있어요/나는 향기가 나요

   - (퍼즐사진을 모두 붙인 뒤) 나는 무엇일까요?

2. 꽃에 대한 경험을 이야기 나눈다.

- 그래요. 나는 꽃이에요. 친구들 꽃을 직접 보거나 심어 본 적 있니?

3. 꽃이 피는 데 필요한 것들에 대해 이야기 나눈다.

- 꽃이 자라나기 위해서는 어떠한 것들이 필요할까?

4. 각각의 교구를 소개하고 꽃의 수를 예측하고 세어 본다.

- (교구를 꺼내며) 오늘은 이 교구를 가지고 꽃을 직접 심어 보는 게임을 해 볼 거야.
- (교구 하나씩 보여 주며) 이건 무엇일까?
- 분홍색 꽃(또는 노란색 꽃)은 몇 개가 있을까?
- 같이 한번 세어 볼까?

5. 활동방법에 대해 이야기 나누고 교구를 조작해 본다.

활동방법
① 유아 2명이 꽃의 색깔을 정한다. ② 주사위를 던져 나온 숫자만큼 물뿌리개를 화분에 뿌리고 꽃을 심는다. ③ 꽃 10개를 먼저 심는 유아가 승리한다.

6. 활동을 한 후 활동에 대한 회상과 평가를 한다.

- 친구들 오늘 어떤 활동을 해 보았니?
- 오늘 꽃 심기 게임을 했는데 어땠니?

7. 교구를 놓아둘 영역을 소개하고 계속 가지고 놀 수 있도록 안내한다.

3. 동물이 좋아하는 먹이를 찾아 주세요

■ **생활주제:** 동식물과 자연

■ **활동영역:** 수 · 조작

■ **대상연령:** 만 3세

■ **참여인원:** 2명

■ **활동목표**

- 동물이 좋아하는 먹이에 대해 알아본다.
- 교구를 조작하여 수집한 먹이의 수를 세고 숫자를 붙여 본다.
- 친구와 수집한 먹이의 수량을 비교해 본다.

■ **활동자료**

돌림판, 동물통, 동물 먹이(당근 10개, 바나나 10개), 보관상자

■ **제작재료 및 제작방법**

1. **제작재료**

1) 돌림판

하드보드지(B4사이즈 3장), 펠트지(빨간색, 주황색, 노란색, 초록색, 살구색,

연한 살구색, 하늘색, 분홍색, 흰색, 갈색), 접착 펠트지(검은색, 진노란색, 분홍색, 갈색), 숫자집게, 일회용 접시, 할핀, 벨크로, 필름지, 기화성 펜, 가위, 글루건

2) 동물통

하드보드지(B4 크기 3장), 펠트지(빨간색, 주황색, 노란색, 초록색, 살구색, 연한 살구색, 하늘색, 분홍색, 흰색, 갈색), 접착 펠트지(검은색, 진노란색, 분홍색, 갈색), EVA 2개, 일회용 접시, 레이스, 방울솜, 실, 바늘, 가위, 글루건, 기화성 펜

3) 동물 먹이

펠트지(주황색, 노란색, 초록색), 방울솜, 실, 바늘, 가위, 기화성 펜

2. 제작방법

1) 돌림판

① 펠트를 색깔별로 8등분 내어 일회용 접시에 붙이고 당근 모양과 바나나 모양을 총 12개를 1~4개를 나눠서 일회용 접시에 붙인다.

② 일회용 접시 가운데에 구멍을 뚫고 할핀을 넣는다.

③ 할핀 앞부분에 만들어 둔 화살표를 붙여 주고 그 위에 가장자리를 펠트지로 감싼 필름지를 글루건을 사용해 붙인다.

④ 하드보드지를 적당한 크기로 잘라 접착 펠트지로 감싸 주고 할핀 뒷부분을 글루건을 이용해서 붙여 준다.

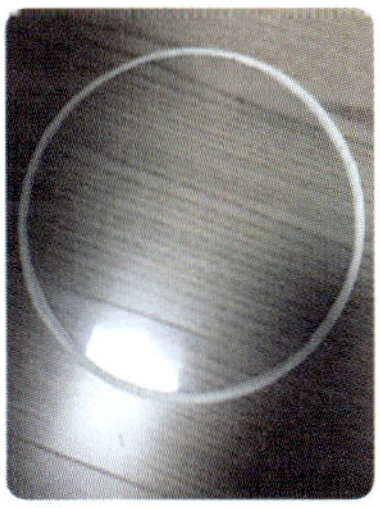

2) 동물통

① 동물통 앞부분은 하드보드지에 1회용 그릇을 대고 토끼(원숭이) 모양을 그린 후 그린 모양보다 1cm를 남겨 두고 오린다. 토끼(원숭이)의 얼굴에서 입 모양을 오려서 뚫어 준다. 오린 하드보드지와 같은 크기로 펠트지를 오린다.

② 토끼(원숭이)의 눈, 코, 볼, 귀 안쪽 부분을 홈질로 바느질한다.

③ 토끼(원숭이)를 전체적으로 바느질하기 전에 입부분은 하드보드지에 글루건으로 붙인다. 앞쪽 얼굴 부분은 하드보드지와 함께 바느질로 꿰매고 일부분을 남겨 두고 방울솜을 넣은 후 모두 바느질한다.

④ 몸통은 EVA를 적당한 크기로 자르고 그 위에 접착 펠트지를 붙인 후 아래 사진과 같이 글루건을 사용하여 하드보드지에 붙인다.

⑤ 동물통 뒷부분도 앞부분 얼굴과 같은 크기로 펠트지와 하드보드지를 자른 후 펠트지를 하드보드지 사이에 두고 버튼홀 스티치를 이용해서 꿰맨다.

⑥ 토끼(원숭이)의 얼굴과 뒷부분을 글루건을 사용하여 몸통에 붙인다. 토끼통의 앞부분에는 초록색 펠트지를 붙이고 토끼(원숭이)통 뒷부분에는 접착 펠트지를 사용하여 귀와 숫자카드를 붙이는 곳을 잘라 붙인다. 글루건을 붙인 흔적이 있던 곳에 레이스를 붙여서 가려 준다.

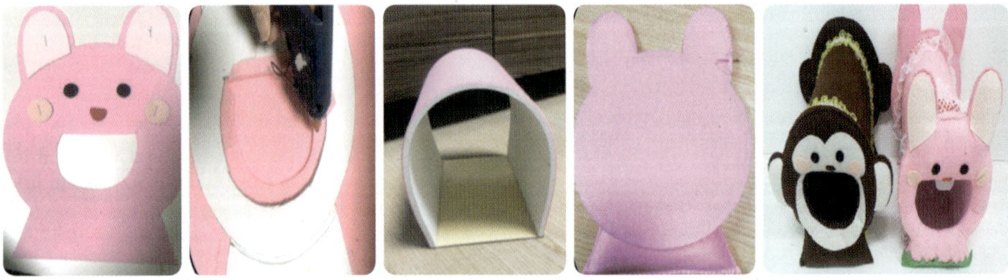

3) 동물 먹이

① 당근(바나나) 모양을 프린트하여 펠트지에 대고 기화성 펜을 이용해서 그린 후 당근(바나나) 1개당 2장씩 오린다.

② 당근의 줄무늬는 칼집을 내서 당근 모양으로 자른 펠트 위에 칼집을 낸 부분을 따라서 그린다.

③ 기화성 펜으로 그려 준 부분을 백 스티치 기법을 이용해서 선을 굵게 만든다.

④ 당근(바나나) 모양의 펠트지를 버튼홀 스티치를 사용해서 일부분을 꿰매고 방울솜을 넣고 모두 꿰맨다. 당근의 잎부분도 함께 꿰맨다.

■ 활동방법

1. **유아들이 좋아하는 음식에 대해 이야기 나눈다.**
   - 친구들 오늘 아침에 무엇을 먹고 왔니?
   - 친구들이 좋아하는 음식에는 무엇이 있니?

2. **동물들이 좋아하는 먹이에 대해 이야기 나눈다.**
   - 동물들은 어떤 먹이를 좋아하는지 알고 있는 친구 있니?

3. **여러 가지 동물들이 좋아하는 먹이에 대해 알아본다.**
   - (동물사진을 보여 주며) 어떤 동물들이 있니?
   - (먹이사진을 보여 주며) 여기 사진에 있는 먹이들을 어떤 동물들이 좋아하는지 짝지어 볼까?

4. **교구를 소개한다.**
   - 오늘은 원숭이와 토끼가 좋아하는 먹이를 찾고 몇 개를 찾았는지 세어 보는 게임을 할 거야. 어떤 것들이 있나 볼까?

5. **활동방법에 대해 이야기 나누고 교구를 조작해 본다.**

활동방법
① 2명이 서로 토끼와 원숭이를 각각 고른다.
② 돌림판을 돌려서 나온 개수 만큼 자신이 고른 동물의 먹이를 넣어 준다.
③ 토끼를 골랐지만 돌림판에서 원숭이의 먹이가 나왔다면 상대방에게 돌림판을 넘겨 준다.
④ 한 사람당 총 3번 돌림판을 돌리면 모은 먹이를 동물통의 입에서 꺼내어 동물통 뒤에 먹이를 붙이고 숫자카드를 사용해서 누가 더 많이 모았는지 비교해 본다.

6. **활동을 한 후 활동에 대한 회상과 평가를 한다.**

- 친구들 오늘 어떤 활동을 해 보았니?
- 오늘 '동물이 좋아하는 먹이를 찾아 주세요' 게임을 했는데 어땠니?

7. **교구를 놓아둘 영역을 소개하고 계속 가지고 놀 수 있도록 안내한다.**

4. 무와 당근을 뽑아요

■ 생활주제: 동식물과 자연

■ 활동영역: 수·조작

■ 대상연령: 만 4세

■ 참여인원: 2명

■ 활동목표

- 지난 시간에 들은 커다란 순무 동화내용을 회상하고 느낌에 대해 이야기 나눈다.
- 무와 당근을 뽑고 수를 세어 본다.

■ 활동자료

『커다란 순무』(글 알릭세이 톨스토이·그림 헬린 옥슨버리) 동화책, 무와 당근 모형, 텃밭상자, 무와 당근 보관상자

■ 제작재료 및 제작방법

1. 제작재료

1) 무와 당근 모형

펠트지(흰색, 초록색, 주황색, 연두색), 방울솜, 실(흰색, 초록색, 주황색, 연두색), 바늘, 가위

2) 텃밭상자

하드보드지, 접착 펠트지(갈색), 펠트지(갈색, 초록색, 흰색, 살구색, 파란색, 노란색, 연두색, 빨간색, 주황색, 하늘색, 검은색), 실(갈색, 초록색, 흰색, 살구색, 파란색, 노란색, 연두색, 빨간색, 주황색, 하늘색, 검은색), 바늘, 자, 칼, 가위, 방울솜, 천(갈색)

3) 무·당근 보관상자

하드보드지, 접착 펠트지(주황색, 연두색), 펠트지(주황색, 연두색, 초록색, 흰색), 가위, 바늘, 실(주황색, 갈색, 초록색, 흰색)

4) 주사위

주사위용 스펀지, 펠트지(빨간색, 주황색, 분홍색, 하늘색, 연두색, 보라색, 흰색), 가위, 실(흰색, 회색), 바늘

2. 제작방법

1) 무와 당근

① 무와 당근 도안을 펠트지에 대고 그린 후 자른다.

② 자른 도안을 두겹 겹쳐 바느질하면서 방울솜을 넣고 꿰매어 무와 당근을 완성한다. 바느질한다.

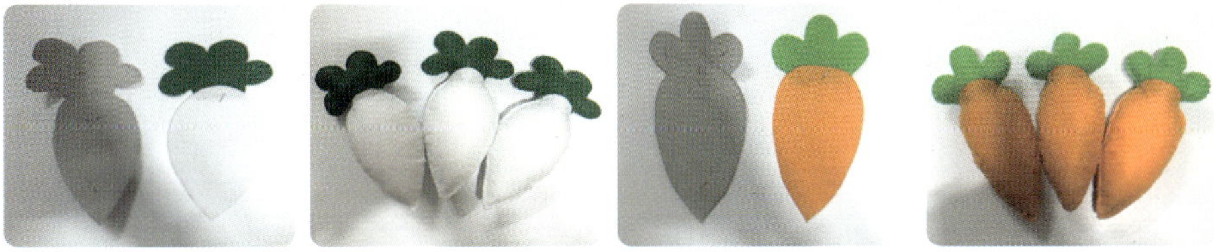

2) 텃밭상자

① 하드보드지에 상자 도안을 그린 후 자른다. 상자 모양으로 접은 뒤 글루건을 사용해서 붙이고 접착 펠트지를 붙여 텃밭상자를 만든다.

② 텃밭의 크기를 정한 뒤 텃밭의 윗면이 될 펠트지에 동그라미를 그리고 오린다. 텃밭의 앞·뒤면과 밑면을 그리고 오린 후 텃밭의 윗면과 밑면을 연결하여 꿰맨다.

③ 텃밭 윗면의 동그라미에 천의 크기를 맞춘 후 오려 텃밭 윗면 동그라미와 함께 꿰맨다.

④ 텃밭의 한쪽 옆면을 꿰매고 다른 쪽 옆면에 방울솜을 넣은 후 꿰매어 텃밭을 완성한다.

⑤ 글루건을 사용하여 만들어 놓은 텃밭상자에 텃밭을 붙인다.

⑥ 텃밭상자 주변을 꾸밀 등장인물 도안을 그리고 오린 후 글루건을 사용하여 상자 앞면에 붙여 텃밭상자를 완성한다.

3) 무·당근 보관상자

① 하드보드지에 상자와 상자 뚜껑 도안을 그리고 오린 후 상자와 상자 뚜껑 모양으로 접은 뒤 글루건을 사용해 붙인 뒤 접착 펠트지를 붙인다.

② 접착 펠트지에 무와 당근을 그려 오린 후 뚜껑에 붙여 상자를 완성한다.

4) 주사위

① 숫자 도안을 그려 오린 후 펠트지 위에 바느질로 꿰매고 스펀지에 펠트지를 대고 꿰매어 주사위를 완성한다.

■ 활동방법

1. **지난 시간에 읽은『커다란 순무』동화책에 대해 회상하고 느낌을 이야기 나눈다.**

- 지난 시간에 커다란 순무 동화를 들어 보았는데 누가 나왔었니? 어떤 일이 있었니?
- 동화책을 읽고 나서 어떤 생각이 들었니?

2. **교구를 소개한다.**

- 오늘은 '커다란 순무' 동화에서처럼 무도 뽑고 당근도 뽑아보는 게임을 할 거야. 어떤 것들이 있나 볼까?

> 활동방법
> ① 무와 당근 팀을 정한다.
> ② 무와 당근 텃밭상자와 각각 무와 당근을 꽂아 놓는다.
> ③ 주사위를 던져 나온 수 만큼 무와 당근을 뽑아 보관상자에 넣는다.
> ④ 무와 당근을 먼저 모두 뽑은 팀이 이긴다.
> ⑤ 뽑힌 무와 당근의 수를 세어 본다.

3. **활동방법에 대해 이야기 나누고 교구를 조작해 본다.**

4. **활동을 한 후 활동에 대한 회상과 평가를 한다.**
   - 친구들 오늘 어떤 활동을 해 보았니?
   - 오늘 '무와 당근을 뽑아요' 게임을 해 보았는데 어땠니?

5. **교구를 놓아둘 영역을 소개하고 계속 가지고 놀 수 있도록 안내한다.**

5. 도형물고기를 잡아요

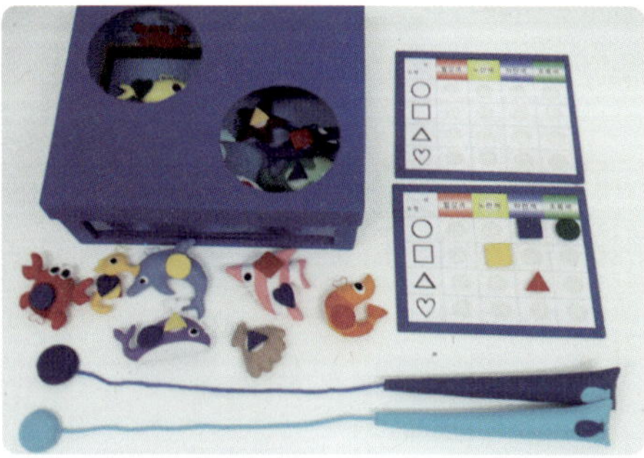

■ **생활주제:** 동식물과 자연

■ **활동영역:** 수 · 조작

■ **대상연령:** 만 5세

■ **참여인원:** 2명

■ **활동목표**

- 여러 가지 도형의 색깔과 모양을 변별한다.
- 낚시교구를 사용하여 여러 가지 도형을 정해진 기준에 따라 분류해 본다.
- 바다에 사는 다양한 동물에 대해 알아본다.

■ **활동자료**

다양한 바다생물자료, 낚싯대, 다양한 바다생물, 낚시상자, 도형 분류판, 바다생물을 넣을 양동이

■ **제작재료 및 제작방법**

1. 제작재료

1) 다양한 바다생물과 낚싯대

펠트지(다양한 색), 물고기와 낚싯대 도안, 방울솜, 가위, 스테이플러, 실과 바

늘, 뼈다귀 모양 클립, 원형 벨크로(까슬이), 가위, 끈, 도넛 자석

2) 낚시상자

접착 펠트지(파란색, 하늘색), 접착·비접착 펠트지(다양한 색), 상자, 하드보드지, 양면테이프, 글루건, 가위, 칼, 자, 매직, 원형 틀, 아크릴판(파란색)

3) 도형과 도형 분류판

도형과 도형 판의 도안, 펠트지(4가지 색), 벨크로(까슬이), 로얄보드지, 자, 칼, 시트지, 테이프(파란색), 색지(하늘색)

4) 양동이

원형 상자 2개, 은색 공예용 철사, 알루미늄 테이프, 펠트지(빨간색)

2. 제작방법

1) 다양한 바다생물과 낚싯대

① 다양한 바다생물과 낚싯대 도안에 맞게 펠트지를 자른다.

② 다양한 바다생물의 눈과 무늬를 바느질한다.

③ 다양한 바다생물에 도형이 붙을 수 있도록 원형 벨크로(까슬이)를 꿰맨다.

④ 다양한 바다생물을 바느질하면서 솜과 클립을 넣어 완성한다.

⑤ 낚싯대 펠트를 바느질하며 솜을 넣고 끝부분에 끈을 연결한다.

⑥ 낚싯대 끝에 자석을 붙이고 펠트지로 감싼다.

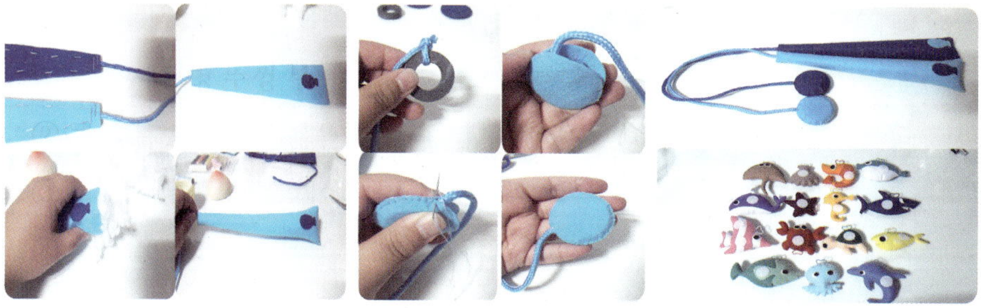

2) 낚시상자

① 상자 뚜껑 위에 원형으로 2개의 구멍을 뚫는다.

② 뚜껑을 파란색, 하늘색 펠트지로 감싼다.

③ 상자 앞면에 액자식으로 구멍을 뚫고, 펠트지로 감싼다.

④ 상자 속을 바다처럼 꾸민다.

3) 도형과 도형 분류판

① 도형 도안에 맞게 펠트지를 오린다.

② 2개를 겹쳐 바느질하고 벨크로(까슬이)를 붙인다.

③ 도형 분류판을 로얄보드지에 붙여 자르고 뒤에 색지를 붙인다.

④ 도형 분류판을 시트지로 감싸고 테두리에 색 테이프로 붙이고 벨크로(까슬이)를 붙인다.

4) 양동이

① 테이프를 이용해 상자 겉과 안 전체를 감싼다.

② 철사를 감아 손잡이를 만들고 빨간 펠트지로 손잡이 부분을 표현한다.

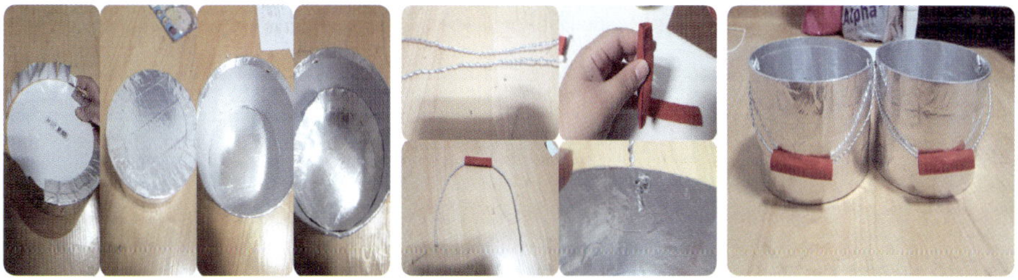

■ 활동방법

1. **바다에 놀러 간 경험에 대해 이야기 나눈다.**
   - 친구들 바다에 놀러간 적이 있니?
   - 바다에서 무엇을 했니?

2. 여러 가지 바다생물에 대해 이야기 나눈다.

- 바다나 수족관에서 본 물고기에는 무엇이 있니?
- (다양한 바다생물자료를 보여 주며) 여기 있는 물고기들 중에 친구들이 아는 물고기가 있니?
- 어떤 물고기들이 있는지 선생님과 살펴보도록 하자.

3. 교구를 소개한다.

- 오늘은 바닷속에 있는 여러 가지 물고기들을 낚시로 잡아 보는 게임을 할 거야. 어떤 것들이 있나 볼까?

4. 활동방법에 대해 이야기 나누고 교구를 조작해 본다.

> 활동방법
> ① 낚시상자에 다양한 바다생물을 넣고 뚜껑을 닫는다.
> ② 뚜껑 안 구멍에 낚싯대를 넣고 물고기를 잡는다.
> ③ 잡은 물고기들에 붙어 있는 도형들을 색깔과 모양에 따라 분류하여 도형 분류판 위에 놓는다.
> ④ 잡은 물고기들은 양동이에 넣어 놓는다.
> ⑤ 도형 분류판을 다 채우는 친구가 이긴다.

5. 활동을 한 후 활동에 대한 회상과 평가를 한다.

- 친구들 오늘 어떤 활동을 해 보았니?
- 오늘 도형물고기 낚시게임을 했는데 어땠니?

6. 교구를 놓아둘 영역을 소개하고 계속 가지고 놀 수 있도록 안내한다.

6. 숲속에서 당근을 찾아요

■ **생활주제:** 동식물과 자연

■ **활동영역:** 수·조작

■ **대상연령:** 만 3~4세

■ **참여인원:** 2명

■ **활동목표**

- 동물이 좋아하는 먹이를 안다.
- 획득한 당근의 개수를 세어 본다.

■ 활동자료

동물들과 동물들이 좋아하는 먹이 사진(토끼, 고양이, 원숭이), 보드판, 당근 10개, 주사위

■ 제작재료 및 제작방법

1. 제작재료

1) 토끼말

펠트지(분홍색, 진분홍색), 방울솜, 실, 바늘, 가위

2) 당근과 물고기

펠트지(주황색, 초록색, 흰색), 방울솜, 실, 바늘, 가위

3) 보드판

펠트지(노란색, 진노란색, 주황색, 초록색, 분홍색, 진분홍색, 하늘색, 연두색, 흰색, 검은색, 빨간색, 갈색, 베이지색, 회색, 파란색, 남보라색), 고리링, 하드보드지, 실, 바늘, 꽃단추, 똑딱이, 벨크로, 실, 바늘, 가위, 펀치, 글루건

4) 주사위

펠트지(하늘색, 진노란색, 연두색, 분홍색, 주황색, 노란색, 검은색), 솜, 실, 바늘, 가위

2. 제작방법

1) 토끼말, 당근, 물고기

① 토끼 도안을 뽑아 펠트지에 대고 자른다.

② 버튼홀 스티치 기법으로 토끼를 꿰맨다.

③ 솜을 넣고 마무리한다.

④ 당근과 물고기 도안을 뽑아 펠트지에 대고 자른다.

⑤ 버튼홀 스티치 기법으로 당근과 물고기를 꿰맨다.

⑥ 솜을 넣고 마무리한다.

2) 보드판

① 글자 및 표지에 필요한 도안을 출력하여 자르고 오린다.

② 표지가 될 진노란색 펠트지를 하드보드지 반 장 크기보다 3mm 정도 조금 크게 2장 자른다.

③ 만들어 놓은 당근에 검은색 실로 주름을 만들어 준 뒤 잘라 놓은 진노란색 펠트지에 홈질로 바느질한다. 글자도 홈질로 바느질하여 표지 앞장을 완성한다.

④ 잘라 놓은 진노란색 펠트지에 구름, 꽃, 나비를 홈질로 꿰맨다. 연두색 펠트지를 잘라 지갑 모양으로 접은 후 당근들을 보관할 부분을 버튼홀 스티치로 바느질하고 꽃단추를 단다. 지갑 윗부분은 단추를 잠글 수 있게 칼로 홈을 낸다.

⑤ 지갑을 진노란색 펠트지 위에 글루건으로 붙인다.

⑥ 보드판이 될 하늘색 펠트지를 하드보드지 반 장 크기보다 3mm 정도 조금 크게 2장 자른다.

⑦ 자른 하늘색 펠트지에 기화성 펜으로 길이 될 부분을 표시하고, 하늘색 펠트지에 표시된 길과 같은 모양과 크기로 초록색 융을 자르고 하늘색 융의 표시된 부분에 맞게 홈질로 꿰매어 길을 완성한다.

⑧ 칸마다 놓아둘 나무, 풀, 연못, 연못에 놓을 돌과 물, 꽃, 사다리 등을 펠트지에 그리고 오린다.

⑨ 보드판에 들어갈 나무, 풀, 연못, 연못에 놓을 돌과 물, 꽃, 사다리 등을 고려하여 길에 기화성 펜으로 칸을 나누고 가로는 5mm, 세로는 길에 들어갈 칸에 맞게 연두색 펠트지를 자르고 홈질로 바느질하여 보드판의 칸을 완성한다.

⑩ 잘라 놓은 풀은 들어갈 칸에 맞춘 후 연두색 실을 사용하여 홈질로 꿰맨다.

⑪ 꽃은 똑같은 모양으로 2장씩 모두 6장을 자른다.

⑫ 각 꽃들은 1장은 보드판에 대고 꿰매고 똑딱이를 달고 다른 1장도 연결한

후 똑딱이를 달아 열고 닫을 수 있게 한다.

⑬ 잘라 놓은 돌과 물을 보드판의 알맞은 자리에 놓고 홈질로 바느질한다. 물은 반반씩 잘라 당근이나 물고기를 숨길 수 있도록 바느질한다.

⑭ 잘라 놓은 꽃을 보드판의 알맞은 자리에 놓고 당근을 숨길 수 있는 부분을 남겨 놓고 홈질로 바느질한다.

⑮ 잘라 놓은 나무는 솜을 넣고 홈질로 바느질한다.

⑯ 큰 나이테는 당근을 숨길 수 있게 나무 옆에 바느질하고 벨크로를 붙여 열고 닫을 수 있게 한다.

⑰ 잘라 놓은 사다리는 홈질로 바느질한다.

⑱ 하드보드지에 표지 앞부분과 보드판 왼쪽 부분을 글루건으로 고정한 후 가장자리를 버튼홀 스티치로 바느질한다.

⑲ 하드보드지에 표지 뒷부분과 보드판 오른쪽 부분을 글루건으로 고정한 후 가장자리를 버튼홀 스티치로 바느질한다.

⑳ 보드판 양쪽을 펀치로 구멍을 뚫어 연결해 준다.

3) 주사위

① 6면을 5cm 정사각형으로 자른다.

② 작고 동그란 원들을 1개를 각각 정사각형 2장, 2개를 각각 정사각형 2장, 3개를 각각 정사각형 2장에 글루건으로 붙인다.

③ 각 정사각형의 가장자리를 버튼홀 스티치로 바느질하면서 연결해 주고 솜을 넣어 마무리한다.

▪활동방법

1. **동물들이 좋아하는 먹이에 대해 이야기 나눈다.**
   - 오늘 무엇을 먹고 유치원에 왔니?
   - 친구들이 먹는 음식 중 좋아하는 것에는 무엇이 있니?
   - 친구들이 아는 동물들은 어떤 음식을 좋아할까?
   - (동물들과 동물들이 좋아하는 먹이 사진자료를 보여 주며)
   - 여기에 어떤 동물들이 있니?
   - 여기에 있는 동물들은 어떤 먹이를 좋아할까?

- 여기에 있는 동물들이 좋아하는 먹이를 찾아 짝지어 보도록 하자.

2. 교구를 소개한다.

- 오늘은 여기 있는 교구를 가지고 토끼가 좋아하는 먹이인 당근을 숲속에 숨겨놓고 찾아보는 게임을 할 거야. 어떤 것들이 있나 볼까?

3. 활동방법에 대해 이야기 나누고 교구를 조작해 본다.

활동방법

① 유아 2명이 토끼말을 하나씩 정하여 갖는다.

② 보드판에 풀, 꽃, 나무의 나이테, 연못 등에 당근 10개를 나누어 임의대로 숨겨 놓는다.

③ 주사위를 던져 나온 수 만큼 토끼말을 이동한 뒤 풀, 꽃, 나무의 나이테, 연못 등에 숨겨 놓은 당근을 찾아 가진다.

③ 한 유아가 보드판 끝에 도착하면 획득한 당근의 수를 세어 많이 획득한 유아가 이긴다.

4. 활동을 한 후 활동에 대한 회상과 평가를 한다.

- 친구들 오늘 어떤 활동을 해 보았니?
- 오늘 '숲속에서 당근을 찾아요' 게임을 했는데 어땠니?

5. 교구를 놓아둘 영역을 소개하고 계속 가지고 놀 수 있도록 안내한다.

7. 에드몽과 크리스마스

- **생활주제:** 세계 여러 나라/겨울
- **활동영역:** 수 · 조작
- **대상연령:** 만 3세
- **참여인원:** 1~2명
- **활동목표**
  - 동화를 듣고 동화내용을 회상하고 느낌에 대해 이야기 나눈다.
  - 크리스마스 하면 생각나는 것에 대해 이야기 나눈다.
  - 동화에 나온 캐릭터와 사물들을 입체퍼즐로 맞추어 본다.
- **활동자료**

『메롱 크리스마스!』(글 · 그림 스테파니 블레이크) 동화책, 에드몽과 크리스마스 퍼즐

- **제작재료 및 제작방법**

1. 제작재료

1) 상자

상자, 롤심, 접착 펠트지, 투명테이프, 자, 가위

2) 산타

접착 펠트지(빨간색, 흰색), 펠트지(흰색, 분홍색, 검은색), 바늘, 실, 솜, EVA(노란색), 글루건

3) 에드몽

접착 펠트지(아이보리색), 펠트지(검은색, 하늘색, 흰색, 분홍색, 노란색), 레이스, 글루건, 실, 바늘, 솜

4) 눈사람

접착 펠트지(흰색, 빨간색), 펠트지(분홍색, 회색, 검은색, 보라색, 노란색), EVA(주황색), 솜, 가위, 실, 바늘, 글루건

5) 크리스마스트리

(1) 크리스마스트리 장식

펠트지(보라색, 빨간색, 흰색, 노란색, 핑크색, 회색, 검은색, 초록색), 접착 펠트지(아이보리색), 실, 바늘, 가위, 솜

(2) 크리스마스트리

펠트지(연두색, 초록색, 파란색, 하늘색, 베이지색), 접착 펠트지(아이보리색), EVA(주황색), 뽕뽕이(흰색)

2. 제작방법

1) 상자

① 상자를 튼튼하게 하기 위해 안쪽과 바깥쪽에 테이프를 붙이고 가운데에 구멍을 뚫어서 사전 작업을 한다.

② 상자에 접착 펠트지를 꼼꼼히 붙인 후 롤심 안에 상자를 끼운다.

2) 산타

① 산타 모자와 눈, 수염, 얼굴, 산타복, 신발을 접착 펠트지에 도안을 그려 오려서 붙인다.

② 실, 바늘, 솜을 사용해 모자, 방울, 인형을 만들고 벙어리 장갑 인형을 만든 후 글루건으로 붙인다.

③ 같은 방법으로 에드몽, 눈사람, 크리스마스트리를 제작한다.

3) 에드몽

① 아이보리색 접착 펠트지로 주인공 얼굴인 토끼 얼굴을 오려 붙인 후 눈과 입을 붙이고 드레스에 레이스를 붙인다.

② 노란색 펠트지로 동화책 핵심요인인 '전구' 인형을 솜을 넣고 바느질하여 완성한 후 글루건을 사용하여 에드몽 손에 붙인다.

4) 눈사람

① 분홍색과 회색 펠트지를 오려 털모자와 목도리를 만들고 솜을 넣고 바느질하여 완성한 뒤 글루건으로 눈사람에 붙인다.

② 검은색, 흰색, 빨간색 펠트지를 사용하여 눈, 입, 볼을 오려 눈사람 얼굴에 붙인다.

③ 코는 주황색 EVA를 오려 글루건으로 눈사람 얼굴에 붙인다.

④ 보라색 펠트지, 흰색 펠트지를 오려 보라색 꽃 모양을 2장씩 만들고 솜을 조금 넣어 바느질하고 보라색 꽃을 완성한다.

⑤ 노란색 펠트지, 흰색 펠트지를 오려 노란색 꽃 모양을 2장씩 만들고 솜을 조금 넣어 바느질하고 노란색 꽃을 완성한다.

⑥ 완성한 보라색과 노란색 꽃을 글루건을 사용하여 눈사람 몸을 장식한다.

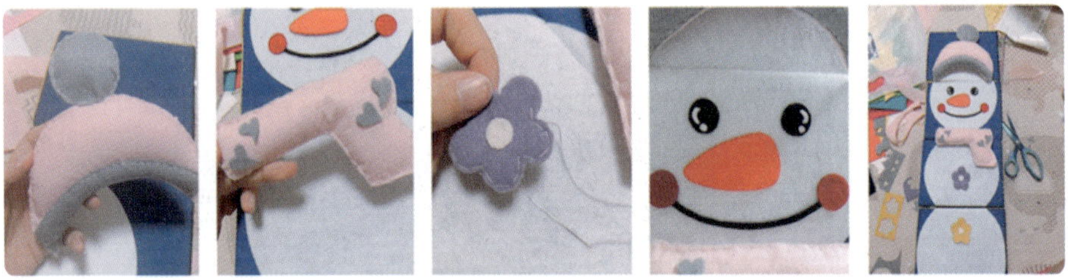

3. 크리스마스트리

1) 크리스마스트리장식

① 트리를 꾸며 줄 별, 사탕, 지팡이, 쿠키인형, 양말을 펠트지에 그려 오린 다음 솜을 넣어 바느질하여 완성한다.

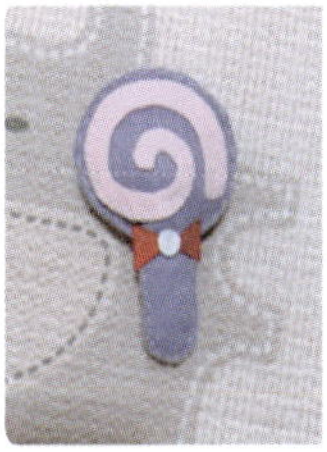

2) 크리스마스트리

① 연두색과 초록색 펠트지에 트리를 그리고 오려 붙인 뒤 베이지색 펠트지에 트리 기둥을 그리고 오려 붙여 트리를 완성한다.

② 주황색 EVA와 파란색, 하늘색, 아이보리색 펠트지를 사용하여 선물 상자를 그리고 오려 트리에 붙인다.

③ 만들어 놓은 장식들을 트리에 위치를 정하여 글루건으로 붙이고 배경에 흰색 뽕뽕이를 붙여서 눈을 표현한다.

■ 활동방법

1. **지난 시간에 읽었던 『메롱 크리스마스!』의 동화내용을 회상하고 동화를 읽고 난 느낌에 대해 이야기 나눈다.**
   - 친구들 지난 시간에 선생님이 어떤 동화를 읽어 주었니?
   - 동화 속에 누가 나왔니?
   - 루돌프와 산타할아버지가 집을 잘 찾아오도록 하기 위해 에드몽과 시몽은 무슨 일을 했니?

2. 크리스마스 하면 무엇이 떠오르는지 이야기 나눈다.

- 크리스마스 하면 무엇이 생각나니?

3. 크리스마스에는 무엇을 하고 싶은지 이야기 나눈다.

- 크리스마스에는 무엇을 하고 싶니?

4. '에드몽과 크리스마스' 교구를 소개한다.

- 이번 시간에는 동화에 나왔던 에드몽과 산타할아버지, 크리스마스트리와 눈사람 퍼즐을 맞춰 보도록 할 거야.

5. 활동방법을 소개하고 퍼즐을 조작해 본다.

> 활동방법
> ① 퍼즐을 맞지 않게 돌려놓는다.
> ② 퍼즐을 돌려 동화에 나온 에드몽, 산타할아버지, 눈사람, 크리스마스트리를 맞추어 본다.

6. 퍼즐을 맞춘 후 에드몽, 산타할아버지, 눈사람, 크리스마스트리에 있는 것들을 살펴보고 동화내용과 연관지어 이야기 나눈다.

- 에드몽/산타할아버지/눈사람/크리스마스트리에 무엇이 있니?
- 에드몽 손에 전구가 있는데 왜 에드몽은 손에 전구를 들고 있을까?

7. 활동을 한 후 활동에 대한 회상과 평가를 한다.

- 친구들 오늘 어떤 활동을 해 보았니?
- 오늘 '에드몽과 크리스마스' 퍼즐을 맞춰 보았는데 어땠니?

8. 교구를 놓아둘 영역을 소개하고 계속 가지고 놀 수 있도록 안내한다.

8. 고구마 연료 퍼즐

■ **생활주제:** 동식물과 자연

■ **활동영역:** 수·조작

■ **대상연령:** 만 4세

■ **참여인원:** 1~2명

■ **활동목표**

- 동화를 듣고 동화내용을 회상하고 느낌에 대해 이야기 나눈다.
- 여러 가지 상황에 따른 표정을 지어 보고 알맞은 표정그림을 찾아본다.
- 보드게임을 하면서 획득한 눈썹 모양, 눈 모양, 입 모양으로 얼굴표정을 만들어 본다.

■ 활동자료

『방귀 버스 뽕구』(글·그림 사사키미오) 동화책, 고구마 연료 퍼즐

■ 제작재료 및 제작방법

1. 제작재료

하드보드지, 펠트지(여러 가지 색), 글리터 펠트지, 솜, 벨크로, 가위, 실, 바늘

2. 제작방법

1) 버스판

① 버스 모양 도안에 맞춰 자른 하드보드지를 노란 펠트지에 대고 그린 후 2장을 오린다.

② 여러 가지 동물캐릭터 도안을 그린다.

③ 펠트지에 여러 가지 동물캐릭터 도안을 대고 그리고 오린 후 오려둔 창문 펠트지와 함께 솜을 넣고 바느질한다.

④ 완성된 동물캐릭터가 바느질된 창문 펠트지를 버스판에 바느질할 때 한번 더 솜을 넣고 바느질하여 버스창문 동물캐릭터를 완성한다.

⑤ 그 밖에 펠트지에 버스 문, 버스 바퀴 등을 그려 오린 후 꽃장식과 함께 버스판에 바느질하여 버스판의 겉면을 완성한다.

⑥ 고구마밭 배경, 고구마 글자, 포메라니안 강아지농부를 펠트지에 그리고 오린 후 고구마밭 배경과 고구마 글자, 포메라니안 강아지농부를 버스판에 대고 바느질한다.

⑦ 고구마 수레를 펠트지에 그리고 오린 후 가장자리를 바느질하고 버스판에 한쪽을 대고 바느질한다.

⑧ 고구마 수레를 떼었다 붙였다 할 수 있도록 고구마 수레와 버스판에 벨크로를 붙여 버스판의 안쪽을 완성한다.

⑨ 버스판의 겉과 안쪽에 하드보드지를 넣고 솜을 넣어 버튼홀 스티치로 바느질하여 버스판을 완성한다.

2) 테트리스 퍼즐판

① 버스 모양 도안에 맞춰 자른 하드보드지를 노란색 펠트지에 대고 그린 후 2장을 오린다.

② 힌트판 조각들을 펠트지에 오린 후 오려 둔 노란색 펠트지에 붙인다.

③ 하늘색 펠트지로 힌트판 가리개를 그린 후 오리고 분홍색 펠트지로 물음표를 오려 힌트판 가리개에 붙인다.

④ 힌트판 가리개의 한쪽 면을 힌트판 조각들이 붙여진 쪽의 노란색 펠트지에 붙인다.

⑤ 갈색 펠트지에 고구마를 그리고 2장 오린 후 솜을 넣고 바느질하고 노란색 펠트지에 실을 달아 바느질한다. 고구마가 잘 붙을 수 있게 노란색 펠트지에 벨크로를 붙인다.

⑥ 테트리스 퍼즐조각을 붙일 수 있도록 글리터 펠트지를 잘라 노란색 펠트지 오른쪽에 붙인다.

⑦ 힌트판과 글리터 펠트지가 붙어 있는 노란색 펠트지와 나머지 노란색 펠트지 사이에 하드보드지와 솜을 넣고 버튼홀 스티치로 바느질하여 테트리스 퍼즐판을 완성한다.

⑧ 버스판과 테트리스 퍼즐판의 한쪽 면을 버튼홀 스티치로 바느질하여 연결한다.

3) 고구마테트리스 퍼즐조각

① 테트리스 퍼즐조각을 도안하여 펠트지 위에 그리고 2장씩 오린다.

② 테트리스 퍼즐조각에 들어갈 고구마 모양을 펠트지 위에 그리고 오린 후 테트리스 퍼즐조각 위에 바느질한다.

③ 테트리스 퍼즐조각들에 솜을 넣고 버튼홀 스티치로 바느질하고 조각의 부분들을 홈질로 바느질하여 테트리스 퍼즐조각을 완성한다.

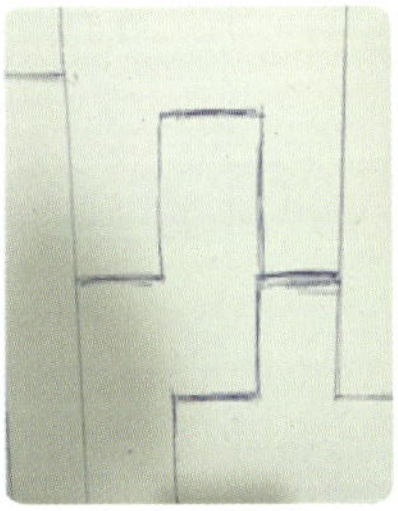

■ **활동방법**

1. **지난 시간에 읽었던 『방귀 버스 뿡구』 동화책의 동화내용을 회상하고 동화를 읽고 난 느낌에 대해 이야기 나눈다.**
   - 친구들 지난 시간에 선생님이 어떤 동화를 읽어 주었지?
   - 동화 속에 누가 나왔었니?
   - 뿡구버스는 어떻게 비탈길을 다시 올라갈 수 있었니?

2. **고구마를 먹거나 캐 본 경험에 대해 이야기 나눈다.**
   - 고구마를 먹어 본 적이 있니?
   - 고구마를 캐러 간 적이 있니?

3. **'고구마 연료 퍼즐' 교구를 소개한다.**
   - 이번 시간에는 동화에 나왔던 뿡구버스의 고구마 연료 퍼즐을 맞춰 볼 거야.
   - 버스에 누가 타고 있나 보자.
   - 여기는 무엇이 있나 보자.
   - 여기 있는 물음표는 무엇일까?

4. **활동방법을 소개하고 퍼즐을 조작해 본다.**

> 활동방법
> ① 고구마 연료 퍼즐조각을 퍼즐조각판에 맞춰 본다.
> ② 퍼즐조각 맞추기가 어려우면 힌트판을 열고 맞춰 보도록 한다.

5. **활동을 한 후 활동에 대한 회상과 평가를 한다.**
   - 친구들 오늘 어떤 활동을 해 보았니?
   - 오늘 '고구마 연료 퍼즐'을 맞춰 보았는데 어땠니?

6. **교구를 놓아둘 영역을 소개하고 계속 가지고 놀 수 있도록 안내한다.**

9. 세계여행을 떠나 보아요

- **생활주제:** 세계 여러 나라
- **활동영역:** 수·조작
- **대상연령:** 만 4세
- **참여인원:** 1~2명
- **활동목표**
  - 세계 여러 나라마다 나라를 상징하는 건축물에 대해 알아본다.
  - 세계 여러 나라의 건축물과 건축물 그림자를 짝지어 본다.

- **활동자료**

우리나라와 세계 여러 나라 국기 사진(프랑스, 네덜란드, 한국, 호주, 이집트), 세계 여러 나라 건축물 사진(에펠탑, 풍차, 경복궁, 오페라하우스, 피라미드), 보드게임판, 비행기말 2개, 세계 여러 나라 건축물 그림자판 2개, 세계 건축물 카드, 주사위

■ 제작재료 및 제작방법

1. 제작재료

1) 보드게임판

하드보드지(분홍색), 펠트지(진하늘색, 연하늘색, 진노란색, 검은색, 흰색, 갈색), 투명 시트지, 실, 바늘, 가위, 양면테이프, 풀, 프린트물

2) 그림자판

하드보드지(진하늘색), 자, 칼, 그림자 프린트, 가위, 풀

3) 세계건축물카드

폼보드, 하드보드지, 시트지, 가위, 칼, 자, 세계건축물사진

4) 주사위

펠트지(노란색, 검은색), 하드보드지, 글루건, 실과 바늘, 가위

5) 게임말

펠트지(연두색, 분홍색), 가위, 바늘과 실, 솜

2. 제작방법

1) 보드게임판

① 분홍색 하드보드지를 접을 수 있도록 반으로 자른다.

② 노란색 펠트지를 분홍색 하드보드지와 같은 크기로 2장 자른다.

③ 비행기와 '세계여행을 떠나요' 글자를 프린트하여 펠트지에 대고 오린 후 노란색 펠트지에 대고 바느질하여 표지 앞부분을 완성한다.

④ 비행기를 바느질할 때 비행기말을 넣을 수 있도록 윗부분은 바느질하지 않는다.

⑤ 나머지 노란색 펠트지에는 구름과 풀을 펠트지에 그려 오리고 글루건으로 붙인다.

⑥ 잘라 놓은 분홍색 하드보드지 위 뒷면에 양면테이프를 사용하여 각각 표지

앞면과 뒷면을 붙인다.

⑦ 두 판이 접히는 이음새 부분에 갈색 펠트지를 오려 붙여 보드게임판의 표지를 완성한다.

⑧ 보드게임판의 칸에 알맞은 크기로 지시카드, 국기와 건축물카드를 프린트하여 반으로 자른 하드보드지를 연결해 붙인다.

⑨ 게임방법과 보드게임판에 들어갈 글자를 프린트하여 오린 후 보드게임판 가운데 부분에 붙인다.

⑩ 투명 시트지를 붙여 보드게임판을 완성한다.

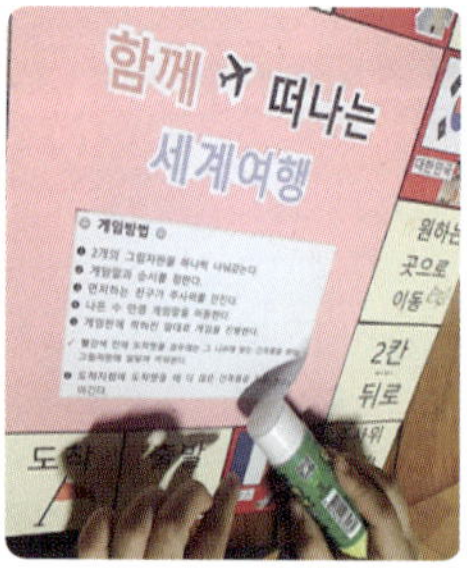

2) 그림자판

① 하드보드지를 가로 4.6cm, 세로 11.5cm로 4개를 자른다.

② 자른 하드보드지 중 하나는 가로 8cm, 세로 9.5cm로 잘라낸다.

③ 글루건으로 2개를 꼼꼼히 붙인다.

④ 프린트한 그림자를 오려 그림자판에 풀로 붙여 그림자판을 완성한다.

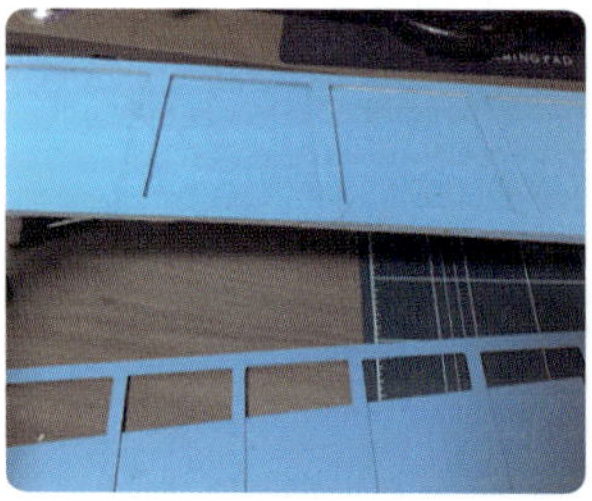

3) 세계건축물카드

① 하드보드지를 9.5×8cm로 10개를 자른다.

② 폼보드를 9.5×8cm로 10개를 자른다.

③ 자른 하드보드지와 폼보드를 풀로 붙인다.

④ 건축물카드의 폼보드면에 풀로 건축물 사진을 붙인다.

⑤ 건축물사진을 다 붙인 후 시트지를 크기대로 잘라 붙인다.

4) 주사위

① 하드보드지랑 펠트지를 일정한 크기로 6장씩 자른다.

② 검은색 펠트지에 동전을 대고 주사위 수대로 그린 후 오린다.

③ 각각의 노란색 펠트지에 검은색 동그라미를 주사위 수량만큼 아플리케 스티치로 바느질한다.

④ 글루건을 사용하여 하드보드지를 정육면체 모양으로 붙이고 그 위에 동그라미를 바느질한 노란색 펠트지를 글루건으로 고정시킨다.

⑤ 글루건으로 고정시킨 노란색 펠트지의 이음 부분을 바느질하면서 주사위를 완성한다.

5) 게임말

① 비행기도안을 연두색 펠트지와 분홍색 펠트지에 그리고 2장씩 오린다.

② 비행기 모양으로 자른 펠트지 2장을 겹쳐 방울솜을 넣고 바느질하여 연두비행기말과 분홍비행기말을 완성한다.

■ 활동방법

1. 우리나라와 다른 나라를 여행해 본 경험에 대해 이야기 나눈다.

- 친구들 우리나라나 다른 나라를 여행해 본 적이 있니?
- 그곳(나라)에서 무엇을 보았니?

2. 우리나라와 세계 여러 나라의 국기와 건축물들에 대해 알아본다.

- (세계 여러 나라 국기 사진(프랑스, 네덜란드, 한국, 호주, 이집트)을 보여주며) 친구들 여기에 우리나라와 세계 여러 나라의 국기가 있는데 이 중에 아는 국기가 있니?

- 여기 있는 나라들 중 가 본 곳이 있니?
- 그곳에서 무엇을 보았니?
- (세계 여러 나라 건축물 사진-에펠탑, 풍차, 경복궁, 오페라하우스, 피라미드-을 보여 주며) 여기에 있는 사진 중에 아는 것이 있니?
- 이것을 무엇이라고 부를까?
- 어느 나라에 있는 것일까?

3. 교구를 소개한다.

- 오늘은 '세계여행을 떠나 보아요'라는 게임을 해 볼 거야. 어떤 것들이 있나 볼까?

4. 활동방법에 대해 이야기 나누고 교구를 조작해 본다.

활동방법
① 2개의 그림자판을 하나씩 나눠 갖는다.
② 게임말과 순서를 정한다.
③ 먼저 하는 친구가 주사위를 던진다.
④ 나온 수 만큼 게임말을 이동한다.
⑤ 게임판에 적힌 대로 말을 이동한다.
⑥ 국기와 건축물이 있는 칸으로 이동할 경우 그림자판에 해당국가의 건축물을 올려놓는다.
⑦ 도착지점에 도착하면 더 많은 건축물을 올려놓은 사람이 이긴다.

5. 활동을 한 후 활동에 대한 회상과 평가를 한다.

- 친구들 오늘 어떤 활동을 해 보았니?
- 오늘 '세계여행을 떠나요'게임을 헤 보았는데 어땠니?
- 만약 세계여행을 한다면 어느 나라를 가보고 싶니?

6. 교구를 놓아둘 영역을 소개하고 계속 가지고 놀 수 있도록 안내한다.

10. 어느 기관에서 입는 옷일까?

- **생활주제:** 우리 동네
- **활동영역:** 수 · 조작
- **대상연령:** 만 4~5세
- **참여인원:** 2명
- **활동목표**
  - 우리 동네에 있는 다양한 기관과 관련된 직업과 상징에 대해 알아본다.
  - 우리 동네에 있는 다양한 기관에 적합한 복장을 맞춰 본다.

■ 활동자료

기관상징-기관-직업 이야기 나누기 자료(경찰서, 소방서, 병원, 법원, 우체국, 학교), 옷-기관 대응판 2개, 기관 보관판 2개, 가위바위보 주사위 2개, 기관상징 주사위 1개, 보관상자

■ 제작재료 및 제작방법

1. 제작재료

투명 시트지 2마, 하드보드지(주황색, 파란색), 펠트지(빨간색, 노란색, 파란색, 검은색, 흰색, 살구색, 초록색, 보라색, 하늘색, 분홍색, 남색), 머메이드지(살구색, 빨간색, 노란색, 파란색, 검은색, 흰색, 초록색, 갈색 각각 2장), 양면 우드락 1개, 글루건, 글루건 심, 가위, 칼, 풀, 리본(갈색, 하늘색, 노란색, 빨간색, 파란색, 보라색), 바늘, 실, 스펀지, 원형 벨크로(까슬이, 보들이), 기관 및 기관상징 그림자료, 스테이플러, 골판지(노란색)

2. 제작방법

1) 가위바위보 주사위, 기관상징 주사위

① 가위바위보 그림을 프린트하여 자른 후 살구색과 검은색 펠트지에 고정 후 자른다.

② 펠트지(빨간색, 노란색, 초록색, 보라색, 흰색)를 8×8cm로 총 12장 잘라 준다.

③ 가위바위보 모양의 살구색과 검은색 펠트지를 자른 뒤 12장의 8×8cm에 각각 고정시킨 후 바느질한다.

④ 8×8cm 펠트지 6장을 정육면체 스펀지를 넣을 구멍만 남기고 버튼홀 스티치로 바느질한 후 정육면체 스펀지를 넣고 바느질을 하여 가위바위보 주사위를 완성한다. 나머지 8×8cm 펠트지 6장도 같은 방식으로 제작하여 가위바위보 주사위 2개를 완성한다.

⑤ 기관상징 그림자료를 잘라 준 후 펠트지에 스테이플러로 고정시키고 오린다.

⑥ 그림자료에 맞춰 펠트지를 오린 후 그림자료를 보면서 세세한 선을 바느질한다.

⑦ 6개의 기관상징을 8×8cm로 자른 펠트지 위에 붙인다.

⑧ 8×8cm 펠트지 6장을 정육면체 스펀지를 넣을 구멍만 남기고 버튼홀 스티치로 바느질한 후 정육면체 스펀지를 넣고 바느질을 하여 기관상징 주사위를 완성한다.

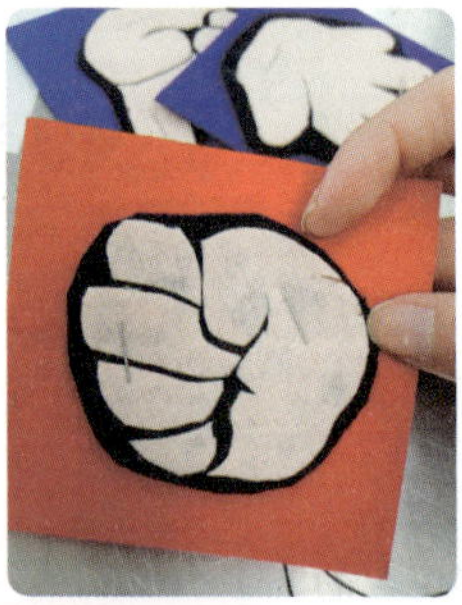

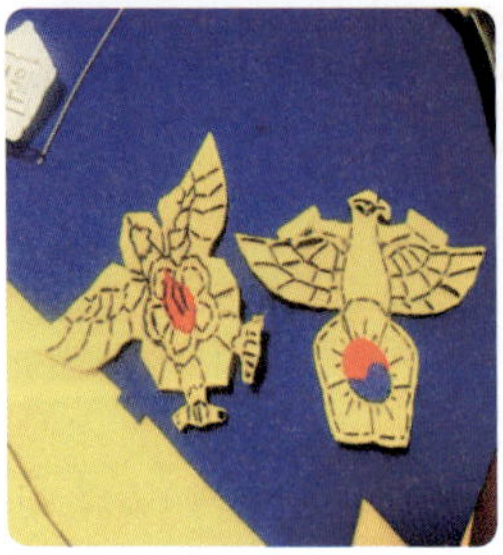

2) 옷-기관 대응 판

① 살구색 머메이드지, 흰색 머메이드지를 7×10cm로 각각 6개로 잘라 준다.

② 흰색 머메이드지에 의사복을 그리고 자른다.

③ 넥타이, 청진기를 흰색 머메이드지 위에 그리고 잘라 의사복에 붙인다.

④ 세부적인 부분은 색연필로 그려 완성한다.

⑤ 파란색 머메이드지에 경찰관복과 모자를 그리고 자른다.

⑥ 검은색 머메이드지로 넥타이와 모자 앞부분을 그리고 잘라 붙인다.

⑦ 경찰관복에 노란색 머메이드지로 완장을 그리고 잘라 붙인다.

⑧ 모자의 상징부분은 색연필로 그린다.

⑨ 검은색 머메이드지에 소방관복과 모자를 그리고 자른다.

⑩ 노란색 머메이드지에 줄 모양을 그려 잘라 준 후 소방관복에 붙인다.

⑪ 모자 밑부분은 흰색 머메이드지를 오려 붙이고 세부적인 부분은 색연필로 그린다.

⑫ 파란색 머메이드지에 우체부복을 그려 자른다.

⑬ 주황색 머메이드지에 조끼, 가방, 모자를 그려 자른다.

⑭ 가방에는 흰색 펠트지로 우체국상징을 오려 붙인다.

⑮ 가방과 모자의 세부적인 부분은 색연필로 꾸민다.

⑯ 검은색 머메이드지에 판사옷을 그리고 자른다.

⑰ 빨간색 머메이드지를 Y자 모양으로 잘라 판사복에 붙인다.

⑱ 갈색 머메이드지에 판사봉을 그리고 자른다.

⑲ 선생님 옷도 같은 방식으로 머메이드지에 그리고 자른다.

⑳ 의사복, 경찰복, 소방관복, 우체부복, 판사복, 선생님 옷 6가지 복장을 2장씩 총 12장 만든다.

㉑ 잘라 놓은 7×10cm 살구색 머메이드지와 흰색 머메이드지에 아래 1cm만 남기고 각각의 복장을 붙여 주고 색연필로 주변을 꾸민다. 각 복장의 직업에 어울리는 문장을 프린트하여 자르고 7×10cm 살구색 머메이드지와 흰색 머메이드지 아랫부분에 붙인다.

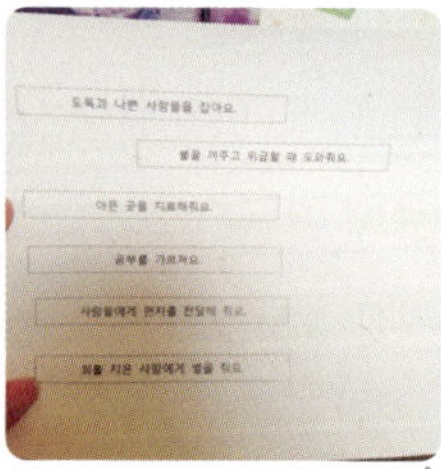

㉒ 각 기관의 그림자료를 프린트하여 살구색과 흰색 머메이드지에 윤곽을 그린 후 자른다.

㉓ 주황색 하드보드지, 파란색 하드보드지를 정사각형으로 자르고 노란색 머메이드지를 얇게 잘라 가로 4칸, 3칸으로 나눠 붙인다.

㉔ 살구색 복장카드와 살구색 기관 윤곽그림은 주황색 하드보드지에 붙이고 흰색 복장카드과 흰색 기관 윤곽그림은 파란색 하드보드지에 기관과 복장을 붙여 준다.

㉕ 투명 시트지를 앞뒤로 붙이고 테두리는 주황색 하드보드지는 갈색 리본, 파란색 하드보드지는 하늘색 리본으로 마무리해 준다.

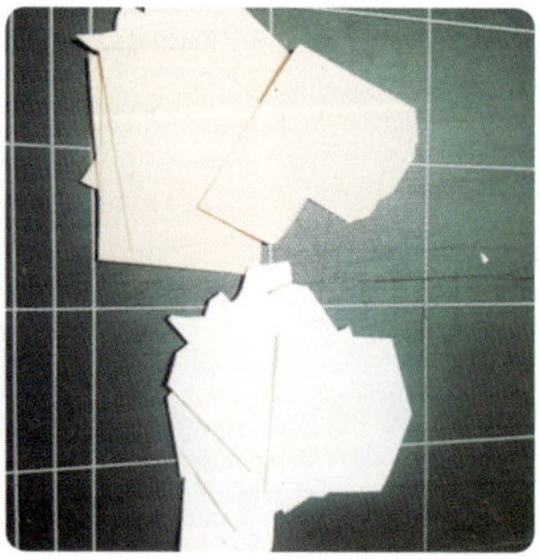

3) 기관조각, 기관 보관판

① 경찰서, 소방서, 병원, 법원, 학교, 우체국 6개 기관그림을 2장씩 총 12장프린트하여 오린다.

② 살구색과 흰색 머메이드지에 각각의 기관그림을 대고 윤곽을 그린 후 오

린다.

③ 오려 놓은 기관그림을 양면 우드락에 붙인 후 열선을 사용하여 윤곽을 자른다.

④ 자른 양면 우드락 위에 투명 시트지를 붙이고 우드락 옆면은 기관 배경색에 알맞은 리본을 글루건을 사용하여 붙여 기관조각을 완성한다.

⑤ 뒷면에 동그란 벨크로(까슬이)를 붙여 주어 기관조각을 완성한다.

⑥ 주황색 하드보드지에 미리 잘라 놓은 기관윤곽 살구색 머메이드지를 붙이고, 파란색 하드보드지에 미리 잘라 놓은 기관윤곽 흰색 머메이드지를 붙인다.

⑦ 그 위에 투명 시트지를 붙이고 옆 부분을 글루건을 사용하여 리본을 붙여 마무리한다.

⑧ 각 기관윤곽 위에 벨크로(보들이)를 붙여 기관조각 보관판을 완성한다.

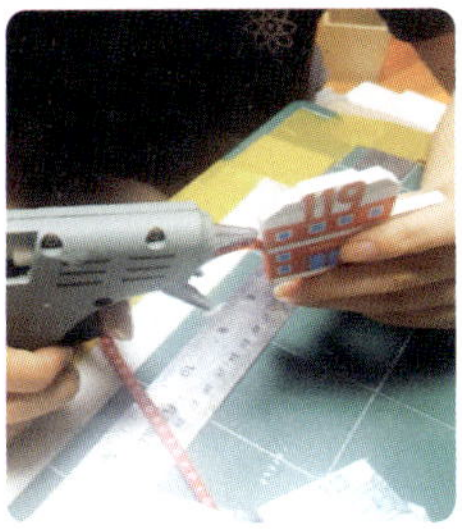
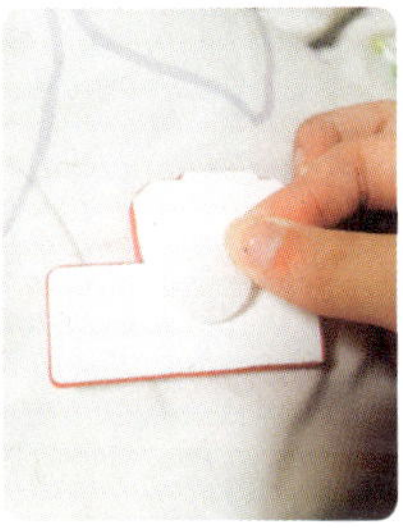

4) 보관상자

① 노란색 골판지를 밑바닥을 37×36cm가 되도록 자르고 37×9cm 2장, 36×9cm가 되도록 잘라서 잘라 놓은 밑바닥 길이에 맞게 글루건으로 붙여 상자의 아랫부분을 만든다.

② 노란색 골판지를 37×9.5cm 2장, 36×9.5cm 2장을 잘라 상자 안쪽에 붙이고 상자 아랫부분 테두리를 글루건을 사용하여 노란색 리본을 붙여 상자의 아랫부분을 완성한다.

③ 상자 뚜껑은 노란색 골판지를 37×36cm로 자른다.

④ 37×9cm 2장, 36×9cm 2장을 잘라 37×36cm에 글루건으로 붙여 상자 뚜껑을 만든다.

⑤ 양면 우드락을 구름 모양으로 자른다.

⑥ 하늘색 펠트지 위에 구름 모양 양면 우드락을 대고 그린 후 하늘색 펠트지를 자른다.

⑦ 하늘색 펠트지를 글루건을 사용하여 구름 모양 양면 우드락에 붙인다.

⑧ 구름 모양 양면 우드락 옆면을 글루건을 사용하여 리본을 붙인다.

⑨ '어느 기관에서 입는 옷일까?'를 프린트하여 구름 모양 양면 우드락에 들어갈 수 있도록 자른 후 구름 모양 양면 우드락에 붙인다.

⑩ 완성한 구름 모양 양면 우드락을 상자 뚜껑에 붙인다.

⑪ 살구색 펠트지, 검은색 펠트지, 흰색 펠트지에 각각 사람 얼굴, 머리카락, 눈을 그려 자른다. 파란색과 분홍색 펠트지에 옷을 그려 오리고 빨간색, 초록색, 남색 펠트지로 물음표와 느낌표를 그려 자른다.

⑫ 잘라 놓은 펠트지를 상자 뚜껑에 붙여 꾸민다.

⑬ 상자 뚜껑의 윗 테두리에 글루건을 사용하여 노란색 리본을 붙여 상자 뚜껑을 완성한다.

■ 활동방법

1. **우리 동네에 있는 기관에 대해 이야기 나눈다.**
   - 친구들 우리 동네를 둘러본 적이 있니?
   - 어떤 곳들이 있니?

- 그곳은 무엇을 하는 곳일까?

2. **우리 동네기관 중 경찰서, 병원, 소방서, 법원, 우체국, 학교의 상징을 보여 주고 어떤 곳이고 무슨 일을 하는 곳인지, 어떤 분들이 일하고 계신지 이야기 나눈다.**
   - (경찰서, 병원, 소방서, 법원, 우체국, 학교의 상징을 보여 주며) 여기 있는 그림은 어느 곳에서 볼 수 있니?
   - (경찰서, 병원 소방서, 법원, 우체국, 학교 각 기관의 그림을 보여 주며) 이 곳에서는 무슨 일을 할까?
   - 여기에서 일하시는 분들은 누구일까?

3. **'어느 기관에서 입는 옷일까?' 교구를 소개한다.**
   - 이번 시간에는 우리 동네에서 있는 곳들과 그곳에서 일하시는 분들의 옷들을 맞춰 보는 교구를 소개하려고 가지고 왔어. 어떤 것들이 있나 보도록 하자.
   - (기관 보관판에 있는 기관조각들을 보여 주며) 이곳은 어디일까?
   - (기관-옷 대응판을 보여 주며) 여기 있는 옷과 (기관 보관판에 붙어 있는 기관조각들을 보여 주며) 어울리는 곳은 어느 것일까? 나와서 붙여 볼 친구 있니?

4. 활동방법을 소개하고 교구를 조작해 본다.

> 활동방법
> ① 가위바위보 주사위 2개를 던져 이긴 사람이 기관상징 주사위를 던진다.
> ② 던져서 나온 기관상징을 보고 기관 보관판에서 기관조각을 떼어 기관-옷 대응판에 알맞은 옷 옆에 붙인다.
> ③ 기관-옷 대응판에 있는 옷 옆에 알맞은 기관을 먼저 다 붙인 사람이 이긴다.

5. 활동을 한 후 활동에 대한 회상과 평가를 한다.

- 친구들 오늘 어떤 활동을 해 보았니?
- 오늘 우리 동네에 있는 여러 사람이 일하는 곳과 그분들이 입고 있는 옷을 맞춰 보는 게임을 했는데 어땠니?

6. 교구를 놓아둘 영역을 소개하고 계속 가지고 놀 수 있도록 안내한다.

제2장

언어영역

1. 겨울잠을 쿨쿨

■ **생활주제:** 동식물과 자연

■ **활동영역:** 언어

■ **대상연령:** 만 4세

■ **참여인원:** 1~2명

■ **활동목표**

- 지난 시간에 들은 『겨울잠자기 딱 좋은 굴』 동화내용을 회상하고 겨울잠을 자는 동물에 대해 이야기 나눈다.
- 자음과 모음을 가지고 겨울잠을 자는 동물의 이름을 만들어 본다.

■ **활동자료**

『겨울잠자기 딱 좋은 굴』(글 패멀라 히크먼 · 그림 제럴도 밸러리오) 동화책, 동물단어카드책, 자음 · 모음 낱말 칩과 낱말판, 겨울잠을 자는 동물인형, '굴속'판, 보관상자

■ 제작재료 및 제작방법

1. 제작재료

1) 동물단어카드책

펠트지(갈색, 베이지색, 노란색, 진노란색, 주황색, 연두색, 빨간색, 하늘색, 진하늘색, 연보라색), 기화성 펜, 실, 바늘, 가위, 플라스틱 컬러링, 펀치

2) 자음·모음 낱말 칩과 낱말판

5cm 백업(빨간색, 진하늘색), 마스킹테이프(빨간색, 파란색), 코팅지, 자음·모음 프린트, EVA(빨간색, 진하늘), 실, 바늘, 가위, 글루건, 펠트지(진하늘색), 원형 벨크로(까슬이), 대형 벨크로(보들이), 단추, 고무줄

3) 겨울잠을 자는 동물인형

펠트지(갈색, 베이지색, 노란색, 연두색, 빨간색, 진하늘색), 기화성 펜, 실, 바늘, 방울솜, 벨크로, 가위

4) '굴속'판

펠트지(갈색, 베이지색), 하드보드지, 박스 테이프, 실, 바늘, 가위, 글루건

5) 보관상자

자석 여닫이 보관상자, 양면 컬러우드락, 글루건, 칼

2. 제작방법

1) 동물단어카드책

① 여러 가지 색 펠트지(연두색, 진노란색, 노란색, 주황색, 하늘색, 진하늘, 연보라색)를 25×15cm 크기로 2장씩 자른다.

② 동화에 나오는 겨울잠을 자는 동물들을 여러 가지 색 펠트지에 그려 자른 후 바느질로 속 안을 꾸민다.

③ 동물의 이름을 프린트해서 자른 뒤 펠트에 대고 똑같이 자른다.

④ 각각의 겨울잠을 자는 동물들과 동물의 이름들을 잘라 놓은 25×15cm 크기의 펠트지에 대고 아플리케 스티치로 바느질한다.

⑤ 잘라 놓은 똑같은 크기의 펠트지를 덧대어 버튼홀 스티치로 바느질한 후 각 동물단어카드를 펀치로 뚫어 플라스틱 컬러링으로 연결한다.

2) 자음·모음 낱말 칩과 낱말판

① 빨간색 5cm 백업을 두께 1.5cm로 15개 자른다.

② 진하늘색 5cm 백업을 두께 1.5cm로 10개 자른다.

③ EVA를 백업 크기에 맞게 자르고 글루건으로 붙인다.

④ 백업 뒷면에 원형 벨크로(까슬이)를 붙인다.

⑤ 자음과 모음을 프린트하여 글자 모양대로 오린다. 코팅하고 글자 모양대로 오린 후 글루건으로 자음은 빨간색 백업 윗부분, 모음은 하늘색 백업 윗부분에 붙인다.

⑥ 자음글자 백업의 옆면은 빨간색 마스킹테이프로, 모음글자 백업의 옆면은 파란색 마스킹테이프로 둘러 자음·모음 글자 칩을 완성한다.

⑦ 낱말판은 가로 45cm, 세로 25cm로 하늘색 펠트지 2장을 자른다. 펠트지앞면에 부드러운 대형 벨크로를 바느질해 주고, 뒷면은 같은 크기로 자른 나머지 펠트지를 덧대어 버튼홀 스티치로 바느질한다.

⑧ 낱말판 뒷면 끝쪽에 단추와 고무줄을 바느질을 이용해 고리를 만들어 둘둘 말아 보관할 수 있도록 한다.

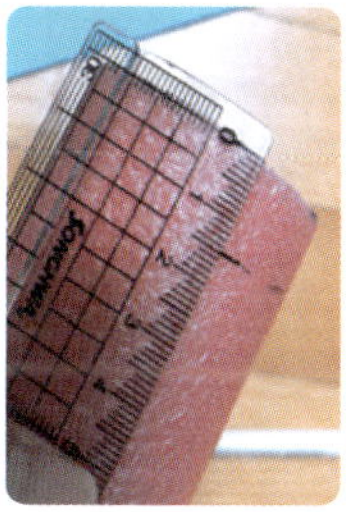

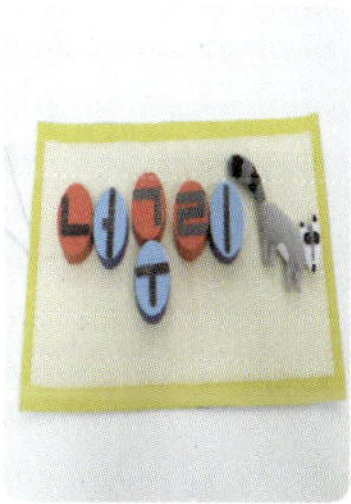

3) 겨울잠을 자는 동물인형

① 동화에 나오는 겨울잠을 자는 동물들의 모양을 여러 가지 색의 펠트지에 그려 2장씩 자른다.

② 동물의 얼굴이나 무늬 등도 여러 가지 색 펠트지를 그려 자르고 동물 모양 펠트지에 대고 바느질한다.

③ 잘라 놓은 나머지 동물 모양 펠트지를 뒷면에 덧대어 버튼홀 스티치로 바느질한다.

④ 안에 방울솜을 조금씩 넣어 가며 바느질하면서 동물인형을 완성한다.

4) '굴속'판

① 하드보드지 1장의 긴 쪽을 반으로 자른 후 박스 테이프를 붙여 고정한다.

② 하드보드지 반 장 크기에 맞게 고동색 접착 펠트지를 잘라 붙인다.

③ 진하늘색 접착 펠트지에 동물들의 크기에 맞게 굴을 그리고 잘라 고동색접착 펠트지를 붙인 하드보드지에 붙인다. 주변에 회색 접착 펠트지에 돌 모양을 그리고 잘라 붙인다.

④ 표지와 뒷면에 검은색 반짝이 펠트지를 하드보드지 반 장 크기로 잘라 붙인다.

⑤ 동화제목과 같이 '겨울잠자기 딱 좋은 굴' 글자를 프린트하여 하늘색 접착 펠트지에 대고 그려 자른 후 표지면에 붙인다. 흰색 펠트지, 검은색 펠트지, 주황색 펠트지에 눈과 눈사람을 그려 자른 후 글루건을 사용하여 표지와 뒷면에 붙여 꾸민다.

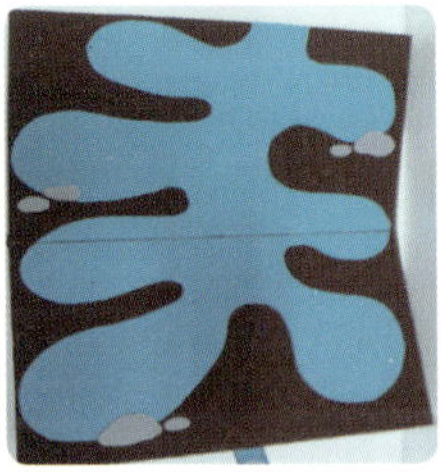

5) 보관상자

① 양면 컬러우드락을 보관상자와 만들 칸의 크기에 맞게 자르고 글루건으로 붙여 보관상자를 완성한다.

■ **활동방법**

1. **지난 시간에 들은『겨울잠자기 딱 좋은 굴』동화책의 내용을 회상하고 동물들이 겨울잠을 자는 이유에 대해 이야기 나눈다.**
   - 지난 시간에『겨울잠자기 딱 좋은 굴』동화책을 읽어 보았는데 어떤 동물들 친구들이 나왔니?
   - 그 동물들이 무엇을 했니?
   - 왜 동화에 나온 동물들이 굴속에 들어가서 겨울잠을 잔다고 생각하니?

2. '겨울잠을 쿨쿨' 교구를 소개한다.

- 이번 시간에는 동화책에 나온 동물들이 굴속에 잠을 잘 수 있도록 하는 '겨울잠이 쿨쿨'이라는 교구를 소개하려고 해.
- (동물단어카드책, 자음·모음 낱말 칩과 낱말판, 겨울잠을 자는 동물인형, '굴속'판, 보관상자 등 교구를 유아들에게 보여 주며) 여기에 어떤 것들이 있니?
- 이것은 무엇일까?

3. 활동방법을 소개하고 교구를 조작해 본다.

활동방법

① 동물단어카드책을 보고 겨울잠을 자는 동물단어카드 하나를 고른다.
② 동물단어카드를 보면서 보관상자에서 빨간색 아들글자(자음)와 하늘색 엄마글자(모음)를 찾아 낱말판에 붙여 동물이름을 완성한다.
③ 동물이름을 완성하면 보관상자에서 알맞은 동물인형을 찾아 '굴속'판에 붙인다.
④ '굴속'판에 동물인형들을 다 넣으면 활동이 끝난다.

4. 활동을 한 후 활동에 대한 회상과 평가를 한다.

- 오늘 어떤 활동을 했니?
- '겨울잠을 쿨쿨' 교구를 가지고 겨울잠을 자는 동물이름도 맞추어 보고 동물들을 굴속에 붙여 보았는데 어땠니?

5. 교구를 놓아둘 영역을 소개하고 계속 가지고 놀 수 있도록 안내한다.

2. 눈물바다 대소동

■ **생활주제:** 나와 환경

■ **활동영역:** 언어

■ **대상연령:** 만 4~5세

■ **참여인원:** 1~2명

■ **활동목표**

- 지난 시간에 들은 동화『눈물바다』내용을 회상하고 속상한 일이 있을 때의 대처 방법에 대해 이야기 나눈다.
- 그림일기의 암호글자를 암호판에서 해석하여 글자를 찾아 단어를 완성하고 따라 써 본다.
- 찾은 단어에 해당하는 사람을 낚싯대로 눈물바다에서 건져 빨랫줄에 널어 본다.

■ **활동자료**

『눈물바다』(글 · 그림 서현) 동화책, 눈물바다상자, 눈물일기(암호풀이판), 낚싯대, 등장 인형(선생님, 요리사, 먹구름, 여자 공룡, 남자 공룡, 짝꿍, 언니 공

룡, 오빠 공룡, 동생 공룡), 보드마커펜, 빨랫대

■ 제작재료 및 제작방법

1. 제작재료

1) 눈물바다 상자

사각형 상자, 접착 펠트지(하늘색, 흰색, 노란색 및 여러 가지 색), 플레이콘(흰색, 하늘색), 조개껍질, 뽕뽕이(흰색)

2) 눈물일기 암호풀이판

펠트지(노란색, 하늘색, 검은색 및 여러 가지 색), 플라스틱 컬러링, 하드보드지, 바늘, 실, 벨크로(보들이, 까슬이), 양면테이프, 머메이드지(하늘색, 파란색 , 보드마커펜, 보드마커판, 펀치, 패턴 펠트지

3) 빨랫줄과 빨랫대

마끈, 인조잔디, 나뭇가지, 집게, 스티로폼, 하드보드지, 빨래집게

4) 낚싯대

펠트지(노란색, 빨간색), 리본, 방울솜, 마끈, 자석(도넛 모양), 실, 바늘, 가위, 골무

5) 등장인형

펠트지(여러 가지 색), 패턴 펠트지, 바늘, 실, 방울솜, 눈알

2. 제작방법

1) 눈물바다 상자

① 상자의 크기에 맞게 하늘색 접착 펠트지를 잘라 상자의 각 면과 상자 뚜껑에 붙인다.

② 흰색 접착 펠트지를 파도 모양으로 잘라 상자의 겉면에 붙인다.

③ 흰색 뽕뽕이를 글루건을 사용하여 상자 안쪽 면에 붙인다.

④ 접착 펠트지로 바다생물을 그려 잘라 상자의 안쪽 면에 붙인다.

⑤ 상자의 바닥은 흰색과 하늘색 플레이콘과 조개껍질을 글루건으로 붙여 꾸며 상자를 완성한다.

⑥ 상자 뚜껑의 안쪽에 하늘색 접착 펠트지를 큰 원 조금 작은 원 아주 작은 원으로 잘라 붙인다.

⑦ 게임방법과 숫자를 프린트하여 흰색 접착 펠트지와 노란색 접착 펠트지에 대고 자른 후 상자 뚜껑 안쪽 면의 큰 하늘색 원에 붙인다.

⑧ 상자 뚜껑 바깥쪽에 노란색 접착 펠트지를 큰 원, 조금 작은 원, 아주 작은 원으로 잘라 붙인다.

⑨ '눈물바다' 책제목을 프린트하여 흰색 접착 펠트지에 대고 자른 후 상자 뚜껑 바깥쪽의 큰 원에 붙여 상자 뚜껑을 완성한다.

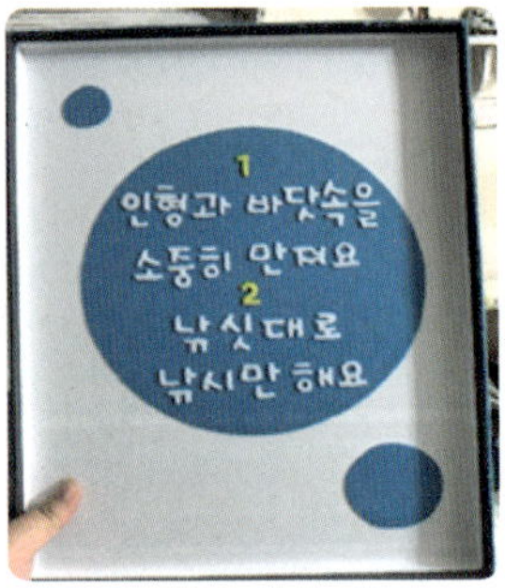

2) 눈물일기 암호풀이판

① 4절 하드보드지를 반으로 자른다.

② 노란색 펠트지를 반으로 자른 하드보드지 크기보다 조금 크게 4장을 자른다.

③ 눈물일기를 프린트하여 하늘색과 검은색 펠트지에 대고 자른 후 자른 글자를 노란색 펠트지에 아플리케 스티치로 바느질한다.

④ 눈물 흘리는 사람 얼굴을 여러 가지 색 펠트지에 대고 그려 자른 후 노란색 펠트지에 대고 아플리케 스티치로 바느질한다. 보드마커펜을 넣을 수 있도록 펠트지로 보드마커펜을 넣을 수 있는 곳을 만들고 바느질한다.

⑤ 바느질한 노란색 펠트지에 잘라 놓은 하드보드지를 가운데 넣고 노란색 펠

트지를 덧대어 버튼홀 스티치로 바느질하여 눈물일기(암호풀이판) 표지를 완성한다.

⑥ 뒤판도 마찬가지로 노란색 펠트지에 잘라 놓은 하드보드지를 가운데 넣고 노란색 펠트지를 덧대어 버튼홀 스티치로 바느질하고 완성한 표지와 뒤판에 펀치로 구멍을 뚫어 플라스틱 컬러링으로 연결한다.

⑦ 암호풀이판에 달려 있는 눈물일기의 표지는 한글프로그램의 그림판을 사용하여 표지그림을 그린다. 그린 그림을 계획한 크기대로 출력하여 자른다.

⑧ '알쏭달쏭 눈물일기'글자를 프린트하여 자른 후 표지그림에 붙여 표지를 완성하고 하늘색 머메이드지를 배지로 대어 붙인 후 자르고 코팅하여 암호풀이판 안의 눈물일기 표지를 완성한다.

⑨ 표지 다음에는 동화에 등장하는 캐릭터의 사진들을 찍어 이름을 붙여 사진첩으로 만든 후 프린트하여 암호풀이판 눈물일기의 크기에 맞게 자르고 파란색 머메이드지를 붙이고 자른 후 코팅한다.

⑩ 그림일기 사용법을 암호판 눈물일기의 크기에 맞게 자르고 하늘색 머메이드지를 붙이고 자른 후 코팅한다.

⑪ 암호풀이판 눈물일기의 그림들은 한글프로그램의 그림판을 사용하여 그린다.

⑫ 한글파일에서 일기장 모양을 만들고 글자와 암호를 넣어 일기를 완성한 후 그림판에서 그려 둔 그림을 불러와 각각의 그림일기를 완성한다.

⑬ 완성한 그림일기를 암호풀이판 눈물일기의 크기에 맞게 자르고 파란색 머메이드지에 붙이고 자른 후 코팅한다.

⑭ 코팅한 각각의 눈물일기 내용들을 펀치로 구멍을 뚫고 노란색 암호풀이 뒤판 가장자리에도 구멍을 뚫어 플라스틱 컬러링으로 연결한다.

⑮ '암호판', '글자카드', '암호를 풀어요', '따라서 써요' 등의 문구를 프린트하여 자른 후 코팅하여 글자는 패턴 펠트지에 붙여 노란색 암호풀이판에 알맞은 위치에 붙여 눈물일기 암호풀이판을 완성한다.

3) 빨랫줄과 빨랫대

① 나뭇가지를 칼로 다듬는다.

② 인조잔디와 하드보드지를 같은 크기로 자른 뒤 하드보드지 위에 인조잔디를 글루건을 사용해 붙여 인조잔디판을 만든다.

③ 인조잔디와 스티로폼을 같은 크기로 자른 뒤 인조잔디로 스티로폼을 감싸 글루건으로 붙인다.

④ 인조잔디판에 동그랗게 말은 인조잔디 기둥을 붙인다.

⑤ 인조잔디 기둥 위에 나뭇가지를 붙인다.

⑥ 나뭇가지 사이에 마끈을 묶고 집게를 단다.

4) 낚싯대

① 낚싯대를 노란색 펠트지에 그리고 2장을 자른다.

② 빨간색 펠트지에 구멍 뚫린 원을 그려 오린 후 낚싯대의 해당 위치에 대고 아플리케 스티치로 바느질한다.

③ 나머지 노란색 펠트지 1장을 덧대어 버튼홀 스티치로 방울솜을 넣어 가며 바느질한다.

④ 마끈을 낚싯대 끝부분에 연결한다.

⑤ 도넛 모양 자석을 리본으로 감싸 주고 마끈을 묶어 연결하여 낚싯대를 완성한다.

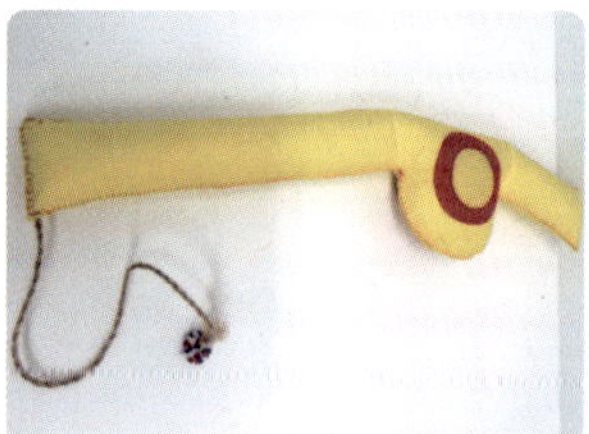

5) 등장인형

① 여러 가지 색의 펠트지에 등장 캐릭터들을 그린 후 2장씩 자른다.

② 캐릭터들의 안쪽을 여러 가지 색의 펠트지를 오려 바느질하여 꾸민다.

③ 오려놓은 나머지 1장을 덧대어 버튼홀 스티치로 방울솜을 약간씩 넣어 바느질하여 등장인형을 완성한다. 눈알을 글루건을 사용하여 인형에 붙인다.

■ **활동방법**

1. **지난 시간에 들은 동화『눈물바다』의 내용을 회상하고 어떨 때 속상한지 속상한 일이 있을 때에는 어떻게 하는지에 대해 이야기 나눈다.**
   - 지난 시간에 '눈물바다' 동화책을 읽어 보았는데 어떤 친구가 나왔니?
   - 그 친구에게 어떤 일들이 있었니?
   - 친구들은 어떨 때 속상하니?
   - 속상한 일이 있을 때는 어떻게 하니?

2. **'눈물바다 대소동' 교구를 소개한다.**
   - 이번 시간에는 동화책에 나온 이야기로 만든 '눈물바다 대소동' 교구를 소개하려고 해.
   - (눈물바다상자, 눈물일기-암호풀이판-, 낚싯대, 등장 인형, 보드마커펜, 빨랫대 교구를 유아들에게 보여 주며) 여기에 어떤 것들이 있니?
   - 이것은 무엇을 하는 것일까?

3. **활동방법을 소개하고 교구를 조작해 본다.**

활동방법
① 눈물일기를 읽고 일기 속 암호를 암호판에서 찾아본다.
② 암호판에서 찾은 암호의 글자와 같은 글자카드를 '암호를 풀어요'에 붙인다.
③ 보드마카펜을 사용해 풀이한 암호의 글자를 '따라서 써요'에 따라 써 본다.
④ 낚싯대를 사용해 풀이한 암호의 글자에 맞는 등장인형을 눈물바다상자에서 건진다.
⑤ 눈물바다 상자에서 건진 등장인형을 빨랫줄에 넌다.
⑥ 나를 속상하게 했던 일을 그림일기에 그리고 내용을 써 본다.

4. **활동을 한 후 활동에 대한 회상과 평가를 한다.**

- 오늘 어떤 활동을 했니?
- '눈물바다 대소동' 교구를 가지고 놀아보았는데 어땠니?
- 교구에 있는 일기장에 내가 속상했던 일을 적은 친구 있니?
- 속상했을 때 어떻게 했니?
- 다른 친구들이라면 어떻게 하고 싶니?

5. **교구를 놓아둘 영역을 소개하고 계속 가지고 놀 수 있도록 안내한다.**

3. 여우와 사과나무

■ **생활주제:** 유치원과 친구

■ **활동영역:** 언어

■ **대상연령:** 만 3세

■ **참여인원:** 대 · 소집단

■ **활동목표**

- 동화 '여우와 사과나무'를 듣고 동화내용을 회상한다.
- 여러 상황에 알맞은 인사말에 대해 이야기 나눈다.

■ **활동자료**

'여우와 사과나무(글 최은영 · 그림 최현미)' 동화교구, 상황그림과 인사말카드(안녕하세요?, 안녕히 계세요, 고맙습니다, 미안합니다)

■ **제작재료 및 제작방법**

1. **제작재료**

1) 동화상자

가위, 풀, 코팅기, 컬러복사기, 코팅지, 송곳, 펀치, 할핀, 하드보드지, 색지, 꽈배기 끈, 투명 시트지, A4용지, 색연필, 연필, 모루, 사각 백업, 나무젓가락, 글루건, 칼, 융(검은색), 펠트지(연두색) 원형벨크로(까슬이)

2) 여닫이표지판

칼, 자, 가위, 풀, 색지, A4용지, 하드보드지(노란색), 투명 시트지, 색지(여러 가지 색), 더공지, 글루건, 마스킹테이프, 색연필, 단추, 벨크로(까슬이, 보들이)

3) 동물인형

실, 바늘, 가위, 방울솜, 펠트지(여러 가지 색), 양말

4) 인형조정손잡이

가위, 글루건, 펠트지, 병뚜껑, 송곳, 낚싯줄

5) 사과

펠트지(초록색, 갈색), 실, 바늘, 가위, 글루건, 뽕뽕이, 원형자석

2. 제작방법

1) 동화상자

① 계획안 상자의 크기대로 하드보드지(윗면 1장, 밑면 1장, 뒷면 1장, 옆면 2장)를 자르고 색지를 붙이고 투명 시트지를 붙인다.

② 상자의 윗면은 등장인형 4개를 움직일 수 있도록 칼집을 4군데 낸다.

③ 상자 옆면 2장의 앞부분에 1cm 들어가서 칼집을 낸다.

④ 나무도안을 그리고 색칠한 후 컬러복사기로 복사하여 자른 뒤 투명 시트지를 붙여 상자 뒷면에 붙인다.

⑤ 나뭇가지를 그리고 색칠한 후 컬러복사기로 복사하여 자르고 코팅한 뒤 펀치로 구멍을 내고 상자 뒷면 나무 한쪽 면에 송곳으로 구멍을 내어 나뭇가지를 나무에 할핀으로 고정한다.

⑥ 나뭇가지를 움직일 수 있도록 할핀이 있는 부분의 상자 뒷면에 단추자석을 붙인다.

⑦ 글루건으로 상자 윗면, 옆면, 뒷면, 밑면을 붙여 상자를 조립한다.

⑧ 상자 겉면에 검은색 융을 붙이고 글루건을 사용하여 꽈배기끈으로 테두리를 마무리한다.

⑨ 덤불은 초록색 하드보드지에 모양을 그린 후 자른다.

⑩ 모루를 돌돌 말아 자르고 글루건으로 잘라 놓은 초록색 하드보드지에 붙인다.

⑪ 덤불은 여닫이 표지판이 지나갈 수 있도록 동화상자 안쪽으로 1.2~1.3cm 정도 들어가서 붙이고 뒷면은 글루건을 사용하여 나무젓가락을 붙여 고정시킨다.

⑫ 사각 백업을 동화상자의 맨 앞 밑면, 맨 앞 오른쪽 옆면, 맨앞 윗면의 길이에 맞게 글루건을 사용하여 붙인다.

⑬ 연두색 펠트지로 잠금 부분을 그려 2장 자르고 단추를 달고 나머지 연두색 펠트지를 뒤에 덧대어 버튼홀 스티치로 바느질한다. 뒷부분에 원형 벨크로(까슬이)를 붙인다.

⑭ 완성한 잠금 부분을 상자 오른쪽 옆부분에 글루건으로 고정시킨다.

⑮ 상자 옆면 양쪽 윗부분 구멍을 송곳으로 2개 뚫고 꽈배기 끈을 적당히 잘라 손잡이를 만들고 안에서 매듭을 짓는다.

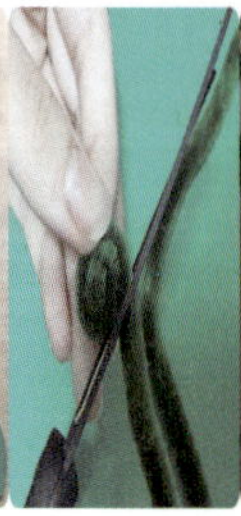

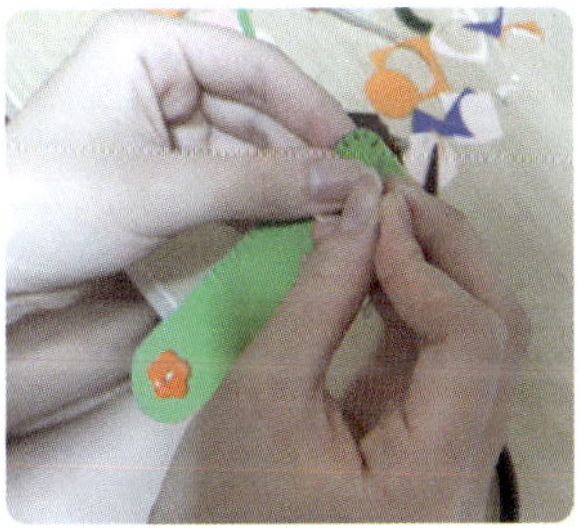

2) 여닫이 표지판

① 노란색 하드보드지를 상자와 상자 옆면 칼집 낸 곳에 들어갈 수 있도록 크기를 맞춰 자른다.

② '여우와 사과나무' 글자를 프린트하여 자르고 노란색 하드보드지에 붙인다.

③ 여러 가지 색깔의 색지를 사용하여 여우와 여우와 나무를 그려 오리고 안쪽 부분을 꾸민 후 노란색 하드보드지에 붙인다.

④ 노란색 하드보드지의 앞뒤에 투명 시트지를 붙이고 뒷면 가장자리에 마스킹테이프를 붙인다.

⑤ 노란색 하드보드지 옆부분에 노란색 하드보드지를 잘라 손잡이를 만들어 글루건으로 붙이고 나무가 그려진 쪽에 원형 벨크로(보들이)를 붙여 여닫이 표지판을 완성한다.

3) 동물인형

① 각 양말을 뒤집어 여우, 다람쥐, 토끼, 곰 도안을 그리고 도안을 따라 솜구멍을 제외하고 홈질로 바느질한다.

② 가위로 1cm 간격을 두고 자른다.

③ 양말을 뒤집어 방울솜을 집어넣은 후, 바느질한다.

④ 실로 얼굴과 몸을 묶어 분리하고 꼬리를 만들어 몸통에 꼬리를 바느질로 붙인다.

⑤ 여러 가지 색의 펠트지에 몸통 안쪽, 귀 등을 그려 자른 후 몸통과 귀에 대고 버튼홀 스티치로 바느질한다. 그 외에 눈, 코, 입, 배꼽 등 세부적인 부분을 바느질하여 꾸민다.

⑥ 병뚜껑에 각각의 동물 색과 같은 색의 펠트지를 잘라 붙이고 송곳으로 구멍을 뚫는다.

⑦ 낚싯줄로 동물인형과 병뚜껑을 이어 준다.

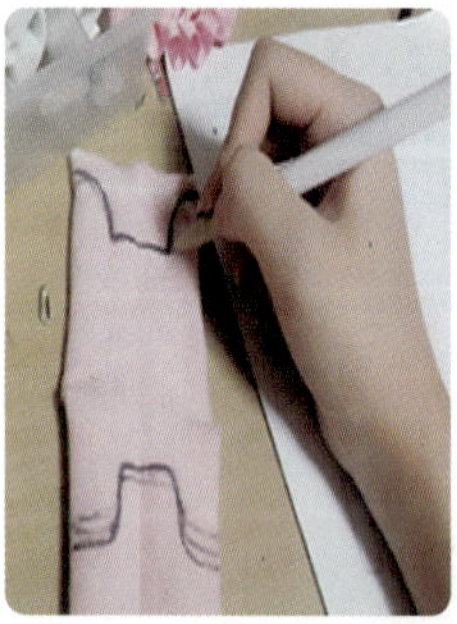
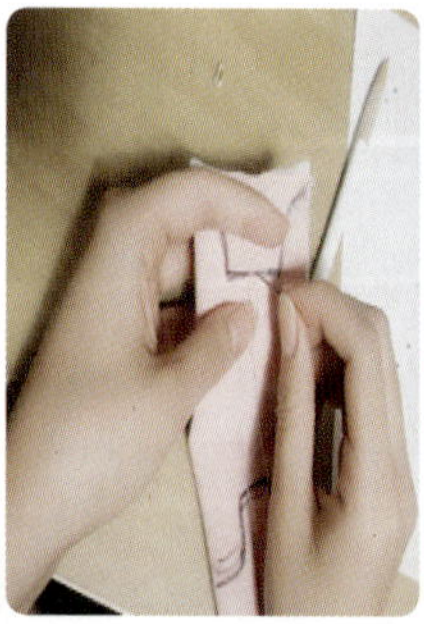
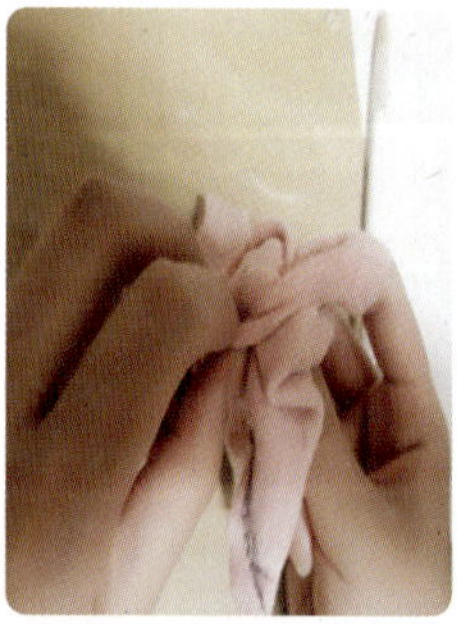
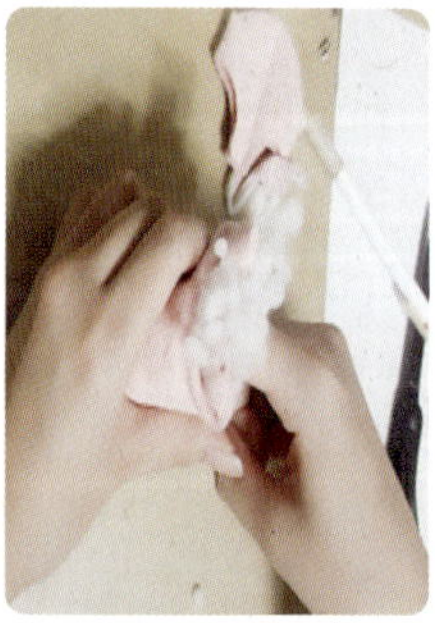
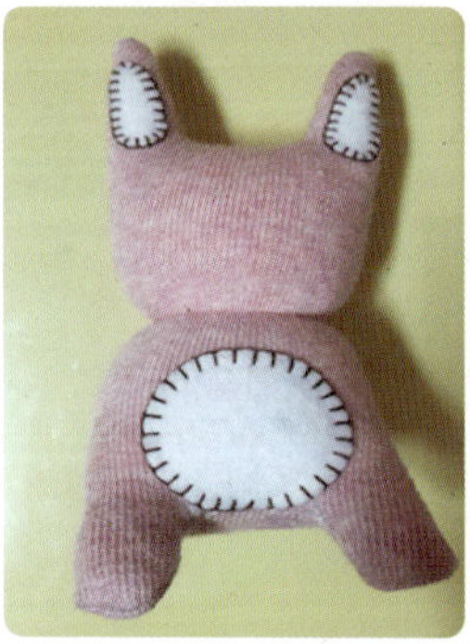

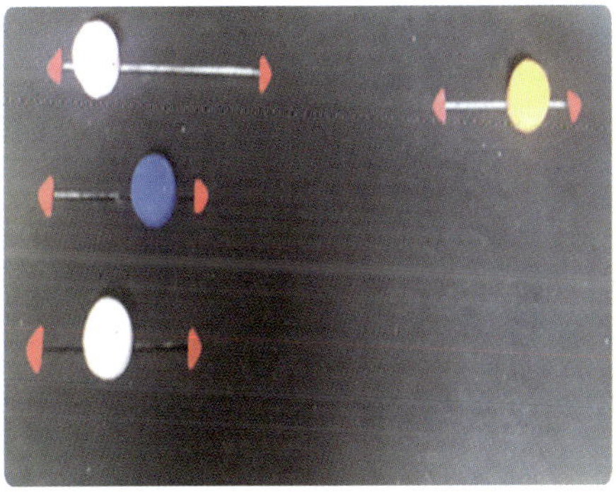

4) 사과

① 초록색과 갈색 펠트지를 나뭇잎과 꼭지 모양으로 자른다.

② 뽕뽕이에 나뭇잎과 꼭지를 연결하여 바느질한다.

③ 완성된 사과에 글루건으로 원형자석을 붙여 준다.

■ 활동방법

1. 상황그림자료(길에서 아는 어른을 만났을 때, 유치원버스를 타고 선생님과 헤어질 때, 다른 사람에게 선물을 받았을 때, 누군가와 길에서 부딪쳤을 때)를 보고 어떤 상황인지 이야기 나눈다. 인사말카드(안녕하세요?, 안녕히 계세요, 고맙습니다, 미안합니다)를 보여 주고 상황 그림에 알맞은 인사말에 대해 이야기 나눈다.

- 여기에 있는 그림은 무슨 그림인 것 같니?
- 이런 일이 있을 때는 어떻게 말해야 할까?
- 여기 있는 인사말카드에서 알맞은 인사말을 골라 보자.

2. '여우와 사과나무' 동화교구를 소개하고 유아들에게 동화를 들려준다.

- (동화상자의 여닫이 표지판을 보여 주고) 여기에 무엇이라고 쓰여 있니?
- 이번 시간에는 '여우와 사과나무' 동화를 들어 볼 거야.
- (여닫이 표지판 열며) 여기에 어떤 동물들이 있니?
- 어떤 이야기일 것 같니?
- 동화를 듣기 전에 어떻게 해야 할까?
- 이제 동화를 들어보도록 하자.

동화 줄거리

(다람쥐 등장)
다람쥐가 사과나무에게 "안녕하세요?" 하고 말하자
사과가 툭 떨어졌어요.
다람쥐가 "고맙습니다!"라고 하자 (나무가 손을 흔들며)
"잘가!"라고 했어요. (다람쥐 퇴장)
(여우등장)
여우는 사과나무에게 "나도 사과 주세요!"라고 했어요.
하지만 사과가 떨어지지 않았어요.
(토끼와 곰 등장)
그런데 토끼와 곰이 와서 사과나무에게 "안녕하세요?" 했더니
사과가 톡 떨어지는 거예요.
토끼와 곰이 사과나무에게 "안녕히 계세요!" 하니까
(나무가 손을 흔들며) "잘가"라고 했어요.
(토끼와 곰 퇴장)
이번에는 여우도 사과나무에게 "안녕하세요?"했어요.
(사과를 여우 머리 위에 떨어뜨리며) 사과가 머리에 툭 떨어졌지요.
사과나무는 "미안해!"라고 여우에게 말했어요.
여우는 "괜찮아요!" 했지요.
그랬더니 사과들이 투두둑 떨어졌지요.
와! 여우는 배부르겠다!

3. **활동을 한 후 활동에 대한 회상과 평가를 한다.**

- 오늘 어떤 활동을 했니?
- '여우와 사과나무' 동화를 들어보았는데 어땠니?
- 동화에 나온 사과나무와 동물들처럼 좋은 말을 사용하거나 들으면 어떤 기분이 드니?

4. **교구를 놓아둘 영역을 소개하고 계속 가지고 놀 수 있도록 안내한다.**

4. 어떤 교통기관일까요?

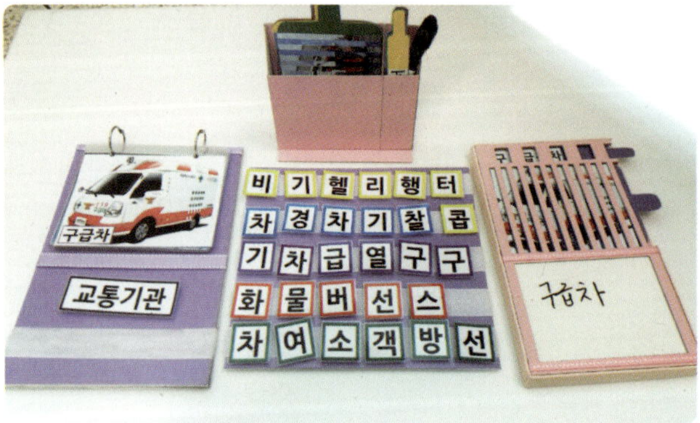

- **생활주제:** 교통기관
- **활동영역:** 언어
- **대상연령:** 만 4~5세
- **참여인원:** 1~2명
- **활동목표**
  - 엇갈려 붙인 교통기관 사진과 교통기관 단어카드를 스캐니메이션 상자에 넣어 사진과 단어를 맞춰 본다.
  - 교통기관 단어카드와 해당글자를 찾아 붙이고 보드마커펜으로 글자를 써 본다.
  - 여러 가지 교통기관의 특징에 대해 이야기 나눈다.

■ 활동자료

스캐니메이션 상자, 2가지 교통기관을 엇갈려 붙인 교통기관 사진카드, 2가지 교통기관글자를 엇갈려 붙인 단어카드, 교통기관 단어카드책(비행기, 열기구, 헬리콥터, 소방차, 경찰차, 구급차, 여객선, 화물선), 교통기관글자카드와 보관판, 보드마커펜

■ 제작재료 및 제작방법

1. 제작재료

보드마커, 하드보드지(분홍색), 칼, 자, 가위, 시트지, EVA, 우드락, 코팅지, 코팅기, 여러 가지 교통기관 사진(비행기, 열기구, 헬리콥터, 소방차, 경찰차, 구급차, 여객선, 화물선), 색지(노란색, 빨간색, 진하늘색, 초록색), 글루건, 벨크로(까슬이, 보들이)

2. 제작방법

1) 스캐니메이션 상자

① 종이에 스캐니메이션 상자의 밑그림을 그리고 분홍색 하드보드지에 밑그림대로 그린 후 상자의 앞면, 뒷면, 윗면, 옆면 2장을 자른다.

② 스캐니메이션 상자 아랫부분의 네모칸에 들어갈 수 있도록 흰색 머메이드지를 잘라 코팅하여 네모칸 뒷부분에 붙이고 두꺼운 박스종이를 대고 그 위에 분홍색 하드보드지를 잘라 붙여 스캐니메이션 상자의 앞면을 완성한다.

2) 엇갈려 붙인 교통기관 사진카드와 교통기관 단어카드

① 스캐니메이션 상자에 넣을 만큼의 크기로 교통기관 사진을 프린트하여 6.6mm 간격으로 자른다.

② 2가지 교통기관의 사진을 번갈아 가며 각각의 색지에 붙이고 잘라서 코팅한다.

③ 두가지 교통기관 글자를 프린트하여 잘라 색지에 번갈아 붙여 자른 뒤 코팅

한다.

3) 보관상자

① 교통기관 사진과 교통기관 단어카드를 보관할 수 있도록 분홍색 하드보드지를 잘라 보관상자를 만든다.

4) 교통기관 단어카드책, 교통기관 글자카드와 보관판

① 교통기관 사진을 프린트하고 교통기관 단어를 붙인 후 코팅한다.

② 교통기관의 글자를 프린트하여 코팅하고 뒤에 벨크로(까슬이)를 붙인다.

③ 달력처럼 세울 수 있도록 하드보드지로 삼각대를 만들고 단어카드와 삼각대에 펀치로 구멍을 뚫고 플라스틱 컬러링으로 연결해 교통기관 단어카드책을 완성한다.

④ 글자를 떼었다 붙였다 할 수 있도록 글자판을 코팅하여 만들고 벨크로(보들이)를 붙인다.

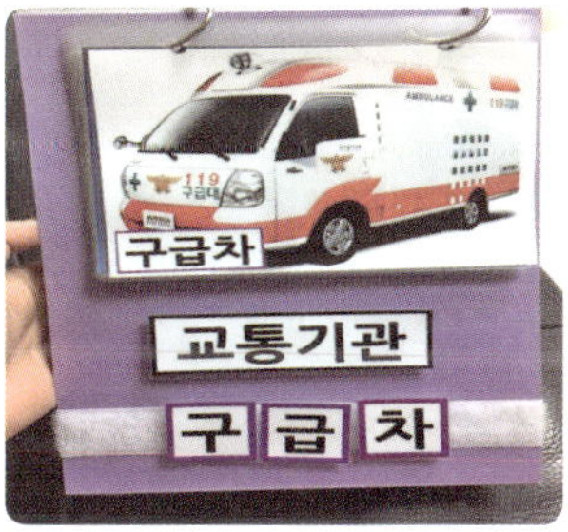

■ **활동방법**

1. **유아들이 타 본 적이 있거나 알고 있는 교통기관에 대해 이야기 나눈다.**
   - 친구들 오늘 유치원에 어떻게 왔니?
   - 오늘 타고 온 것 말고 친구들이 아는 탈것에는 또 무엇이 있니?

2. **교통기관 단어카드 책에 있는 교통기관의 특징에 대해 이야기 나눈다.**
   - (교통기관 단어카드 책에 있는 교통기관을 보여 주며) 여기 사진에 있는 탈것은 무엇일까?
   - (교통기관 단어 글자판을 보여 주며) 이 사진에 알맞은 이름을 찾아 여기 책에 붙여 보도록 하자
   - ~을 타거나 본 적이 있니?
   - 생김새는 어떠니?
   - 무슨 일을 하는 것일까?
   - 다른 탈것과 비슷한 점은 무엇이 있을까?
   - 다른 탈것과 다른 점은 무엇이 있을까?

3. **교구를 소개한다.**
   - 여기 있는 사진이 무엇인지 알 수 있니?
   - 이 사진을 여기 상자에 넣어 보자. 어떻게 보일 것 같니?

4. **활동방법을 소개하고 교구를 조작해 본다.**

> 활동방법
> ① 엇갈린 교통기관 사진을 보고 어떤 교통기관인지 예측해 본다.
> ② 엇갈린 교통기관 사진을 스캐니메이션 상자에 넣고 자기가 예측한 교통기관이 맞는지 확인해 본다.
> ③ 교통기관 사진을 확인한 후 엇갈린 교통기관 단어카드를 스캐니메이션 상자에 넣고 교통기관이름을 확인해 본다.
> ④ 스캐니메이션 상자 밑에 있는 보드마커판에 보드마커펜으로 교통기관 이름을 써 본다.

5. **활동을 한 후 활동에 대한 회상과 평가를 한다.**

- 오늘 어떤 활동을 했니?
- 오늘 여러 가지 탈것 사진을 상자에 넣고 무엇인지 알아보고 탈것의 이름도 써보았는데 어땠니?

6. **교구를 놓아둘 영역을 소개하고 계속 가지고 놀 수 있도록 안내한다.**

5. 감귤나무의 귤을 따요

■ 생활주제: 겨울

■ 활동영역: 언어

■ 대상연령: 만 3~4세

■ 참여인원: 1~2명

■ 활동목표

- 동화『감귤기차』를 듣고 동화내용을 회상한다.
- 감귤나무에서 동화에 나온 겨울관련 단어카드의 글자를 찾아 단어를 완성해 본다.

■ 활동자료

『감귤기차』(글 · 그림 김지안) 동화책, 글자감귤, 감귤나무, 낱말카드

■ 제작재료 및 제작방법

1. 제작재료

1) 글자감귤

스티로폼 공, 펠트지(검은색, 주황색), 철심, 종이테이프(초록색), EVA(초록

색), 한지(주황색), 한지 마감재, 붓, 가위, 풀, 글루건

2) 나무기둥과 나뭇가지, 나무상자

노끈, 두꺼운 철심, 펜치, 파인애플 깡통 2개, 송곳, 양면테이프, 한지(갈색), 접착 펠트지(베이지색), 상자

3) 낱말카드와 낱말카드 보관함

코팅지, 하드보드지, 가위, 노끈, 양면테이프, 칼, 자

4) 나무상자 꾸미기

상자, 솜, 스티로폼 공, 철심, 종, 큐빅, 접착 펠트지(베이지색), 달걀판, 하드보드지, 한지(갈색), 아크릴 물감, 풀, 가위, 자, 글루건

2. 제작방법

1) 글자감귤

① 스티로폼 공에 주황색 한지를 뜯어 풀로 붙이고 마감재를 바르고 말린다. 말리고 바르기를 두 번 반복한다.

② 철심에 초록색 종이테이프를 감은 후 펜치를 사용하여 8cm로 자른다.

③ EVA를 나뭇잎 모양으로 자르고 철심을 만든 나뭇잎에 연결한 뒤 철심을 스티로폼 공에 박는다.

④ 글루건으로 나뭇잎을 붙여 감귤열매를 완성한다.

⑤ 글자를 프린트하여 검은색 펠트지에 대고 자른다.

⑥ 스티로폼 공에 글루건을 사용하여 글자를 붙여 감귤글자를 완성한다.

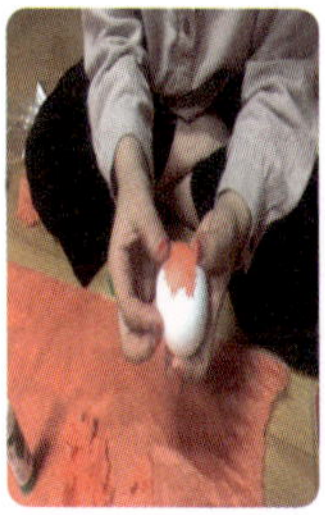

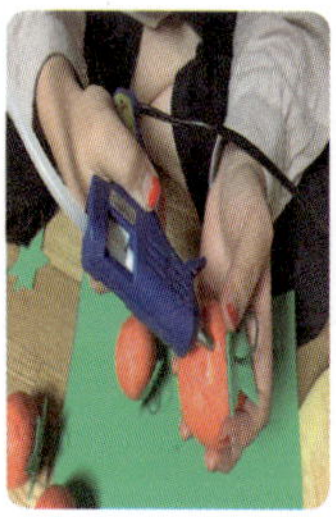

2) 나무기둥과 나뭇가지, 나무상자

① 철심에 글루건으로 녹인 심을 바른 후 노끈을 사용하여 철심을 감는다.

② 기둥에 고정할 수 있도록 마지막 부분을 꺾어 준다.

③ 파인애플 깡통 2개를 준비하여 양면테이프를 붙이고 갈색 한지를 깡통에 감싸 붙인다.

④ 송곳을 이용하여 나무기둥 옆부분에 구멍을 낸 후 나뭇가지를 안으로 연결한다.

⑤ 깡통 밑부분에 송곳으로 구멍을 양 옆으로 2개씩 뚫어 철심을 깡통 안으로 넣고 다시 밖으로 뺀 후 들어가는 곳과 나오는 곳에 철심을 양갈래로 남긴 뒤 고정핀으로 고정시킨다.

⑥ 상자에 베이지색 접착 펠트지를 붙인다.

⑦ 상자에 송곳으로 나무기둥을 놓아둘 곳에 구멍 2개를 뚫는다.

⑧ 나무기둥 밑에 고정시켜 둔 철심 두 갈래를 상자 구멍에 넣고 상자 안쪽에서 구멍을 2개 뚫은 고정판에 넣고 철심을 꼬아서 고정한다.

3) 낱말카드와 낱말카드 보관함

① 그림과 글자를 프린트하여 코팅한 후 자르고 뒷면에 EVA를 잘라 붙인다.

② 하드보드지를 각각 10cm 2개, 8cm 2개로 총 4개를 만든다.

③ 양면테이프를 하드보드지에 붙이고 노끈으로 하드보드지를 감싼다.

④ 나무상자의 오른쪽 하단에 글루건을 사용해 노끈막대를 네모칸으로 붙여 낱말카드 보관함을 완성한다.

4) 나무상자 꾸미기

① 스티로폼 공을 작은 것과 큰 것을 준비하여 칼로 밑부분을 자른다.

② 글루건을 이용하여 2개의 스티로폼 공을 붙인다.

③ 눈사람에 글루건을 사용하여 리본과 리본끈으로 목도리를, 큐빅으로 단추를, 종으로 모자를 꾸민다.

④ 빨간색, 흰색, 검은색 펠트지를 잘라 눈사람의 얼굴을 꾸민다.

⑤ 뾰족한 부분를 3cm, 기둥 7cm, 가로 2cm로 밑그림을 그린 후 하드보드지를 자르고 뾰족한 부분을 둥글려 준다. 기다란 울타리대도 그리고 자른다.

⑥ 풀을 이용하여 한지를 붙이고 만들어 놓은 나무상자 옆에 글루건을 이용하여 붙이고 울타리를 만든다.

⑦ 솜을 밑에 깔고 반짝이를 뿌려 반짝반짝한 것을 표현한다.

⑧ 달걀판의 옆부분을 아크릴 물감으로 칠하고 나무상자에 붙여 나무상자를 완성한다.

■ 활동방법

1. 지난 시간에 들은 동화 『감귤기차』를 회상하고 느낌에 대해 이야기 나눈다.
   - 지난 시간에 『감귤기차』 동화를 들어보았는데 누가 나왔었니?
   - 또 무엇이 나왔니?
   - 소녀에게는 무슨 일이 있었니?
   - 동화에 나온 소녀는 할머니와 귤껍질로 여러 가지 모양을 만들어 보았는데 친구들은 할머니, 할아버지를 만나면 무엇을 하고 싶니?

2. '감귤나무의 귤을 따요' 교구를 소개한다.
   - (감귤나무 교구를 보여 주며) 여기에 나무가 있는데 무슨 나무일까?
   - 감귤나무에 무엇이 달려 있니?
   - 감귤나무열매에는 감귤기차에 나온 것들의 이름을 만들 수 있는 여러 가지 글자들이 있어.

3. 활동방법을 소개하고 교구를 조작해 본다.

> 활동방법
> ① 나무상자에 있는 낱말카드상자에서 낱말카드를 꺼내 뒤집어 놓는다.
> ② 뒤집어 놓은 낱말카드를 하나씩 집는다.
> ③ 낱말카드에 적힌 낱말의 글자를 감귤나무의 열매에서 찾아 달걀판 위에 놓는다.
> ④ 글자가 맞으면 낱말카드를 가진다.
> ⑤ 낱말카드의 글자를 다 맞추고 각자 낱말카드를 다 모으면 활동이 끝난다.

4. 활동을 한 후 활동에 대한 회상과 평가를 한다.
   - 오늘 어떤 활동을 했니?
   - '감귤나무의 귤을 따요' 교구를 가지고 여러 가지 글자로 찾아서 동화에 나온 여러 가지 것들의 이름(낱말)을 만들어 보았는데 어땠니?
   - 어떤 것의 이름(낱말)을 만들어 보았니?

5. 교구를 놓아둘 영역을 소개하고 계속 가지고 놀 수 있도록 안내한다.

제3장

과학영역

1. 무엇이 빛날까

- **생활주제:** 환경과 생활
- **활동영역:** 과학
- **대상연령:** 만 4~5세
- **참여인원:** 1~3명
- **활동목표**
  - 빛을 내는 것과 빛을 내지 않는 것을 예측하고 교구를 조작하여 확인해 본다.
  - 여러 가지 물건, 환경, 생물의 그림자를 보고 물건, 환경, 생물을 예측하고 맞춰 본다.

■ 활동자료

물건·생물 모형(빛을 내는 것, 빛을 내지 않는 것), 그림판(낮, 밤, 실내), 빛 상자, 전구판, 물건 상자

■ 제작재료 및 제작방법

1. 제작재료

1) 물건 · 생물 모형(빛을 내는 것, 빛을 내지 않는 것)

펠트지, 융천, 퀼팅솜, 벨크로(까슬이), 바늘, 실, 가위, 기화성 펜

2) 그림판(낮, 밤, 실내)

하드보드지, 접착 펠트지, 컴퍼스, 펜, 가위

3) 빛 상자, 전구판

상자, 검은색 펠트지, 폼보드, 양면테이프, 마스킹테이프, 펜, 테이프, 칼, 글루건, 별 모양 스팽글, 하드보드지, 컴퍼스, 전구, 전구 소켓, 전선, 건전지 끼우개, 건전지 2개

4) 모형 상자

박스, 펠트지, 접착 펠트지, 양면테이프, 칼

2. 제작방법

1) 물건 · 환경 · 생물 모형(빛을 내는 것, 빛을 내지 않는 것)

① 빛을 내는 물건 · 생물과 빛을 내지않는 물건 · 생물을 종이에 스케치한 후 오리고 전구가 들어갈 부분을 동그랗게 뚫는다.

② 오린 종이를 융천 1장, 펠트지(앞면, 뒷면) 2장, 퀼팅솜 1장에 대고 그린 뒤 오린다.

③ 뒷면에 벨크로(까슬이)를 바느질한다.

④ 벨크로를 바느질한 뒷면과 앞면 사이에 퀼팅솜을 끼워 넣고 함께 바느질한다.

* 빛을 내는 물건 · 생물
낮: 해, 신호등, 자동차
밤: 달, 가로등, 반딧불이
실내: 전등, 텔레비전, 손전등

* 빛을 내지 않는 물건 · 생물
낮: 나무, 구름, 새
밤: 고양이, 표지판, 울타리
실내: 꽃병, 창문, 거울, 방석

2) 그림판(낮, 밤, 실내)

① 물건 모형을 놓을 곳을 생각하며 낮, 밤, 실내 모습을 스케치한다. 3곳 모두 불이 켜지는 전구의 위치를 같게 한다.

② 전구를 넣을 부분에 구멍을 뚫는다.

③ 물건 모양대로 오린 융천을 전구 구멍 위치에 맞는지, 판에 벗어나지 않는지 확인한다.

④ 스케치한 배경 색깔대로 접착 펠트지를 오려 붙인다.

⑤ 물건, 환경, 생물 모양의 융천을 전구 구멍 위치에 맞게 붙인다.

3) 빛상자, 전구판

① 박스에 윗부분을 그림 크기로 자르고, 그림판을 쉽게 꺼낼 수 있도록 옆 부분에 둥글게 홈을 낸다.

② 박스 옆 부분에 그림판을 넣어 보관할 수 있도록 직사각형으로 자른다.

③ 오린 박스를 펼친 다음 양면테이프를 이용해 검은색 펠트지로 감싼 후 다시

조립한다.

④ 박스 크기에 맞게 하드보드지를 오린 후 전구를 넣을 부분에 맞게 구멍을 뚫는다.

⑤ 전구 구멍에 전구를 넣고, 건전지 끼우개와 병렬연결한다(불이 들어오는 전구는 소켓을 끼우고 전선을 연결하고 불이 들어오지 않는 전구는 소켓과 전선을 연결하지 않는다).

⑥ 전구판이 들어갈 자리에 폼보드를 붙인 후 마스킹테이프를 두른다.

⑦ 전구판을 상자 안 폼보드 위에 넣고, 상자 옆 부분에 구멍을 내 건전지 끼우개를 밖으로 뺀다.

⑧ 건전지 끼우개를 접착 펠트지로 감싸 안전하고 상자와 어울리도록 만든다.

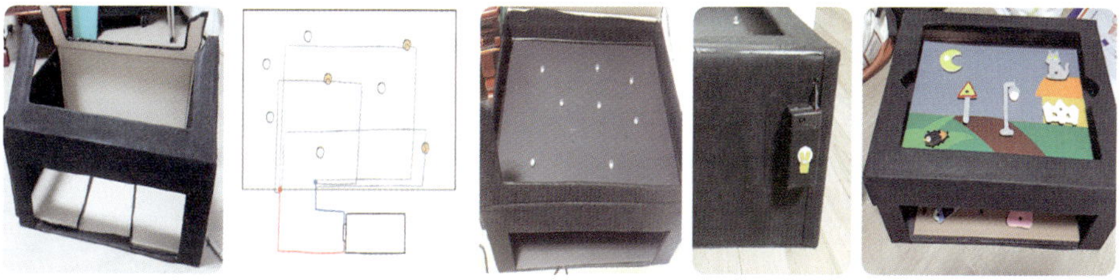

4) 모형상자

① 박스를 모형을 담을 수 있을 정도의 크기로 오린 후 검은색 펠트지로 감싼다.

② 박스를 조립하고 테두리를 펠트지로 감싼다.

③ 검은색 배경 주변을 접착 펠트지를 별 모양으로 오려 붙여 꾸민다.

■ 활동방법

1. 우리 주변에 빛을 내는 것에 대해 이야기 나눈다.
   - 우리 교실에서 빛을 내는 것에는 무엇이 있을까?
   - 우리 주변에서 빛을 내는 것에는 무엇이 있을까?

2. '무엇이 빛날까?' 교구를 소개한다.
   - (그림판을 보여 주며) 여기 판에 있는 그림이 검은색으로 되어 있는데 무슨 그림일까?
   - (물건 · 환경 · 생물모형이 든 모형상자를 보여 주며) 여기 안에서 그림자에 어울리는 것을 찾아 붙여 보자.
   - 그림판에 있는 그림자와 어울리는 것을 다 찾아 보았는데 무엇이 있니?
   - 이 중에 빛을 내는 것은 무엇이 있을까?
   - 어떻게 빛을 내는 걸까?

   - 여기 상자에 그림판을 하나씩 넣고 어떤 것에 빛이 들어오는지 알아 보도록 하자.

3. 활동방법에 대해 이야기 나누고 교구를 조작해 본다.

활동빙법
① 그림판을 하나씩 나눠 갖는다.
② 그림판에 있는 그림자에 알맞은 모형을 모형상자에서 찾아 붙인다.
③ 모형 중 빛을 내는 것과 빛을 내지 않는 것을 예측해 본다.
④ 빛상자의 전구판 위에 그림판을 올려놓고 전구스위치를 켜서 빛을 내는 것과 빛을 내지 않는 것을 확인한다.

4. 활동을 한 후 활동에 대한 회상과 평가를 한다.

- 친구들 오늘 어떤 활동을 해 보았니?
- 오늘 '무엇이 빛날까' 교구를 가지고 빛을 내는 것과 빛을 내지 않는 것을 알아보았는데 어땠니?
- 여기에서 알아본 것 말고 또 어떤 것이 빛이 날 것 같니?
- 다음 시간에는 집과 주변에서 빛을 내는 것을 찾아보고 알아낸 것에 대해 이야기해 보자.

5. 교구를 놓아둘 영역을 소개하고 계속 가지고 놀 수 있도록 안내한다.

2. 물방울을 모아요

■ 생활주제: 환경과 생활

■ 활동영역: 과학

■ 대상연령: 만 4세

■ 참여인원: 2명

■ 활동목표

- 교구를 조작하면서 우리 주변에서 물이 들어 있는 곳이나 물이 들어 있는 것에 대해 알아본다.
- 교구를 조작하면서 모은 물방울의 수를 세어 본다.

■ 활동자료

『졸졸졸 물을 찾아서』(글 최정희 · 그림 김미은) 동화책, 물방울을 모아요 보드게임판, 주사위, 물방울 20개, 물방울판 2개(보따리 모양, 물뿌리개 모양), 물방울 보관함, 게임말 2개(보따리 모양, 물뿌리개 모양)

■ 제작재료 및 제작방법

1. 제작재료

1) 보드게임판

우드락(4절), 색지(노란색, 파란색, 주황색, 분홍색), 한지(연노란색), 가위, 풀, 자, 목공 풀, 투명 시트지

2) 주사위

펠트지(빨간색, 노란색, 주황색, 초록색, 흰색), 접착 펠트지(하늘색, 검은색), 실(다양한 색), 바늘, 가위, 솜

3) 물방울

펠트지(하늘색), 원형 벨크로(까슬이), 실(흰색), 바늘, 솜, 가위, 글루건

4) 물방울판

접착 펠트지(노란색, 빨간색), 우드락(흰색), 컴퍼스, 각도기, 자, 칼, 가위, 원형 벨크로(보들이)

5) 물방울 보관함

접착 펠트지(파란색, 하늘색, 흰색), 솜, 선물상자, 접착 눈알(8mm), 가위, 칼

6) 게임말

풍선 컵 및 막대, 펠트지(빨간색, 노란색), 글루건, 가위, 아크릴 물감, 붓, 실, 바늘

2. 제작방법

1) 보드게임판

① 6×6cm 사이즈로 색지(노란색, 파란색, 주황색, 분홍색)를 자른다.

② 보드게임판에 사용될 것(꽃, 빙산, 수증기, 호수 등)을 스케치하고 자른다.

③ 6×6cm 사이즈 칸 위에 풀을 사용하여 붙인다.

④ 비를 모을 수 있는 단어를 16포인트로 프린트해 잘라 알맞은 곳에 붙인다.

⑤ '앞으로 1칸', '뒤로 1칸' 등의 문구를 제작하여 출력해 6×6cm 크기의 색지에 붙인다.

⑥ 동화책을 스캔하여 출발/도착 및 화살표를 추가한다.

⑦ 도안을 출력하여 자른 뒤 출발지에 붙인다.

⑧ 물방울을 작게 잘라 색지에 붙인 후 간격을 두고 자른다.

⑨ 자른 물방울을 6×6cm 크기의 단어가 있는 색지에 붙인다.

⑩ 33.5×18cm의 크기로 하늘색 색지를 자른다.

⑪ 자른 하늘색 색지의 크기에 맞추어 흰색 색지를 구름 모양으로 잘라 붙인다.

⑫ 꽃, 주인공 곰지 등 색지로 잘라 구름 배경 위에 붙인다.

⑬ 동화책 '졸졸졸 물을 찾아서' 문구를 프린트해 잘라 붙인다.

⑭ 우드락을 54×39cm로 자른다.

⑮ 노란색 한지를 우드락 사이즈와 같이 자른 후 목공풀을 사용하여 자른 우드락에 붙인다.

⑯ 1.9×2.9cm를 띄어 칸을 적절히 배치하여 붙인다. 가운데 빈 공간에 배경을 꾸며놨던 구름 배경을 붙인다.

⑰ 우드락의 크기를 맞춰 투명 시트지를 잘라 붙인다. 투명테이프로 끝을 마무리한다.

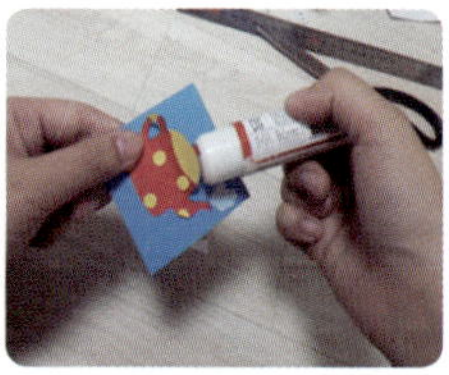
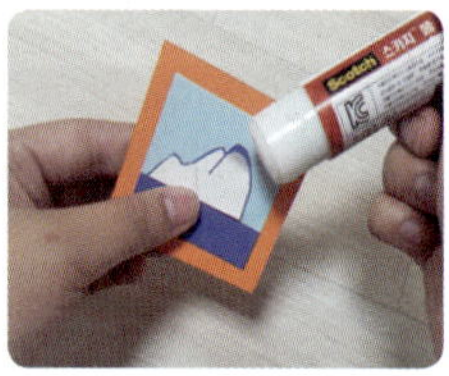

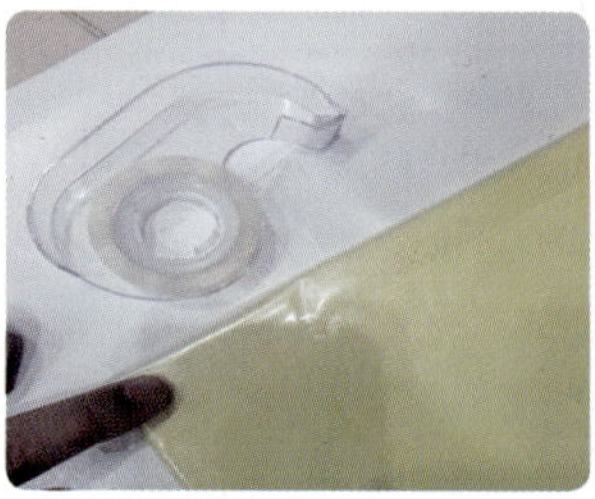

2) 주사위

① 한 변이 17cm인 정삼각형을 만들기 위해 도안을 스케치한다.

② 빨간색, 노란색, 주황색, 초록색 펠트지를 스케치에 맞추어 자른다.

③ 4면을 꼭지점을 맞추어 다양한 색의 실을 사용하여 버튼홀 스티치 방법으로 바느질한다.

④ 숫자 1, 2, 3과 별모양의 도안을 검은색, 노란색, 하늘색 접착 펠트지에 그려 자르고 주사위의 4면에 붙인다.

⑤ 숫자에 맞게 하늘색 접착 펠트지에 물방울 모양을 그려 잘라 붙여 주사위를 완성한다.

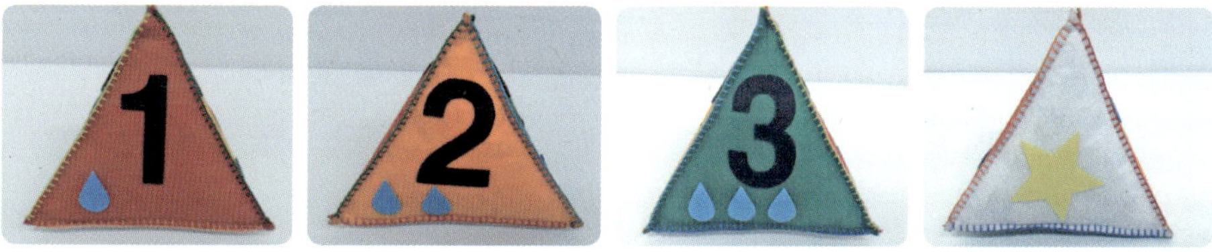

3) 물방울

① 총 5cm인 물방울 모양의 도안을 프린트하여 하늘색 펠트지에 그려 오린다.

② 물방울 모양 펠트지 2장을 버튼홀 스티치로 바느질한다.

③ 솜을 적당히 넣고 솜을 넣은 입구를 바느질하고 물방울 뒤에 원형 벨크로(까슬이)를 붙여 총 20개의 물방울을 만든다.

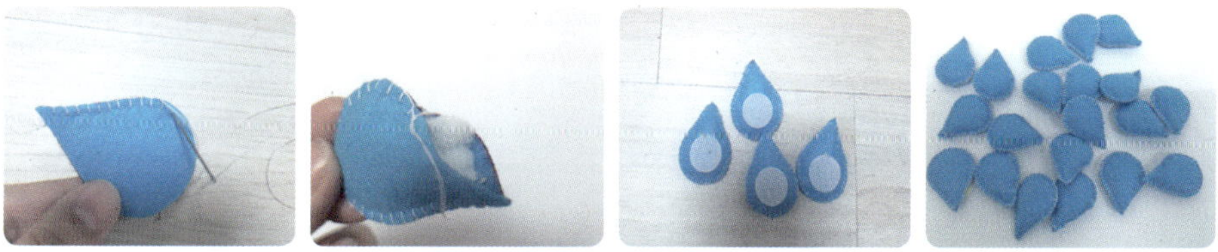

4) 물방울판

① 우드락에 보따리 모양과 주전자 모양으로 자, 각도기, 컴퍼스를 이용해 스케치한 후 칼을 이용해 자른다.

② 같은 모양으로 빨간색과 노란색 접착 펠트지에 그린 후 잘라 붙인다.

③ 10개의 벨크로(보들이)를 적당한 곳에 붙인다.

5) 물방울 보관함

① 상자의 뚜껑 부분을 파란색 펠트지에 도안을 그리고 자른다.

② 물방울 모양의 도안을 만들어 하늘색 펠트지에 붙여 오린다.

③ 파란색 펠트지 가운데 물방울 모양의 펠트지를 홈질로 바느질한다.

④ 솜을 넣고 입구를 바느질하여 마무리한다.

⑤ 상자 뚜껑에 파란색 펠트지를 붙인다.

⑥ 글루건을 사용하여 물방울에 눈알을 붙이고 입과 볼은 펠트지를 오린 후 붙인다.

⑦ 상자 아랫부분에 흰색 펠트지를 잘라 붙여 물방울 보관함을 완성한다.

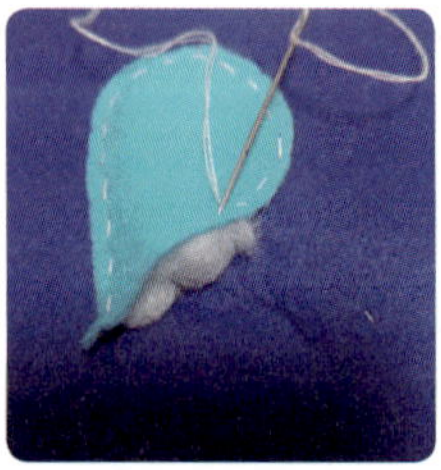

6) 게임말

① 풍선 막대를 10.5cm로 2개를 잘라 준다.

② 노란색, 빨간색 아크릴 물감으로 각각 막대만 꼼꼼히 2~3번 덧발라 칠해

준다.

③ 노란색과 빨간색 펠트지에 물뿌리개 모양과 보따리 모양으로 도안을 그린 후 각각 2장씩 자르고 버튼홀 스티치로 바느질한다.

④ 보따리 모양과 물뿌리개 모양의 펠트지를 중간까지 바느질한 뒤 글루건을 이용해 빨대를 펠트지 가운데에 넣어 붙인다.

⑤ 펠트지의 나머지 부분은 솜을 넣어 가며 바느질로 마무리한다.

⑥ 풍선 컵의 밑부분을 각각 노란색, 빨간색 아크릴 물감으로 칠해 게임말을 완성한다.

■ 활동방법

1. **지난 시간에 들은 '졸졸졸 물을 찾아서' 동화책의 내용을 회상하고 느낌에 대해 이야기 나눈다.**
   - 지난 시간에 '졸졸졸 물을 찾아서' 동화를 들어 보았는데 어땠니?
   - 곰지는 어떻게 물방울들을 모을 수 있었니?

2. **'물방울을 모아요' 교구를 소개한다.**
   - 오늘은 지난 시간에 들었던 '졸졸졸 물을 찾아서' 동화에 나오는 곰지가 물방울을 모으는 게임을 할 거야.
   - 여기에 게임을 할 때 필요한 것들이 있는데 무엇이 있는지 보도록 하자

3. **활동방법에 대해 이야기 나누고 교구를 조작해 본다.**

활동방법
① 게임말과 물방울판을 하나씩 나눠 갖는다.
② 두 유아가 가위바위보를 통해 순서를 정한 뒤 주사위를 굴린다.
③ 주사위에 나온 수 만큼 말을 이동시킨다.
④ 게임판에서 물을 모을 수 있는 곳이 나오면 물방울이 표시되어 있는 만큼 물방울을 갖는다.
⑤ 슬퍼하는 꽃이 나오면 물방물을 가질 수 없다.
⑥ 게임판이 한 바퀴가 다 돌고 난 뒤 물방울을 더 많이 모은 유아가 이긴다.

4. 활동을 한 후 활동에 대한 회상과 평가를 한다.

- 친구들 오늘 어떤 활동을 해 보았니?
- 오늘 '물방울을 모아요' 교구를 가지고 게임을 해 보았는데 어땠니?
- 동화책과 게임에서 물방울을 어떻게 모을 수 있었지?
- 동화책과 게임에서 나온 것 말고 또 어떻게 물을 모을 수 있을까?

5. 교구를 놓아둘 영역을 소개하고 계속 가지고 놀 수 있도록 안내한다.

3. 수박씨의 여행

■ **생활주제:** 나와 환경

■ **활동영역:** 과학

■ **대상연령:** 만 4~5세

■ **참여인원:** 2~4명

■ **활동목표**

- 보드게임을 통해 음식물의 소화과정에 대해 알아본다.
- 각 소화기관이 하는 일에 대해 알아본다.

■ **활동자료**

『송이가 꿀꺽』(김원섭 글·박우희 그림) 동화책, 보드게임판, 소화기관 설명판, 수박말, 주사위, 수박주머니, 똥 인형

■ **제작재료 및 제작방법**

1. **제작재료**

2절지 우드락, 빨간색 한지, 우드락 본드, 펠트지(여러 가지 색), 도화지(여러 가지 색), 원형 벨크로, 직선형 벨크로, 가위, 풀, 글루건, 시트지, 바늘, 실,

종, 스펀지, EVA, 눈알, 리본 등

2. 제작방법

1) 보드게임판

① 2절지 우드락을 반으로 잘라 2장을 만든다.

② 빨간색 한지를 손으로 구겨 자연스러운 구김을 준다.

③ 흰색 우드락에 우드락 본드를 이용하여 꼼꼼히 발라 준다.

④ 우드락 본드를 묻힌 우드락 전체에 천천히 빨간색 한지를 잘라 붙인다. 나머지 우드락 1장도 같은 방식으로 빨간색 한지를 붙이고 우드락끼리 덮었다 폈다 할 수 있도록 빨간 한지를 덧대어 연결해 준다.

⑤ 살구색 색도화지에 연필로 송이의 얼굴을 스케치한다.

⑥ 유성매직으로 송이의 얼굴을 따라 그린 후 자른다.

⑦ 갈색 색도화지에 송이의 머리를 그린 후 자른다.

⑧ 우드락판을 접었을 때 앞부분에 송이의 얼굴과 머리를 붙인다.

⑨ 흰색 도화지와 갈색 도화지에 얼굴에 그린 눈과 같이 눈을 그려 자른 후 송이의 얼굴에 붙인다.

⑩ 큰 도화지에 전체적으로 송이의 몸통과 소화기관들을 스케치한다.

⑪ 각 소화기관에 어울리는 색도화지 위에 크기를 맞추어 스케치한다.

⑫ 스케치한 소화기관들을 자른 후 전체적으로 크기를 맞춘다.

⑬ 송이의 몸통을 색도화지에 스케치한 후 잘라 우드락판을 펼쳤을 때 안쪽 부분에 붙인다.

⑭ 미리 잘라 둔 소화기관 색도화지들을 위치에 맞게 붙인다.

⑮ 게임에 쓰일 미션들을 프린트한 후 잘라 붙인다.

⑯ 보드게임판의 크기에 맞추어 투명 시트지를 자른다.

⑰ 차근차근 공기가 들어가지 않게 투명 시트지를 보드게임판에 밀착하여 붙인다.

⑱ 투명 시트지를 붙인 송이의 머리에 리본을 글루건을 이용하여 붙인다.

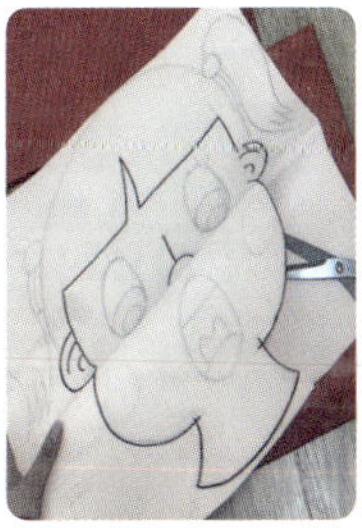

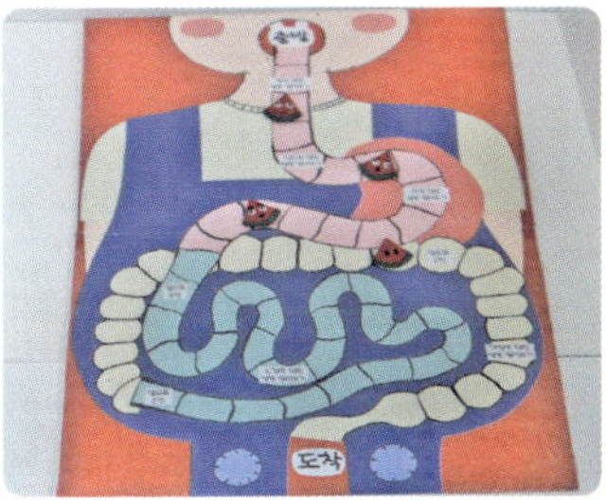

2) 소화기관 설명판

① 소화기관 설명판의 크기를 정하여 초록색 펠트지 4장, EVA 2장을 오린다.

② 초록색 펠트지 2장을 겹쳐 버튼홀 스티치로 바느질한다.

③ 3면을 다 바느질한 후, EVA를 펠트지 안에 넣고 나머지 한 면도 바느질한다.

④ 살구색 접착 펠트지에 송이의 머리와 몸을 스케치한 후 잘라 붙인다.

⑤ 송이의 몸에 맞추어 소화기관들을 스케치하고 검은색 접착 펠트지 위에 대고 오린 후 송이의 몸에 붙인다.

⑥ 소화기관들의 설명을 프린트하고 코팅하여 자른다.

⑦ 미리 잘라 놓은 초록색 펠트지 1장에 코팅한 소화기관의 설명의 크기에 맞게 칼집을 내어 놓는다. 코팅한 설명 뒤에 양면테이프를 붙여 칼집을 내어 놓은 펠트지 안에 넣고 붙인다.

⑧ 초록색 펠트지 왼쪽 부분에 설명에 맞는 소화기관을 스케치하여 검은색 접착 펠트지에 대고 자른 후 붙인다.

⑨ 검은색 소화기관에 원형 벨크로를 붙인다.

⑩ 미리 잘라 놓은 나머지 초록색 펠트지를 뒤에 대고 삼면을 버튼홀 스티치로 바느질한 후 나머지 한 면에 EVA를 넣고 바느질한다.

⑪ 두 초록색 펠트지를 접었다 펼 수 있도록 두 펠트지의 이음새 부분을 홈질로 바느질한다(두 펠트지에 펀치로 구멍을 뚫어 카드링으로 연결할 수도 있다).

⑫ 두 펠트지를 접었을 때 뒷부분에 수박주머니와 똥 인형을 보관할 수 있도록 흰색 접착 펠트지를 덧대어 붙이고 그 위에 벨크로를 잘라 붙인다.

⑬ 소화기관 그림자들과 크기를 맞추어 여러 색의 펠트지에 스케치하여 2장씩 자른다.

⑭ 2장씩 자른 각 소화기관들을 겹쳐 버튼홀 스티치로 바느질하면서 솜을 넣어 마무리한다.

⑮ 바느질이 다 끝난 후 뒷면에 원형 벨크로를 붙인다.

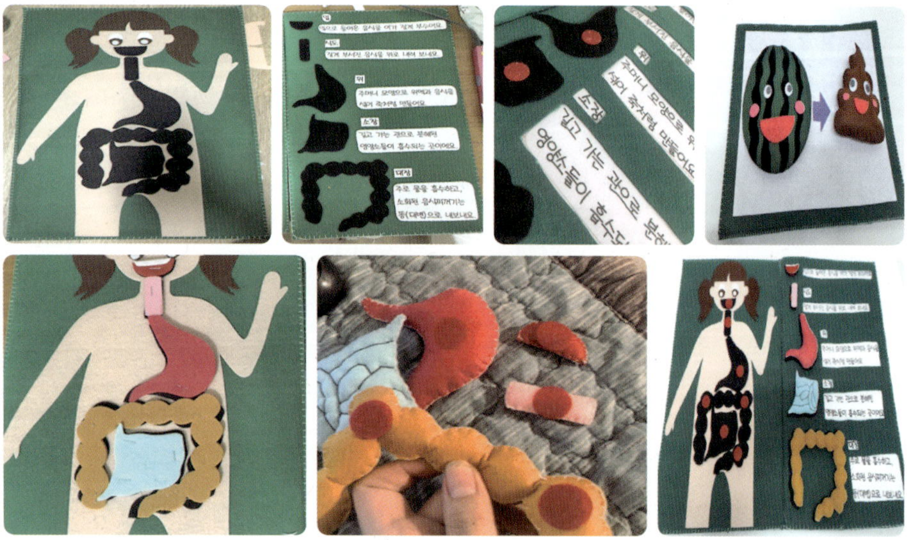

3) 수박말

① 빨간색 펠트지에 5cm 크기에 맞추어 수박 모양을 스케치하고 같은 크기와 모양으로 8장 자른다.

② 수박 앞면에는 눈알을 글루건을 이용하여 붙이고 수박 얼굴을 접착 펠트지를 잘라 꾸민다.

③ 수박 뒷면과 앞면에 초록색 접착 펠트지로 껍질 부분을 만들어 붙인다.

④ 뒷면에 말의 숫자를 표시하는 씨를 검은색 펠트지를 잘라 1~4개까지 만들어 각각의 수박 뒷면에 붙인다.

⑤ 수박말의 앞면과 뒷면을 겹쳐 약간의 솜을 넣고 버튼홀 스티치로 바느질한다.

 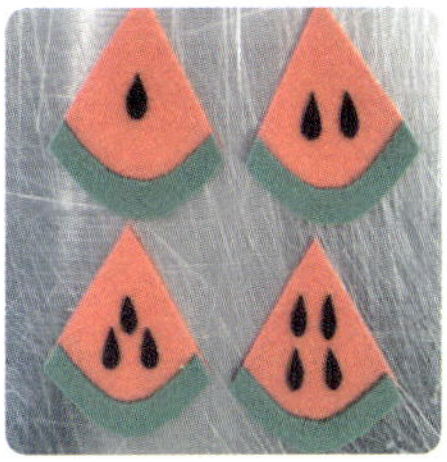  

4) 수박주머니

① 수박말들이 들어갈 수 있는 크기로 초록색 펠트지에 원을 그려 2장 자른다.

② 수박 무늬를 검은색 접착 펠트지를 이용해 자른 후 원에 붙인다.

③ 접착 펠트지에 입, 볼터치 등을 그려 자르고 눈알을 글루건으로 붙여 수박 얼굴을 꾸며 준다.

④ 나머지 잘라 놓은 원을 겹쳐 수박말을 넣을 부분은 남기고 버튼홀 스티치로 바느질한다.

⑤ 수박주머니 입구는 원형 벨크로를 붙여 여닫을 수 있도록 한다.

5) 똥 인형

① 갈색 펠트지에 똥 모양을 그려 2장 자른다.

② 2개의 똥 모양 펠트지를 겹쳐 솜과 삑삑이를 넣고 버튼홀 스티치로 바느질한다.

③ 똥 모양에 글루건으로 눈알을 붙이고 접착 펠트지에 입, 볼터치 등을 그려 자른 후 붙여 똥 인형을 꾸며 준다.

6) 주사위

① 숫자 도안을 프린트하고 여러 가지 색의 펠트지에 대고 도안대로 자른다.

② 자른 숫자의 모양대로 흰색 펠트지를 오려 숫자의 배지로 사용한다.

③ 자른 숫자가 들어갈 수 있는 크기로 여러 가지 색의 펠트지를 정사각형으로 6장 자른다.

④ 정사각형으로 자른 각 펠트지에 숫자와 숫자배지를 대고 홈질한다.

⑤ 숫자가 들어간 정사각형 6장 중 5장를 이어서 버튼홀 스티치로 바느질한다.

⑥ 스펀지를 ×자로 칼집을 낸다.

⑦ 종을 넣었을 때 소리가 날 수 있도록 스펀지 속을 판다.

⑧ 파낸 스펀지 안에 종을 2개씩 넣는다.

⑨ 마지막 정사각형면을 대고 버튼홀 스티치로 바느질하여 마무리한다.

■ 활동방법

1. **지난 시간에 들은 『송이가 꿀꺽』 동화의 내용을 회상하고 음식의 소화과정에 대해 이야기 나눈다.**
   - 친구들 지난 시간에 『송이가 꿀꺽』 동화를 들었는데 송이가 무엇을 꿀꺽했니?
   - 송이가 꿀꺽한 수박씨는 어떻게 되었니?
   - 동화를 듣고 친구들이 먹은 음식이 어떤 곳들을 지나 똥으로 나오게 되었는지 기억나는 친구 있니?
   - (소화기관 설명판을 보여 주며) 맨 처음 어디로 음식이 넘어갈까?
   - (소화기관 모형을 보여 주며) 여기에서 음식이 맨 처음 들르는 곳을 찾아 붙여 볼 친구 있니?

2. **'수박씨의 여행' 교구를 소개한다.**
   - 이번 시간에는 송이가 꿀꺽한 수박씨가 똥으로 나오기까지를 보드게임으로 선생님이 만들어 왔어.
   - 보드게임을 하기 위해 필요한 것들이 무엇이 있나 보자.

3. 활동방법을 소개하고 교구를 조작해 본다.

활동방법

① 수박말을 하나씩 나눠 갖는다.
② 가위, 바위, 보로 순서를 결정한다.
③ 각자 자신의 말을 출발선에 놓는다.
④ 자기 순서가 되면 주사위를 던진다.
④ 주사위 숫자만큼 내려가서 지시사항(앞으로 2칸, 앞으로 3칸)이 있으면 지시사항대로 움직인다.
⑤ 식도, 위, 소장, 대장설명 읽기 칸에 도착했을 때는 소화기관 설명판에 있는 설명을 읽고 소화기관 모형을 떼어 송이 몸의 맞는 곳에 붙인다.
⑥ 끝 칸에 먼저 도착한 사람이 똥 인형을 눌러 삑삑이 소리를 낸다.

4. 활동을 한 후 활동에 대한 회상과 평가를 한다.

- 오늘 무엇을 했니?
- '수박씨의 여행' 교구를 가지고 놀아보았는데 어땠니?

5. 교구를 놓아둘 영역을 소개하고 계속 가지고 놀 수 있도록 안내한다.

4. 빨래를 널어요

■ 생활주제: 생활도구

■ 활동영역: 과학

■ 대상연령: 만 4~5세

■ 참여인원: 2명

■ 활동목표

- 빨래를 널어 본 경험에 대해 이야기 나눈다.
- 날씨에 따라 빨래의 마르는 정도를 예측해 본다.
- 교구 돌림판에 있는 날씨에 따라 빨랫줄에 빨래를 널어 본다.

■ 활동자료

여러 가지 날씨 사진(해가 쨍쨍한 날, 바람이 부는 날, 비가 오는 날), 세탁기, 빨래널이대, 빨래, 빨래 보관함, 돌림판

■ 제작재료 및 제작방법

1. 제작재료

상자, 막대, 펠트지(여러 가지 색), 스티로폼, 우드락, 실, 바늘, 풀, 가위, 기화성 펜, 체크무늬 시트지, 전기테이프, 끈, 코팅지, 글루건, 나무집게, 똑딱이, 열선, 압정, 병뚜껑

2. 제작방법

1) 세탁기

① 둥근 상자 안쪽을 노란색 펠트지로 감싼다.

② 하드보드지를 잘라 접어 서랍 모양을 만든 후 체크무늬 접착 시트지로 감싼다.

③ 서랍 손잡이 부분을 하드보드지를 잘라서 펠트지로 감싼 후 버튼홀 스티치로 바느질한다.

④ 글루건으로 서랍본체와 연결하고 압정을 끼워 손잡이를 만든다.

⑤ 압정의 뾰족한 부분은 글루건을 사용하여 스티로폼을 잘라 붙여 처리한다.

⑥ 서랍이 들어갈 수 있도록 서랍상자를 서랍보다 조금 크게 만들어 노란색 접착 펠트지로 감싼다.

⑦ 상자 뚜껑을 16cm 지름의 원과 4×6cm의 네모로 구멍을 뚫고 버튼 부분에 송곳으로 구멍을 뚫어 세탁기 앞면을 만든다.

⑧ 세탁기 크기에 맞게 펠트지를 오린다.

⑨ 자른 뚜껑을 펠트지로 감싼 후 버튼이 들어갈 부분에 구멍을 뚫어 준다.

⑩ 페트병 뚜껑에 구멍을 뚫는다.

⑪ 투명테이프 둥근 몸체를 활용하여 여기에 글루건으로 병뚜껑을 붙여 버튼 모양을 2개 만든다.

⑫ 병뚜껑을 펠트지로 감싼다.

⑬ 할핀으로 버튼을 세탁기 앞면에 고정한다.

⑭ 세탁기 앞면에 만들어 놓은 서랍상자, 원통, 버튼을 넣은 후 상자에 글루건으로 고정시킨다.

⑮ 완성된 상자를 빨간색 펠트지로 감싸 버튼홀 스티치로 바느질한다.

⑯ 세탁기 원통보다 조금 크게 원을 2개 그리고 속 안에도 원을 그려 속 안의 원을 자른다.

⑰ 코팅한 코팅지를 잘라 놓은 원의 크기만큼 잘라 원과 원사이에 글루건을 사용하여 붙인다.

⑱ 만든 세탁기 뚜껑 모양에 맞게 검은색 펠트지로 2장을 잘라 앞뒤로 붙여 바느질한다.

⑲ 세탁기와 세탁기 뚜껑의 연결 부분을 노란색 펠트지 2장을 잘라 만들고 세탁기 뚜껑에 연결해 바느질한다. 연결 부분에 똑딱이를 단다.

⑳ 세탁기 뚜껑 연결 부분을 세탁기에 연결에 바느질하고 세탁기에 똑딱이를 달아 세탁기를 완성한다.

2) 빨래널이대

① 상자 뚜껑 2개를 준비한다.

② 스티로폼을 상자 뚜껑 크기에 맞춰 열선을 사용하여 2개 잘라 상자 뚜껑에 끼워 넣는다.

③ 각각의 상자 뚜껑 밑바닥은 파란색과 분홍색 체크무늬 펠트지를 크기에 맞게 2장씩 자른다. 스티로폼이 있는 윗부분은 하늘색과 분홍색 펠트지를 크기에 맞게 2장씩 자른다.

④ 각각의 2장을 겹쳐 버튼홀 스티치로 바느질한다.

⑤ 하늘색과 분홍색 펠트지에 빨래널이대를 꽂을 부분을 파란색 진분홍색 펠트지를 작은 원 모양으로 오려 바느질한다.

⑥ 상자 밑바닥에는 파란색 체크무늬 펠트지와 스티로폼이 있는 상자 윗부분에는 하늘색 펠트지를 대고 버튼홀 스티치로 연결하여 바느질한다. 다른 상자의 상자 밑바닥에는 분홍색 체크무늬 펠트지와 스티로폼이 있는 상자 윗부분에는 분홍색 펠트지를 대고 버튼홀 스티치로 연결하여 바느질한다.

⑦ 나무젓가락에 갈색 접착 펠트지를 잘라 감싸고 나무젓가락 윗부분에 연두색 접착 펠트지를 잘라 감싸고 맨 윗부분은 뽕뽕이를 붙인다.

⑧ 빨래널이상자에 표시해 놓은 길이만큼 나무막대 양쪽에 털실을 묶는다.

⑨ 빨래널이상자에 표시해 둔 곳에 구멍을 뚫고 나무젓가락 밑부분에 글루건 액을 묻혀 구멍에 넣고 고정하여 빨래널이대를 완성한다.

3) 빨래

① 여러 가지 색의 펠트지에 다양한 옷을 그리고 2장씩 잘라 버튼홀 스티치로 바느질하여 옷을 완성한다.

4) 빨래 보관함

① 상자에 하드보드지를 잘라 글루건을 사용하여 붙여 칸을 만들고 땡땡이무늬 접착 펠트지로 감싸 옷과 집게 보관상자를 만든다.

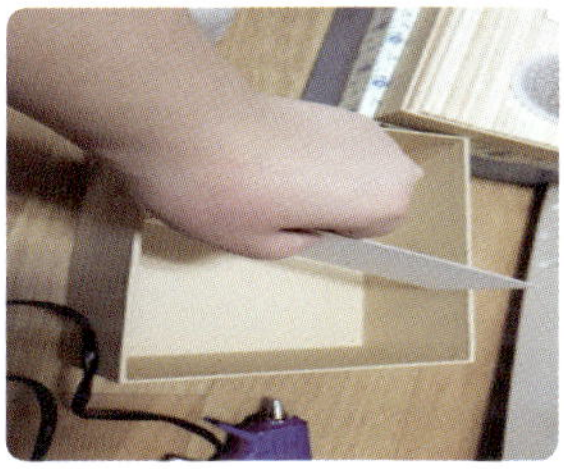

5) 돌림판

① 우드락을 동그랗게 자른 후 연두색 접착 펠트지로 감싼다.

② 코팅한 날씨 그림을 동그랗게 잘라 뒷면에 양면테이프를 붙이고 우드락판에 붙인나.

③ 그림 가운데에 송곳으로 구멍을 뚫는다.

④ 하드보드지를 화살표 모양으로 자른다.

⑤ 진분홍색 펠트지에 화살표를 대고 모양대로 조금 크게 그려 2장 자른다.

⑥ 화살표 하드보드지의 앞뒤로 진분홍색 화살표를 대고 버튼홀 스티치로 바느질한다.

⑦ 하드보드지를 돌림판이 들어갈 크기의 정사각형으로 자른다.

⑧ 정사각형 하드보드지의 크기보다 약간 크게 노란색 펠트지를 2장 자른다.

⑨ 노란색 펠트지 왼쪽 위 끝부분에 화살표를 대고 바느질한다.

⑩ 화살표가 있는 노란색 펠트지에 잘라 놓은 하드보드지를 놓고 그 뒤에 나머지 노란색 펠트지를 겹친 후 가운데 구멍을 뚫은 후 가장자리를 버튼홀 스티치로 바느질한다.

⑪ 연분홍색 펠트지를 조그만 동그라미로 오려 가운데 구멍을 낸다.

⑫ 돌림판 가운데에 동그란 연분홍색 펠트지를 올려놓고 할핀을 넣고 정사각형판의 구멍과 연결한 후 할핀을 납작하게 펼치고 뒷면에 접착 펠트지를 붙여 돌림판을 완성한다.

■ 활동방법

1. **집에서 빨래를 널어 본 경험에 대해 이야기 나눈다.**
   - 친구들 오늘 어떤 옷을 입고 왔니?
   - 이 옷들이 더러워지면 어떻게 해야 할까?
   - 세탁기에 돌린 빨래를 널 때 엄마를 도와드린 적 있니?

2. **빨래를 널고 걷을 때 느낌의 차이와 이유에 대해 이야기 나눈다.**
   - 빨래를 널을 때 느낌이 어땠니?
   - 빨래를 걷을 때는 느낌이 어땠니?
   - 왜 축축한 빨래가 보송보송해졌을까?

3. **여러 가지 날씨 사진(해가 쨍쨍한 날, 바람이 부는 날, 비가 오는 날)을 유아들에게 보여 주고 날씨의 특징과 각 날씨에 빨래를 널면 어떻게 될지 예측해 본다.**
   - (여러 가지 날씨사진을 보여 주며) 여기 있는 사진의 날씨가 어떤 것 같니?
   - 어떤 날에 빨래를 널어야 잘 마를까?
   - 왜 그렇게 생각하니?

4. **'빨래를 널어요' 교구를 소개한다.**
   - 여기에 어떤 것들이 있니?
   - 이번 시간에 여기 있는 세탁기에 빨래들을 돌리고 빨랫줄에 빨래를 널어보는 게임을 해 볼 거야.

5. **활동방법을 소개하고 교구를 조작해 본다.**

> 활동방법
> ① 가위, 바위, 보로 순서를 결정한다.
> ② 순서대로 돌림판을 돌린다.
> ③ 해 그림이 나오면 2개, 바람 그림이 나오면 1개의 빨래를 세탁기에서 꺼내 빨랫대에 넌다. 비 그림이 나오면 빨래를 빨랫대에 널지 못한다.
> ④ 빨래를 많이 널은 친구가 이긴다.

6. **활동을 한 후 활동에 대한 회상과 평가를 한다.**
   - 오늘 무엇을 했니?
   - '빨래를 널어요' 교구를 가지고 놀아보았는데 어땠니?

7. **교구를 놓아둘 영역을 소개하고 계속 가지고 놀 수 있도록 안내한다.**

제4장

음악 · 미술 · 역할놀이 · 쌓기놀이영역

1. 닭장속 연주회

■ **생활주제:** 봄

■ **활동영역:** 음률

■ **대상연령:** 만 4세

■ **참여인원:** 4명

■ **활동목표**

- 봄의 동식물에 대해 이야기 나눈다.
- 여러 가지 악기로 연주해 본다.

■ **활동자료**

개나리 딸랑이, 병아리 마라카스, 엄마닭 귀로, 아빠닭 북, 교구 보관판(연주회장), 봄나들이 가사판

■ **제작재료 및 제작방법**

1. 제작재료

유아용 목장갑(노란색, 초록색), 신발끈(갈색), 바늘, 실, 달걀판, 뽑기 캡슐 4개, 아이클레이(노란색, 흰색), 주걱, 이쑤시개, 지푸라기, 눈알, 솜, 펠트지(여러

가지 색), 접착 펠트지(노란색), 하드보드지, 하드보드지(연두색, 노란색), 마스킹테이프(노란색), 벨크로(까슬이, 보들이), 껌통, 포스터물감, 붓

2. 제작방법

1) 개나리 딸랑이

① 목장갑의 손가락 부분을 자르고 자른 손가락 안에 솜을 넣는다.

② 자른 부분을 바느질한다.

③ 갈색 신발끈 여러 개를 반으로 접고 끝부분을 꿰매어 묶고 머리를 땋듯이 꼬아 준다. 마디 부분마다 바느질한다.

④ 바느질한 손가락 4개를 모아 딸랑이와 함께 꿰맨다.

⑤ 초록색 목장갑의 손가락 부분을 잘라 입구를 바느질한 후 신발끈과 함께 바느질한다.

⑥ 나무젓가락에 신발끈을 감고 ⑤번 신발끈과 함께 남은 신발끈을 이용하여 묶어 개나리 딸랑이를 완성한다.

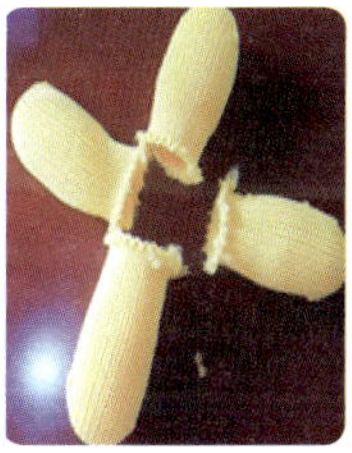

2) 병아리 마라카스

① 4통의 뽑기 캡슐 안에 각각 다른 곡식을 넣고 캡슐이 열리지 않도록 입구에 투명테이프를 붙인다.

② 캡슐전체를 노란색 아이클레이로 펴서 둥글게 덮는다.

③ 흰색 아이클레이를 길쭉하게 누른 후, 칼을 이용해 지그재그 모양을 2개 낸다.

④ 노란색 아이클레이가 다 마르면 위, 아래 부분으로 만들어 놓은 흰색 아이클레이를 붙인다.

⑤ 검은색 클레이를 둥글려 눈을 2개 만들고 입은 빨간색 클레이를 둥글려 중간에 칼집을 내어 입술선을 만든다.

⑥ 만든 눈과 입을 달걀에 붙여 병아리 얼굴을 표현하고 병아리 마라카스를 완성한다.

⑦ 달걀판을 4개 담을 만큼 자른다.

⑧ 달걀판의 앞뒤를 연두색 포스터물감으로 칠하고 잘 말린다.

⑨ ⑧의 달걀판에 글루건으로 지푸라기를 붙여 달걀판을 완성한다.

3) 엄마닭 귀로

① 흰색 펠트지를 주걱크기에 맞춰 귀로를 긁을 부분만 제외하고 흰색 펠트지를 2장 자른다.

② 흰색 펠트지에 닭 날개를 그리고 2장 잘라 버튼홀 스티치로 바느질한다.

③ 잘라 놓은 흰색 펠트지에 닭 날개를 바느질하여 붙인다.

④ 안에 주걱이 들어갈 수 있도록 흰색 펠트지 2장을 버튼홀 스티치로 바느질하여 닭 몸통을 완성한다.

⑤ 살구색에 입을, 빨간 펠트지에 닭 볏을 그려 자른 후 닭 몸통에 바느질하여 붙인다.

⑥ 글루건을 사용하여 닭 얼굴에 눈알을 붙인다.

⑦ 완성된 닭 몸통에 주걱을 넣고 글루건을 사용해 붙인다.

⑧ 이쑤시개 통 3개를 물에 30분 동안 담갔다가 꺼내어 스티커를 제거하고 말린다.

⑨ 남아 있는 끈끈한 부분은 지우개를 사용하여 제거한다.

⑩ 통 안에 들어갈 수 있도록 일정한 길이로 지푸라기를 자르고 통에 넣고 뚜껑을 닫은 후 뚜껑이 열리지 않도록 투명테이프로 둘러 준다.

⑪ 통 3개를 글루건으로 이어 붙이고 끈으로 두른 후 리본 모양으로 묶어 귀로를 완성한다.

4) 아빠닭 북

① 껌통에 붙은 스티커를 말끔하게 떼어낸다.

② 몸 크기에 맞게 도안을 그린 후 2장을 자른다.

③ 통이 들어갈 수 있을 만큼 원을 그린 후 자른다.

④ 천 2장을 맞대어 바느질한 후 뒤집어 준다.

⑤ 천 안에 솜을 넣는다.

⑥ 입구를 안으로 말아 준 후 안에 고무줄을 넣고 바느질한다.

⑦ 입구 안으로 껌통을 넣은 후 고무줄을 꽉 묶는다.

⑧ 남은 고무줄을 몸통 안으로 밀어넣은 후 고무줄이 보이지 않도록 꼼꼼히 바느질한다.

⑨ 천을 자른 후 원기둥 모양으로 오른쪽과 왼쪽 부분을 붙여 바느질한다.

⑩ 아랫부분을 홈질로 바느질하고 오므려 주어 바느질을 마무리한 후 입구쪽

으로 솜을 넣어 준다.

⑪ 윗부분도 홈질로 바느질하고 오므려 주어 바느질을 마무리한다.

⑫ 빨간색 펠트지 위에 닭 볏 도안을 그린 후 2장 오려 겹쳐 버튼홀 스티치로 바느질하고 터진 부분에 솜을 넣고 닭 얼굴 윗부분에 붙여 바느질한다.

⑬ 닭 얼굴을 몸통에 바느질하여 붙인다.

⑭ 흰 천에 날개 도안을 그리고 4장 자른 후 2장씩을 겹쳐 솜을 넣고 버튼홀 스티치로 바느질한다.

⑮ 날개를 몸통 양쪽에 바느질하여 붙인다.

⑯ 얼굴에 글루건을 사용하여 눈알을 붙이고 눈썹과 입은 펠트지에 그려 자른 후 얼굴에 바느질하여 아빠닭 북을 완성한다.

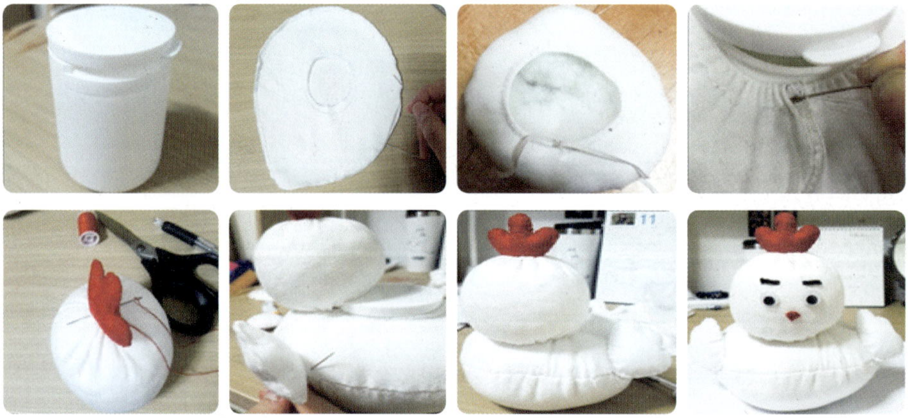

5) 교구 보관판(연주회장)과 푯말

① 갈색 펠트지에 울타리 모양으로 그리고 6장씩 잘라 각각 2장씩 겹쳐 솜을 약간 넣고 버튼홀 스티치로 바느질한다.

② 연두색 펠트지에 풀 모양으로 그리고 2장씩 잘라 솜을 약간 넣고 버튼홀 스티치로 바느질한다.

③ 하드보드지를 준비하여 일정한 크기로 자른 지푸라기를 글루건을 사용하여 붙인다.

④ 튀어나온 지푸라기들을 가위로 잘라 준다.

⑤ 지푸라기판에 완성한 울타리와 풀을 글루건을 사용하여 붙인다. 울타리가 맞닿는 부분은 바느질하고 마무리한다.

⑥ 하드보드지에 푯말을 그린 후 자른다.

⑦ 푯말크기에 맞춰 검은색 접착 펠트지 2장을 자른다.

⑧ 글자와 음표를 붙일 노란색 접착 펠트지를 자른다.

⑨ 여러 가지 색깔 펠트지에 프린트하여 자른 '닭장속 연주회'와 음표를 대고 자른 후 노란색 접착 펠트지 위에 글루건을 사용하여 표지를 만든다.

⑩ 잘라 놓은 하드보드지 앞뒤로 검은색 접착 펠트지를 붙이고 앞면에 표지를 붙여 완성한다.

⑪ 지푸라기 판에 푯말을 붙여 교구 보관판(연주회장)을 완성한다.

6) 봄나들이 가사판

① 가사를 프린트하여 자른 뒤 연두색 하드보드지 위에 올려놓고 위치를 맞추고 풀로 붙인다.

② 가사판에 투명 시트지를 붙인다.

③ 테두리에 노란색 마스킹테이프를 붙이고 '개나리, 물고요, 쫑쫑쫑, 갑니다' 가사 위에 노란색 벨크로(보들이)를 글루건을 사용하여 붙인다.

④ 악기그림을 프린트하여 자르고 코팅지에 넣어 코팅한 후 잘라 뒤에 벨크로(까슬이)를 붙인다.

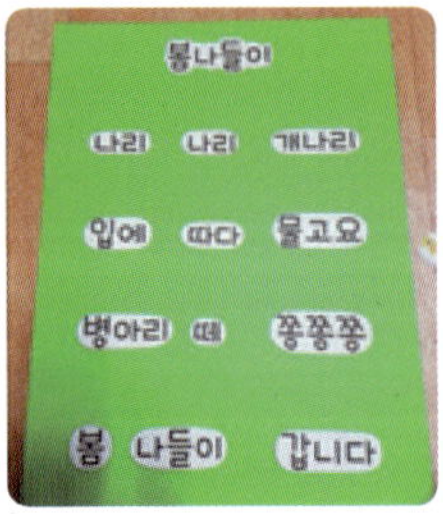

■ 활동방법

1. **봄 하면 생각나는 것에 대해 이야기 나눈다.**
   - 봄 하면 어떤 것이 생각나니?
2. **봄의 동식물에 대해 이야기 나눈다.**
   - 봄 하면 생각나는 동물에는 무엇이 있니?
   - 봄 하면 생각나는 식물에는 무엇이 있니?
3. **'닭장속 연주회' 악기를 소개하고 연주방법에 대해 이야기 나눈다.**
   - (교구 보관판에 있는 악기들을 보여 주며) 여기에 어떤 것들이 있니?
   - 어떻게 연주할 수 있을까?
4. **원하는 악기를 하나씩 가지고 마음대로 연주해 본다.**
   - 친구들이 하고 싶은 악기를 하나씩 가지고 마음대로 연주해 보자.
5. **'봄나들이' 가사판을 소개하고 가사판에 있는 가사를 읽고 노래를 불러 본다.**
6. **연주할 부분에 연주하고 싶은 악기그림을 붙인다.**
7. **'봄나들이' 노래를 부르면서 유아 자신이 가진 악기그림이 나오면 악기를 연주해 본다.**
8. **활동이 끝난 후 활동에 대한 회상과 평가를 한다.**
   - 오늘 무엇을 했니?
   - '닭장속 연주회' 안에 있는 악기들을 가지고 연주를 해 보았는데 어땠니?
9. **악기들을 놓아둘 영역을 소개하고 계속 가지고 놀 수 있도록 안내한다.**

2. 도형으로 연상그림을 그려요

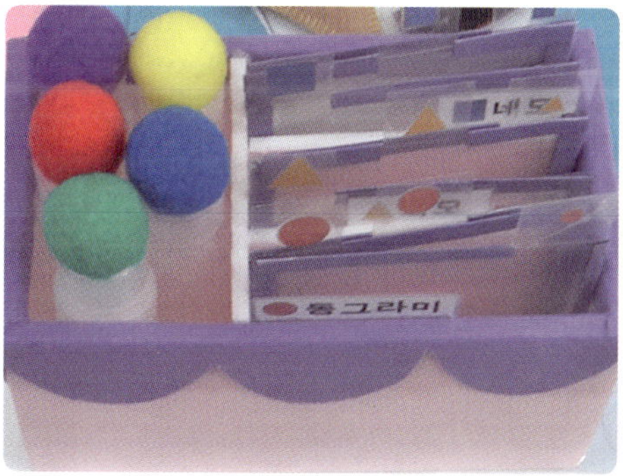

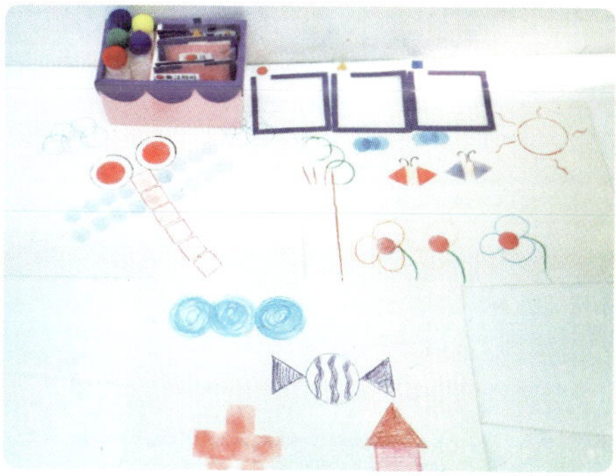

■ **생활주제:** 생활도구

■ **활동영역:** 미술

■ **대상연령:** 만 4세

■ **참여인원:** 5명

■ **활동목표**

- 우리 주변에 있는 물건 중 도형이 들어간 것들에 대해 이야기 나눈다.
- 그림을 그릴 때 필요한 도구에 대해 이야기 나눈다.
- 도형을 찍고 연상되는 그림을 그려 본다.

■ **활동자료**

도형이 들어간 물건그림(ㅇ-선풍기·프라이팬, ㅁ-책상·문, △-산·나비 △+ㅁ-집, ㅇ+△-아이스크림), 도형판 9장(큰 원, 중간 원, 작은 원, 큰 삼각형, 중간 삼각형, 작은 삼각형, 큰 네모, 중간 네모, 작은 네모), 물감 찍기 통 5개, 물감, 보관상자, 도화지, 색연필, 사인펜

■ 제작재료 및 제작방법

1. 제작재료

접착 펠트지, OHP 필름, 우드락, 투명 시트지, 시트지(분홍, 파랑), 플라스틱 통, 뽕뽕이, 자, 칼, 글루건, 가위

2. 제작방법

1) 도형판

① OHP 필름을 10×10cm 크기로 9장 잘라 필름지 위에 동그라미, 세모, 네모 각각 3가지 크기(대, 중, 소)로 그려 자른다.

② 테두리에 파란색 시트지를 붙이고 윗부분에 분홍색 시트지에 도형을 크기에 따라 그리고 잘라 붙인다.

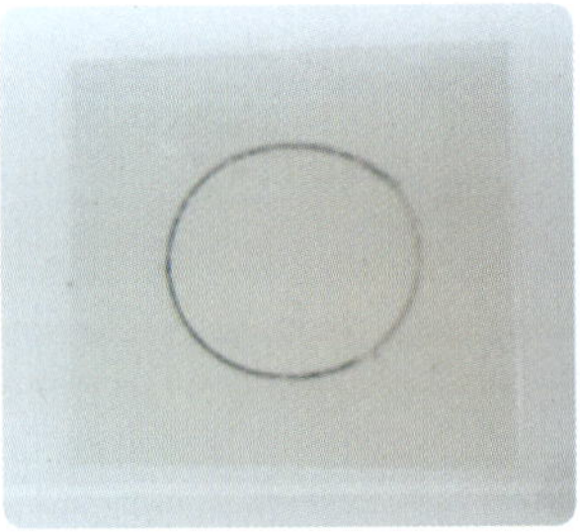

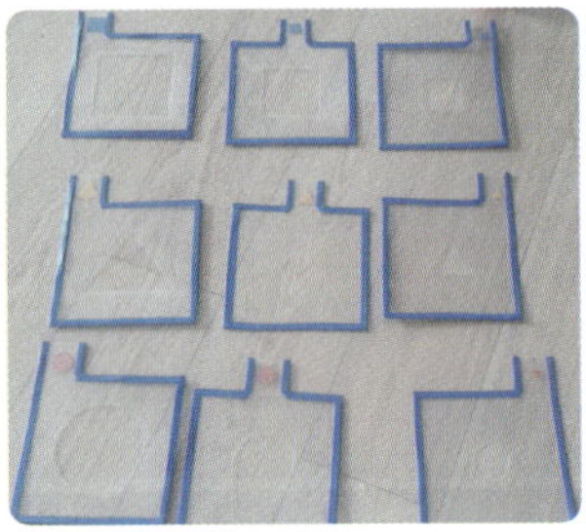

2) 보관상자 및 물감 찍기 통

① 분홍색 우드락을 잘라 글루건을 사용하여 상자를 만들고 칸을 만들어 붙인다.

② 우드락의 테두리를 연보라색 접착 펠트지를 잘라 붙인다.

③ 상자의 가로 10cm 부분에 글루건을 사용하여 우드락을 세로로 붙여 두 칸으로 나누고 오른쪽 칸을 가로로 삼등분하여 2개의 우드락을 붙인다.

④ 플라스틱 통에 빨간색, 노란색, 초록색, 파란색, 보라색의 큰 뽕뽕이를 글루건으로 붙여 물감 찍기 통을 완성한다.

■ 활동방법

1. 우리 주변에 있는 물건 중 도형이 들어가 있는 것들에 대해 이야기 나눈다.

- (도형이 들어간 물건그림(○-선풍기, 프라이팬), □-책상, 문, △-산, 나비 △+□-집, ○+△-아이스크림)을 보여 주며) 여기에 있는 물건들 중에서 동그라미/세모/네모가 들어간 것은 무엇이 있니?
- 교실안에서 동그라미/세모/네모가 들어간 물건들을 찾아보자.

2. 도형판과 물감 찍기 통을 소개한다.

- 친구들 그림을 그릴 때 무엇이 필요할까?
- 여기 있는 통으로 어떻게 그림을 그릴 수 있을까?
- 여기 있는 투명판이 뚫려있는데 어떤 모양이 뚫려 있을까?

3. 물감 찍기 통과 도형판의 사용방법을 알려 주고 도형을 찍어 보도록 한다.

4. 찍힌 도형의 특징에 대해 이야기해 본다.

- ○○이는 어떤 모양을 찍었니?
- 동그라미, 네모, 세모의 비슷한 점은 무엇이 있을까?
- 동그라미, 네모, 세모의 다른 점은 무엇이 있을까?

5. 원하는 도형판을 골라 물감 찍기 통으로 물감을 묻혀 여러 가지 색깔도형을 찍은 후 색연필, 사인펜 등을 사용하여 연상되는 그림을 그려 본다.

6. **도형을 찍고 연상되는 그림을 그린 후 친구들에게 소개하는 시간을 갖는다.**

7. **활동이 끝난 후 활동에 대한 회상과 평가를 한다.**
   - 오늘 무엇을 했니?
   - 물감 찍기 통으로 여러 가지 모양을 찍고 그림도 그려 보았는데 어땠니?

8. **도형판과 물감 찍기 통이 든 보관상자를 놓아둘 영역을 소개하고 계속 가지고 놀 수 있도록 안내한다.**

3. 소풍도시락을 만들어요

■ **생활주제:** 건강과 안전

■ **활동영역:** 역할놀이

■ **대상연령:** 만 4~5세

■ **참여인원:** 2명

■ **활동목표**

- 소풍을 갈 때 먹고 싶은 음식에 대해 이야기 나눈다.
- 교구를 사용하여 김밥과 샌드위치를 만들어 본다.
- 만든 김밥과 샌드위치로 소풍놀이를 한다.

■ **활동자료**

『돌돌 말아 김밥』(글·그림 최지미) 동화책, 김밥과 샌드위치 사진자료, 게임판(사방치기판), 김밥재료, 샌드위치재료, 돌림판

■ 제작재료 및 제작방법

1. 제작재료

1) 게임판(사방치기판)

EVA, 펠트지(연두색), 하드보드지, 아크릴판, 시트지, 끈, 원형 벨크로(보들이), 샌딩 스펀지, 송곳, 가위, 칼, 글루건, 자, 펜, 실, 바늘, 기화성 펜

2) 돌림판

하드보드지, 색지(초록색, 노란색, 주황색), 투명 시트지, 펜, 볼트, 너트, 송곳, 가위, 칼, 인쇄물, 코팅지, 마스킹테이프

3) 재료카드와 재료카드 통

재료그림 및 제목 프린트물, 코팅지, 통, 투명 시트지, 가위, 펜, 마스킹테이프

4) 놀이설명판

'놀이방법 및 정리방법 설명' 프린트물, 코팅지

5) 김밥재료

펠트지(검은색, 흰색, 주황색, 진분홍색, 초록색, 연두색, 노란색, 개나리 노란색), EVA, 솜, 똑딱이, 슬림 벨크로(까슬이), 양면테이프 가위, 실, 바늘, 기화성 펜, 셀로판지

6) 샌드위치재료

펠트지(아이보리색, 갈색, 진분홍색, 빨간색, 살구색, 주황색, 진노란색, 노란색, 초록색, 연두색), 무늬 펠트지, EVA, 솜, 똑딱이, 가위, 실, 바늘

7) 포장끈

무늬 펠트지, EVA, 단추, 실, 바늘, 가위

2. 제작방법

1) 게임판(사방치기판)

① 하드보드지를 게임판 크기대로 그리고 칼로 잘라 준다.

② 연두색 펠트지를 게임판 크기대로 그리고 칼로 게임판의 각 부분들(가로면 2개, 세로면, 밑면-사방치기판- 1개, 연결 면 2개)을 각각 2장씩 잘라 준다.

③ 가로면과 세로면은 같은 크기의 펠트지 2장씩 겹쳐 하드보드지를 넣을 부분만 남기고 홈질을 두 번(-----)하여 박음질처럼 보이게 바느질한 후 남은 면에 하드보드지를 넣고 바느질을 마무리한다.

④ 연결 면은 같은 크기의 펠트지 2장씩 겹쳐 버튼홀 스티치로 바느질한다.

⑤ 밑면은 연두색 펠트지에 사방치기판처럼 구역을 그린 후 박음질로 바느질한다.

⑥ 같은 크기의 연두색 펠트지를 겹쳐 하드보드지를 넣을 부분만 남기고 홈질을 두 번(-----)하여 박음질처럼 보이게 바느질한 후 남은 면에 하드보드지를 넣고 바느질을 마무리한다.

⑦ 사방치기판 각 구역에 원형 벨크로(보들이)를 붙인다.

⑧ 바느질했던 각 면들 중 세로면 2개와 가로면 1개를 버튼홀 스티치 바느질로 연결해 준다.

⑨ 각 세로면에 만들어 놓은 연결 면을 바느질로 연결한다.

⑩ 나머지 가로면은 다른 면과 연결하지 않고 원형 벨크로(까슬이) 2개를 양쪽 끝에 붙여 세로면 양쪽에 붙인 연결 면과 연결할 수 있도록 한다.

⑪ 아크릴판을 게임판과 같은 크기로 자른 후 샌딩스펀지를 이용해 아크릴판의 뾰족한 부분을 갈아 준다.

⑫ '출발' 글자를 프린트하여 하드보드지 위에 붙이고 투명 시트지를 씌운다.

⑬ 원형자석의 크기에 맞게 연두색 펠트지 2장을 잘라 원형자석을 넣고 버튼홀 스티치로 바느질하고 끈과 연결해 바느질한다. 원형자석이 연결된 끈은 게임판과 연결해 게임판을 완성한다.

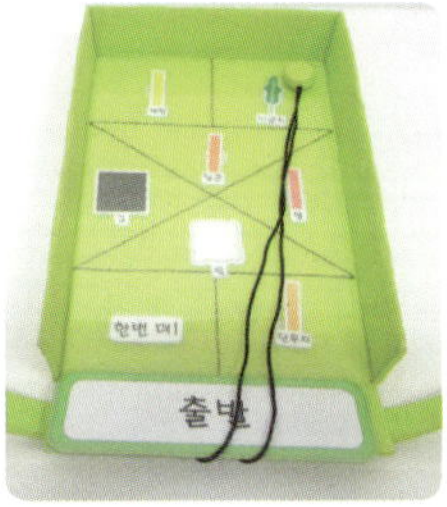

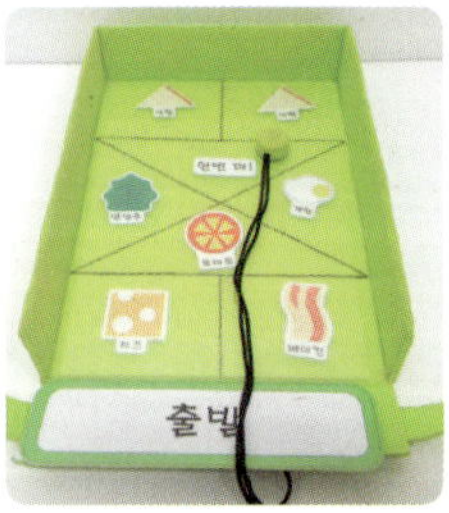

2) 돌림판

① 하드보드지를 모서리가 둥근 직사각형과 원으로 각각 하나씩 잘라 준다. 색상지는 둥근 직사각형 2개, 원 2개, 원 안에 들어간 원뿔 모양 8개를 잘라 준다.

② 하드보드지에 맞추어 색상지를 붙여 준 후 시트지로 마감한다.

③ 뒤판에도 색상지를 붙여 준 후 투명 시트지로 마감한다.

④ 네모판과 원판의 가운데를 송곳으로 구멍을 뚫어 준다.

⑤ 볼트와 너트로 고정시켜 주고, 화살표를 코팅해 붙인다.

⑥ 원뿔 8면에 벨크로(보들이)를 각각 하나씩 붙여 준다.

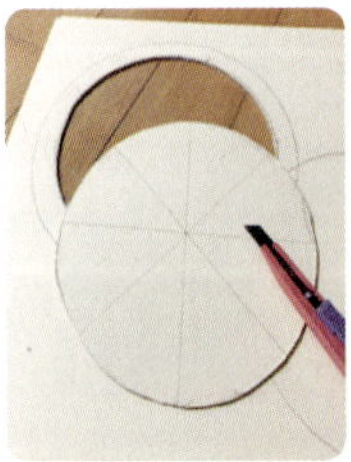

3) 재료카드와 보관통

① 그림자료와 해당단어, '어떤 도시락을 만들까?' 제목을 프린트한다.

② 프린트한 재료카드를 코팅하고 가위로 잘라 준 후 뒷부분에 벨크로(까슬이)를 붙인다.

③ 보관통에 붙일 '그림카드' 글자를 프린트하여 보관통 뚜껑크기에 맞게 자르

고 투명 시트지를 붙여 보관통에 붙이고 가장자리를 마스킹테이프를 붙여 마무리한다.

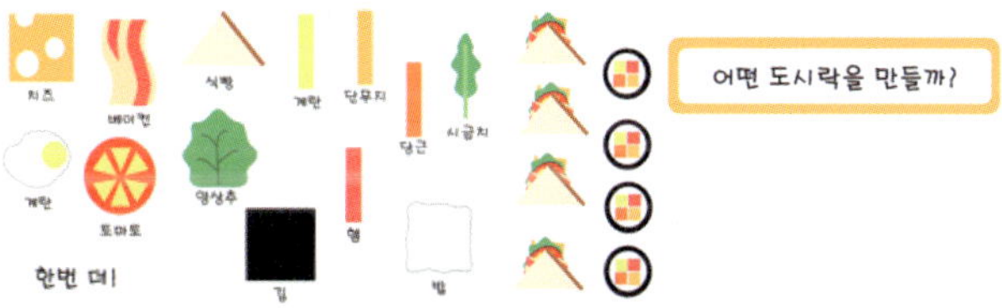

4) 놀이설명판

① 놀이방법과 정리방법을 프린트한 후 앞뒤로 붙여 코팅하고 자른다.

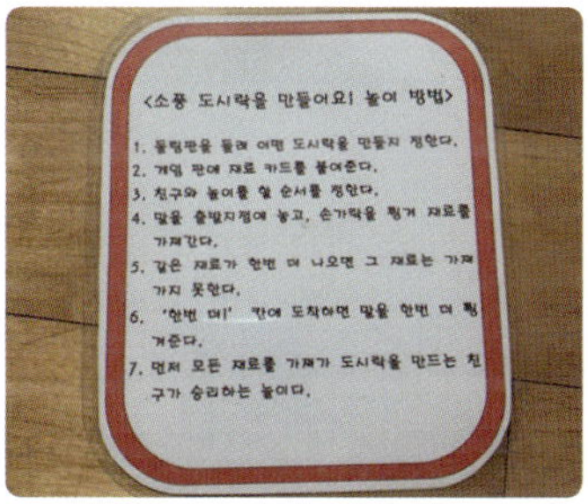

5) 김밥재료

① 김은 검은색 펠트지로 사각형 2장을 오려 셀로판지를 가운데 넣고 버튼홀 스티치로 바느질한 후 똑딱이를 단다.

② 밥은 흰색 펠트지로 사각형 2장을 잘라 솜을 넣고 버튼홀 스티치로 바느질한 후 똑딱이를 단다.

③ 한 면 양쪽 끝에 슬림 벨크로(까슬이)를 글루건을 사용해 붙인다.

④ 햄, 단무지, 달걀, 시금치, 당근은 여러 가지 색의 펠트지에 도안을 그리고 2장씩 자른다.

⑤ 두꺼운 EVA를 2장을 잘라 양면테이프를 사용하여 붙인다.

⑥ 펠트지 2장 사이에 두꺼운 EVA를 넣고 버튼홀 스티치로 바느질한다.

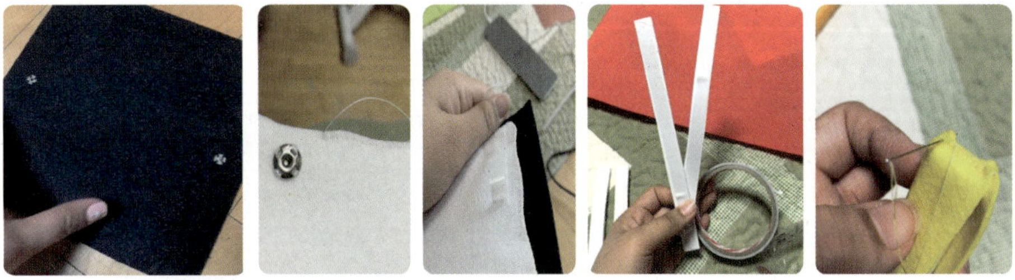

6) 샌드위치재료와 포장끈

① 여러 가지 색의 펠트지에 샌드위치재료 도안을 대고 그린 후 자른다.

② 자른 샌드위치재료들을 토마토는 EVA, 나머지 다른 재료는 솜을 넣고 버튼홀 스티치로 바느질하고 똑딱이를 단다.

③ 양상추의 잎맥은 홈질을 두 번(----)하여 박음질처럼 바느질한다.

④ 펠트지 2장을 길게 자른다.

⑤ 자른 펠트지 한 면에 단추를 바느질한다.

⑥ 펠트지 2장 사이에 EVA를 넣고 버튼홀 스티치로 바느질하여 포장끈을 완성한다.

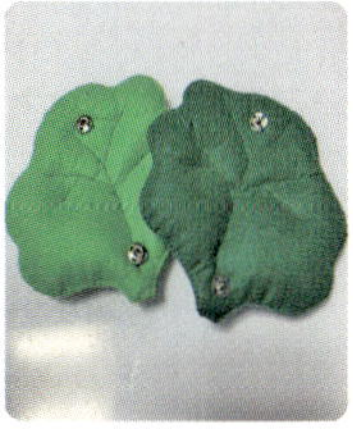
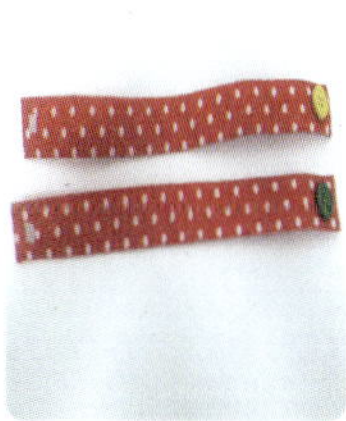

■ 활동방법

1. **지난 시간에 들은『돌돌 말아 김밥』의 동화내용을 회상하고 소풍을 가면 무엇을 하고 싶은지 이야기 나눈다.**
   - 친구들 지난 시간에 들은 돌돌 말아 김밥에는 어떤 김밥재료 친구들이 나왔니?
   - 김밥재료 친구들은 무엇을 했니?
   - 친구들은 소풍을 가면 무엇을 하고 싶니?

2. **김밥과 샌드위치 사진자료를 보고 먹어 보거나 만들어 본 경험이 있는지 이야기 나눈다.**
   - 친구들은 소풍을 가면 어떤 음식을 도시락에 넣어 가고 싶니?
   - (김밥과 샌드위치 사진을 보여 주며) 여기 사진에 있는 음식은 무엇이니?
   - 김밥이나 샌드위치를 먹어 본 적이 있니?
   - 맛이 어땠니?
   - 김밥이나 샌드위치를 만들어 본 적이 있니?

3. **'소풍도시락을 만들어요' 교구를 소개한다.**

- 여기에 어떤 것들이 있니?
- 이번 시간에 여기 있는 김밥재료들과 샌드위치재료들을 가지고 김밥을 만들고 소풍놀이를 해 보도록 하자.

4. 활동방법을 소개하고 교구를 조작해 본다.

활동방법
① 돌림판을 돌려 어떤 도시락을 만들지 정한다.
② 게임판에 재료카드를 붙인다.
③ 친구와 놀이할 순서를 정한다.
④ 말을 출발지점에 놓고 손가락으로 튕겨 맞춘 재료를 가져간다.
⑤ 같은 재료가 한 번 더 나오면 그 재료는 가져가지 못한다.
⑥'한 번 더!' 칸에 도착하면 말을 한 번 더 튕긴다.
⑦ 먼저 모든 재료를 가져가 도시락을 만드는 친구가 이긴다.

5. 활동을 한 후 활동에 대한 회상과 평가를 한다.

- 오늘 무엇을 했니?
- '소풍도시락을 만들어요' 교구를 가지고 놀아보았는데 어땠니?
- 만든 김밥과 샌드위치를 가지고 소풍놀이를 해 보았니?
- 소풍놀이는 어땠니?

6. 교구를 놓아둘 영역을 소개하고 계속 가지고 놀 수 있도록 안내한다.

4. 코알라의 집을 쌓아요

■ **생활주제:** 동식물과 자연

■ **활동영역:** 쌓기놀이

■ **대상연령:** 만 4세

■ **참여인원:** 4명

■ **활동목표**

- 『코알라의 집짓기』 동화를 듣고 동화에 나온 동물들이 어떻게 집을 지었는지 이야기 나눈다.
- 통나무, 나뭇잎, 나무줄기 교구를 사용하여 코알라의 집을 짓고 지붕을 꾸며 본다.

■ **활동자료**

『코알라의 집짓기』(글 이선아·그림 이한아) 동화책, 통나무, 나뭇잎, 나무줄기, 집짓기판, 지붕, 돌림판, 보관함

■ 제작재료 및 제작방법

1. 제작재료

하드보드지(4절지 2장, 8절지 1장), 우드락(하늘색, 흰색 A3 크기 2장, 분홍색 4절지 2장), 머메이드지(고동색 8절지 1장), 마분지(흰색 1장), 펠트지(빨간색, 노란색, 연두색, 초록색, 연갈색, 흙갈색 각 1장, 갈색 2장, 고동색 7장), 모루(초록색), 막끈, 원형 벨크로(20mm 11개입 2장), 기화성 펜, 박스 테이프, 마스킹테이프(15mm), 가위, 칼, 솜, 박스, 빨대, 시트지 1마, 시침핀, 바늘, 실(펠트지 색상과 비슷한 색들), 자(30cm), 바구니(2개)

2. 제작방법

1) 통나무

① 재활용 박스를 세로 15cm, 가로 2cm 간격으로 4면을 표시하고 칼집을 내어 준다.

② 칼집을 낸 박스 4면을 접어서 글루건으로 붙여 통나무 뼈대를 완성한다. 같은 방법으로 총 28개의 통나무 뼈대를 만든다.

③ 머메이드지에 세로 16cm, 가로 2.5cm로 4면의 전개도를 만들어 각각의 갈색계열 펠트지에 대고 잘라 총 28개를 만든다.

④ 나이테를 표현하기 위해 기화성 펜으로 나이테를 그려 주고 박음질로 바느질한다.

⑤ 통나무의 윗면과 옆면을 버튼홀 스티치로 박음질하여 통나무 뼈대를 넣고 밑면 또한 버튼홀 스티치로 바느질하여 통나무를 완성한다. 같은 방식으로 총 28개를 만든다.

2) 지붕과 판

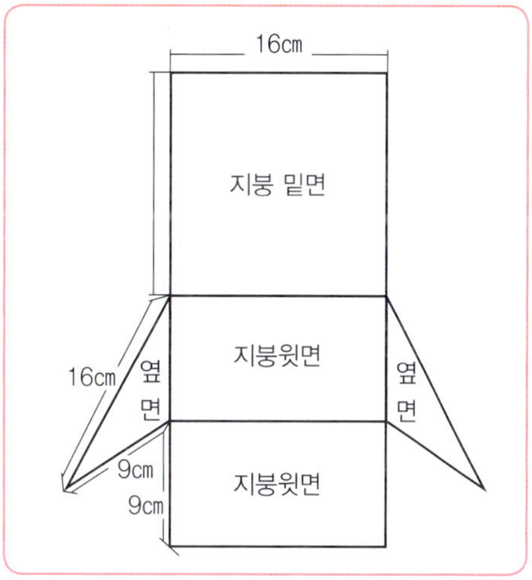

① 지붕의 윗면은 9×16cm 2면, 옆면(이등변삼각형)은 세로 9cm×가로 9cm×밑면 16cm 2개, 지붕의 밑면은 16×16cm의 전개도를 그리고 박스를 전개도대로 자른다.

② 전개도대로 박스를 접은 후 박스 테이프를 사용하여 단단하게 붙인다.

③ 갈색 펠트지를 전개도대로 자른 후 버튼홀 스티치로 바느질하고 박스로 만든 지붕을 넣고 바느질로 마무리한다.

④ 지붕에 원형 벨크로(까슬이)를 6개 붙여 지붕을 완성한다. 같은 방식으로 1개 더 제작하여 총 2개의 지붕을 만든다.

⑤ A3 크기의 우드락을 반으로 자르고 갈색 접착 펠트지를 윗면에 붙이고 밑면에는 머메이드지 양면테이프를 사용하여 붙인다. 집그림을 프린트하여 코팅하고 집짓기판을 완성한다.

3) 나뭇잎-초록잎, 은행잎, 단풍잎, 낙엽

① 나뭇잎을 마분지에 그려 자른다.

② 연두색 펠트지와 초록색 펠트지에 나뭇잎 도안을 대고 연두색 나뭇잎 20장, 초록색 나뭇잎을 20장씩 자른다.

③ 나뭇잎의 앞면은 새틴스티치와 박음질로 바느질하여 나뭇잎 잎맥을 만든다.

④ 뒷면이 될 나뭇잎을 겹쳐 버튼홀 스티치로 바느질하면서 적당량의 솜을 집어넣고 마무리한다.

⑤ 이렇게 연두색 나뭇잎 10개, 초록색 나뭇잎 10개를 완성한다.

⑥ 완성한 나뭇잎 뒷면에 원형 벨크로를 글루건을 사용해 붙인다.

⑦ 마분지로 은행잎, 단풍잎, 낙엽 모양을 그린 후 자른다.

⑧ 노란색 펠트지에 은행잎 도안을 대고 그린 후 16장 자른다.

⑨ 빨간색 펠트지에 단풍잎 도안을 대고 그린 후 16장 자른다.

⑩ 갈색 펠트지에 낙엽 도안을 대고 그린 후 16장 자른다.

⑪ 나뭇잎 만들기와 동일하게 나뭇잎의 잎맥은 새틴스티치와 박음질을 사용하여 만들어 준다.

⑫ 뒷면이 될 나뭇잎을 겹쳐 버튼홀 스티치로 바느질하면서 적당량의 솜을 집어넣고 은행잎과 단풍잎의 가지 부분은 머메이드지를 넣어 마무리한다.

4) 돌림판

① 17cm 접시를 이용해 마분지에 원을 그리고 원 안은 6등분하여 원뿔 6개로 구역을 나누어 그린다.

② 마분지를 대고 하늘색 우드락을 잘라 원을 만들고 마분지의 원뿔 6등분과 같이 구역을 나누어 색지를 오리고 하늘색 우드락 위에 붙인다.

③ 원뿔 6개 구역에 통나무와 나뭇잎글자와 그림, 수량(1~3개)을 프린트하여 잘라 붙이고 투명 시트지를 씌운다.

④ 하드보드지를 22×14cm로 자르고 투명 시트지를 붙인다.

⑤ 줄무늬 마스킹테이프로 테두리를 마무리하여 돌림판의 뒤판을 완성한다.

⑥ 돌림판의 가운데에 송곳으로 구멍을 뚫는다.

⑦ 하드보드지를 시계바늘 모양으로 만들고 송곳으로 구멍을 뚫는다.

⑧ 할핀과 빨대를 이용해 시계바늘의 구멍, 돌림판의 구멍과 연결하고 뒤판의 가운데에도 구멍을 뚫어 할핀을 통과시킨 후 할핀을 납작하게 펴서 뒷면에 접착 펠트지로 마무리한다.

5) 기타소품(보관함, 놀이방법판, 나무줄기(모루, 막끈)

① 보관함에 붙일 통나무, 나뭇잎, 나무줄기 글자를 프린트하여 자른 후 2가지 종류의 갈색 펠트지에 대고 글자 모양대로 자른다.

② 2가지 종류의 갈색 펠트지를 통나무와 나뭇잎, 나무줄기 글자를 넣을 만큼의 크기로 2장씩 자른다.

③ 자른 2가지 종류의 갈색 펠트지에 글자를 대고 버튼홀 스티치로 바느질한 후 가운데에 하드보드지를 넣어 나머지 1장의 펠트지을 덧대어 바느질하여 글자판을 완성한다.

④ 완성한 글자판을 보관함에 붙인다.

⑤ 보관함의 크기에 맞게 하드보드지로 보관함의 문을 2짝을 자른다.

⑥ 보관함이 2개이므로 총 4짝을 자른다.

⑦ 각 문짝의 크기에 맞게 황토색 펠트지를 2장씩 총 8장 자른다.

⑧ 황토색 펠트지 4장에 뿅뿅이를 하나씩 바느질하여 문고리를 만들고 2개의 문고리에 걸 수 있는 고무줄을 각 통에 하나씩 단다.

⑨ 글루건을 사용하여 문고리를 달은 문짝 1개와 아무것도 없는 문짝을 하나씩 보관함에 붙인다. 다른 보관함도 같은 방식으로 문을 달아 보관함을 완성한다.

⑩ 놀이방법판은 사진과 글자를 적당한 크기로 프린트하여 자른다. 자른 사진과 글자를 4절지 색지에 붙이고 색지를 하드보드지 위에 붙여 투명 시트지를 씌워 완성한다.

⑪ 초록색 모루와 막끈을 적당한 길이로 자른다.

⑫ 끝을 동그랗게 말아 펠트지로 감싼다.

■ 활동방법

1. '코알라의 집짓기(글 이선아 · 그림 이한아)' 동화를 듣고 동화에 나온 코알라가 어떻게 집을 지었는지 이야기 나눈다.

- 친구들 '코알라의 집짓기'에 어떤 동물친구들이 나왔니?
- 그 동물친구들은 어디에서 살고 있니?
- 코알라는 집을 어떻게 지었니?

2. '코알라의 집을 쌓아요' 교구를 소개한다.

- 여기에 어떤 것들이 있니?
- 이번 시간에 여기 있는 통나무, 나뭇잎들, 나무줄기 등을 가지고 코알라의 집을 지어 보도록 하자.

3. 활동방법을 소개하고 교구를 조작해 본다.

> 활동방법
> ① 총 4명의 유아를 2명을 한 팀으로 총 2팀을 정한다.
> ② 각 팀별로 가위, 바위, 보로 순서를 정한 후 돌림판을 돌린다.
> ③ 1층에 2개씩 총 14개의 통나무를 쌓아 올린다.
> ④ 14개의 통나무를 모두 쌓아 올리면 친구와 함께 나무줄기로 통나무를 고정시키거나 꾸며 준다.
> ⑤ 지붕을 올린다.
> ⑥ 돌림판을 돌려 나뭇잎이 나오면 나뭇잎을 지붕에 붙인다.
> ⑦ 모두 완성한 팀이 이긴다.
> ⑧ 미완성 팀이 끝까지 완성할 수 있도록 도와주거나 기다려 준다.

4. 활동을 한 후 활동에 대한 회상과 평가를 한다.

- 오늘 무엇을 했니?
- 통나무, 나뭇잎, 나무줄기를 가지고 친구들과 코알라집을 만들어 보았는데 어땠니?

5. 교구를 놓아둘 영역을 소개하고 계속 가지고 놀 수 있도록 안내한다.

참고문헌

교육과학기술부(2012). 3~5세 누리과정 교사용 지도서.

교육과학기술부 · 보건복지부(2013). 3~5세 연령별 누리과정 교사지침서.

교육부 · 보건복지부(2019). 2019 개정누리과정 놀이실행자료.

네이버 백과서전(2018). https://terms.naver.com

국립국어원 표준국어대사전(2018). http://stdweb2.korean.go.kr/main.jsp

김은심 · 유향선 · 최현정(2016). 영유아를 위한 교과교재연구 및 지도법. 서울: 창지사

김정규 · 이광자 · 조정숙(1997). 교과교재연구 및 지도법. 서울: 정민사.

김정원 · 김유정 · 박현미(2005). 영유아를 위한 교재 · 교구연구 및 지도법. 경기: 양서원.

오연주 · 이지영 · 손진실(2015). 교재 · 교구의 이론과 실제. 서울: 창지사.

이대균 · 박란규(2005). 자유선택활동의 효율적 운영. 경기: 양서원.

이대균 · 송정원(2000). (최신)유아교재.교구 연구및 지도. 서울: 양서원.

차춘희 · 이수정 · 오정옥 · 손영환 · 박희숙(2003). 교재 · 교구 연구 및 지도법. 서울: 창지사.

한성희 · 임연진(2005). 영유아교재 · 교구연구. 서울: 창지사.

정연희(2011). 유아교과교재 및 연구법. 서울: 창지사.

정연희(2020). 2019 개정 누리과정(유아 · 놀이 중심 교육과정)에 기초한 유아교육과정. 서울: 창지사.

저자소개

정연희

중앙대학교 유아교육학과(문학사)
중앙대학교 유아교육학과 대학원(문학석사)
중앙대학교 유아교육학과 대학원(문학박사)

현) 서정대학교 유아교육과 교수

주요저서

프로젝트접근법의 활용(공저, 1998)
유아수학교육(2009)
요리활동을 통한 유아과학교육의 실제(2014)
유아과학교육(2017)
제작과정 중심의 교과교재연구 및 지도법(2019)
유아교육과정(2020)

제2판

제작과정 중심의 교과교재연구 및 지도법

초 판 1쇄 발행 2019년 2월 22일
제2판 1쇄 발행 2023년 8월 16일

지 은 이 | 정연희
펴 낸 이 | 김기섭
편 집 인 | 이초롱 · **이현남**
펴 낸 곳 | **창지사** www.changJisa.com
08589 서울시 금천구 가산디지털 1로 83 파트너스타워 1차 9층
전화 (02)719-2211~3
팩스 (02)701-9386
등 록 | 1977년 4월 28일 · 제1-421호

ISBN 978-89-426-1845-3 (93370)

값 22,000원